하룻밤에 읽는 삼국야사

하룻밤에 읽는 삼국야사

김형광 엮음

 시아

야사野史는 역사의 이면裏面에 흐르는 이야기이다. 설화적인 분식粉飾이 다분한 내용도 있지만 정사正史에는 기록되지 못한 민초들의 투박한 삶의 모습도 잘 투영되어 있는 것이 야사의 특징이다. 더구나 정사는 승자의 기록이라는 점에서 당시의 실상과 반드시 일치한다고 볼 수 없는 측면이 있다.

여기에 확실한 근거가 부여되지는 못하지만 야사의 존재 이유가 있는 것이다. 더구나 야사는 입에서 입으로 전승되어진 이야기들이기 때문에 그 어떤 정사 못지않게 나름대로의 생명력을 갖춘 역사의 실체일 수도 있다. 역사를 들여다보면 여러 가지 정황이나 여건으로 보았을 때 기록된 내용이 과연 사실일까 하는 의구심이 들 때가 간혹 있기 때문이다.

정보가 많이 공개되어 있다는 요즈음에도 신문지상에 보도되는 정치적 사건들에 있어서 믿어지지 않는 대목이 있는 것이 현실인 것을 보면 이해하기 쉬울 것이다. 하물며 추적하여 진실을 밝혀 내기 쉽지 않은 과거의 일에 있어서야 어찌 이설異說이 없을 수 있겠는가?

물론 풍문으로 역사 자체를 모두 함몰시킬 수는 없다. 또한 이미 토대 지어진 역사의 기록을 왜곡된 시선으로만 바라봐서도 안 된다. 그러나 뒷이야기로 전해지는 야사의 존재 자체도 역사의 한 모습임을 인정해야 된다는 점을 말하고 싶다.

그런데도 우리는 지금까지 야사를 심심풀이 옛이야기 정도로 치부하는 경향이 있다는 것을 부인할 수 없다. 삼류소설에서 느끼는, 흥미를 탐하는 시각으로 야사를 보아서는 그 진면목을 참되게 이해하기 어렵다. 혹여 야사가 꾸며진 이야기라고 할지라도 그 이야기에 선조들의 삶의 모습이 투영되어 있음을 간과해서는 안 된다. 다시 말하면 야사에는 그 시대 사람들의 인간과 세상을 보는 시각이 그대로 녹아 흐르고 있음을 알아야 한다. 옳고 그름에 대한 근저根柢가 거기에 있고 실체적 사실이 부정적인 모습일 때는 바람의 갈망이 그곳에 있다.

이 책에 소개되는 삼국시대의 야사들은 필자가 이야기 형식으로 재구성한 것이다. 어차피 정사처럼 건조乾燥한 사실의 나열이 아닐 바에야 재미있게 윤색되는 것이 독자들이 읽기에도 편하기 때문이다.

다만 극적 구성의 효과를 위해 차용한 이야기 형식의 전개가 야사에 대한 허구적 편견을 증폭시키지나 않을까 우려될 뿐이다. 그렇지만 독자들의 이해를 돕기 위해 나라별, 시대별로 구성하였기 때문에 국사책을 새삼스럽게 꺼내 보지 않아도 단편적이나마 역사의 흐름을 파악할 수는 있을 것이다. 또 관심 있는 독자라면 역사책을 펼쳐 놓고 정사와 대비하여 읽어볼 때 또 다른 역사에 대한 이해의 참맛을 느끼게 되리라 믿는다.

아쉬움이라면 지면의 한계와 능력의 부족으로 플롯의 단순함과 시대 정신의 치열한 반영이 제대로 이루어지지 못한 점이다. 하지만 야사에 더 큰 의미를 반영하려는 것 자체가 불필요한 지적 허영이자 욕심으로 생각하고 더 이상의 집착을 놓아버린 사실은 미리 고백해 둔다.

필자는 2년 전쯤 정사로 접근한 조선시대 인물에 대한 탐구를 책으로 엮어낸 적이 있다. 그때 앞에서도 잠깐 언급하였지만 몇몇 인물들의 삶 속에서 기록된 역사가 과연 모두 사실일까 하는 의문을 갖게 되었다. 따라서 역사적 사실에 대한 또 다른 내면의 이야기가 없을까 하는 원초적 관심이 이 책을 쓰게 된 동기의 하나가 되었다.

일종의 훔쳐보기 욕구의 발현이라고도 볼 수 있지만 역사에 대한 또 다른 이해를 위한 노력이라고 긍정적으로 보아주길 바랄 뿐이다.

그러나 정사처럼 사실에 대한 탐구라는 딱딱한 접근보다는 선조들의 삶에 대한 관조라는 관점에서 편안한 읽을거리가 된다면 족하다는 생각을 갖는다. 또한 인간의 사유思惟에 있어서도 장르가 허물어지는 것이 21세기의 일반적 흐름인 것처럼 역사의 이해에 있어서도 정사와 야사를 아우르는 여유로움이 필요하지 않을까 하는 생각도 해본다.

김 형 광

CONTENTS

하 룻 밤 에 읽 는 삼 국 야 사

신라

신라 제 4대 이사금師今(신라 초기 왕의 명칭)인 탈해왕은 밤이 깊도록 잠을 이루지 못하고 이리저리 몸을 뒤척였다. 왕의 나이 벌써 예순하고도 둘, 슬하에 자식 하나 없는 것이 그날따라 왕의 심사를 더욱 우울하게 만들었다.

바야흐로 봄이라 천지에 만개한 꽃들 사이로 벌과 나비가 짝을 찾아 날아다니고 새들도 암수 서로 짝을 지어 곧 태어날 새끼를 위한 둥지를 짓느라 부산한 몸짓이었다.

'하찮은 미물도 모두 제 새끼가 있는 법이거늘……'

탈해왕은 근심이 가득 찬 얼굴로 꺼질 듯 꺼질 듯하면서도 가물거리며 타오르는 등불을 바라보았다.

그때 어디선가 희미하게 닭 우는 소리가 들렸다.

'벌써 날이 새려 하는가?'

탈해왕은 이제라도 잠을 청해야겠다고 생각하고 고단한 몸을 잠자리에 누이려다 자리에서 벌떡 일어났다.

구중 궁궐 심처인 자신의 침소에까지 닭 우는 소리가 들릴 리가 만무한 까닭이었다. 그리고 지금까지 한 번도 닭 우는 소리가 들린 적이 없기도 했다.

13

탈해왕은 자신의 귀를 의심하면서 조용히 귀를 기울였다. 역시 닭 울음소리가 분명했다. 이번에는 전보다 더 힘차고 아주 또렷하게 들렸다.

탈해왕은 닭 울음소리가 하늘의 어떤 계시이거나 상서롭지 못한 일의 징조일지도 모른다고 생각하고 곧 호공을 내전으로 불러들여 어디서 닭이 울며 그 소리가 어찌하여 내전에까지 들리는지 그 연유를 알아보도록 명령했다.

탈해왕의 명령을 받은 호공은 급히 군병들을 거느리고 닭 울음소리가 들리는 곳으로 말을 몰았다. 닭 울음소리는 역시 궁궐 밖에서 들려 왔다.

진원지를 찾아 한참을 가던 호공 일행은 금성의 서쪽 변두리에 있는소나무 숲까지 이르렀다. 닭 울음소리는 먼곳에서부터 들려 왔던 것이다.

소나무 숲은 캄캄한 밤인데도 대낮처럼 환한 빛이 숲 전체를 감싸고 있었다. 닭 울음소리는 그곳에서 들렸고 그 소리가 들릴 적마다 빛은 섬광처럼 어느 한곳을 비추고 있었다.

호공은 말에서 내려 천천히 섬광이 내리비치는 곳으로 발걸음을 옮겼다. 그곳에는 크지도 작지도 않은 한 그루 소나무가 서 있었는데 한쪽 가지 끝에 금빛 궤짝이 매달려 있었다. 그리고 그 궤짝 아래로 흰닭과 백마 한 마리가 있었다. 탈해왕이 들은 소리는 바로 그 흰닭의 울음소리임에 분명했다.

흰닭은 호공이 가까이 다가오자 신기하게도 울음을 멈추고 가만히 그자리에 서 있기만 했다.

호공은 소나무 가지 끝에 매달린 금빛 궤짝을 땅으로 내렸다. 그리고 조심스럽게 궤짝을 열어 보았다. 다음 순간 호공의 눈이 휘둥

그렇게 커졌다. 궤짝 안에는 태어난 지 얼마 되지 않은 사내아기가 호공을 바라보며 방실방실 웃고 있었던 것이다.

호공은 순간적으로 몸을 움츠렸으나 천진난만하게 웃고 있는 아기의 얼굴을 보자 자신도 모르게 두 팔로 번쩍 안아 올렸다.

호공의 팔에 안겨서도 아기는 여전히 방실거리고 있었다. 마치 오래전부터 그렇게 호공의 품에 안기기를 기다렸다는 듯이……

호공은 군병들에게 백마와 흰닭을 거두게 하고 자신은 아기를 품에 안고 서둘러 대궐로 돌아왔다. 여전히 품에 아기를 안고 탈해왕 앞으로 나아간 호공은 아기를 내보이며 자신이 본 것을 모두 아뢰었다.

탈해왕은 감탄을 연발하며 호공의 품에서 아기를 건네 받았다.

"후사가 없어 노심초사하는 이 늙은이를 하늘이 불쌍히 여겨 너를 내게 보내 준 것이 틀림없도다."

아기는 탈해왕의 품에 안겨서도 여전히 방실거리며 귀여움을 부렸다.

"저런…… 귀여운 것 같으니……"

탈해왕은 아기의 성을 금으로 만든 궤짝에서 나왔다고 해서 김金이라고 하고 이름은 '알지閼智'라고 지었다. 이는 '애기'를 취음取音으로 풀이했을 때의 이름이라고도 한다. 하지만 그 진위 여부는 확실하지 않다. 그리고 그때까지 시림始林으로 부르던 금성 서쪽의 소나무 숲은 그후 계림鷄林으로 바꾸어 불려졌다.

이렇게 탈해왕이 찾아낸 금빛 궤짝에서 나온 사내아이가 바로 김씨의 시조가 되었다고 하며, 그때부터 신라는 계림을 국호로 삼았다.

진상된 여인

군장 태을太乙과 마주앉은 파로波路는 마음속으로 조바심이 일었지만 꾹 참고 태을이 먼저 입을 열기만을 기다리고 있었다.

안부 인사를 나누고 이런저런 주변 얘깃거리를 늘어놓다가 정작 해야 할 말이 나올 시점에서는 태을이 헛기침으로 말을 끊곤 했다. 파로가 찻잔을 다 비울 때까지 빙빙 말을 돌리던 태을은 파로가 그만 일어서 가려고 하자 조심스럽게 가슴속에 숨겨둔 말을 꺼냈다.

"저…… 만나자고 한 것은 다름이 아니라……, 며칠 후 왕께서 저희 고을에 행차하십니다."

파로는 들었던 엉덩이를 다시 바닥에 내려놓으며 태을의 말에 귀를 기울였다.

"저희 고을로서는 둘도 없는 영광이지요."

거기까지 말을 마친 태을은 이미 다 식어 버린 차를 한 모금 들이켜고는 말을 이었다.

"그런데 왕께서 행차하시는데 저희 고을에 마땅히 대접하거나 내놓을 것이 없어서 말입니다."

태을은 물끄러미 파로를 쳐다보았다.

"무슨 말씀이신지……."

파로는 말끝을 흐리며 태을의 다음 말을 재촉했다.

"올해 따님의 나이가 몇이나 되는지요?"

파로는 태을이 얘기 도중 뜬금 없이 딸의 나이를 물어 오는 게 어딘지 석연치 않았지만 순순히 대답했다

"올해 열여섯이오만……."

태을은 잠시 뜸을 들이더니 침착하게 말했다.

"왕께서 우리 고을에 행차하시면 따님을 진상하는 게 어떨까 해서요."

파로는 자신의 귀를 의심했다.

'저자가 금덩이보다 더 귀한 내 딸 벽화碧花를 왕께 올리는 진상품쯤으로 치부하다니……!'

부아를 삭이며 얼굴이 굳어져 가는 파로를 쳐다보며 태을이 말을 이었다.

"생각해 보십시오. 일만 잘되면 따님은 왕의 총애를 받아 대궐로 들어갈 수 있을 것이고 또……."

"듣기 싫소! 사람을 어떻게 보고 그런 소릴 함부로 하시오? 내 오늘 얘기는 못 들은 걸로 하겠소!"

파로는 태을이 더 뭐라 말을 꺼내기 전에 얼른 자리를 박차고 일어나 밖으로 나와 뒤도 돌아보지 않고 집으로 돌아왔다.

그날 밤 파로는 잠을 이룰 수가 없었다.

하나뿐인 외동딸 벽화는 어려서부터 금지옥엽으로 곱게 키웠고 처녀가 된 지금은 미색이나 성품으로도 어느 누구에게도 뒤지지 않을 만큼 온 마을에 소문이 자자했다. 그런 딸을 왕께 진상품으로 올리자니……. 파로는 생각할수록 기가 차고 화가 났다. 군장 태을이 분명 자신을 얕잡아 보고 이런 일을 꾸민 것이라 생각하니 더욱 부아

가 치밀었다.

파로는 잠 한 숨 못 자고 꼬박 며칠 밤을 지샜다. 그 동안 마을에서는 왕을 맞을 채비를 하느라고 온통 야단법석이었다.

그러나 파로는 갈수록 초조한 마음이 들었다. 처음에는 화가 나고 분하던 것이 하루하루가 지날수록 걱정과 원망으로 바뀌었다.

'혹 군장 태을이 이번 일을 꼬투리 삼아 우리 식구들을 못살게 구는 건 아닐까?'

'아니, 어쩌면 군장의 위세로 우리 벽화를 억지로라도 왕께 진상할지도 몰라……'

파로는 안절부절못하는 것은 물론 속이 타 들어가는 것만 같아 밥도 제대로 못 먹고 온 종일 냉수만 연신 들이켰다.

벽화는 아버지가 며칠 전 군장 태을을 만나고 온 다음부터 식사도 제대로 못 하시고 잠도 못 주무시는 것 같아 걱정이 되었다.

평소 아버지는 다소 고지식하긴 해도 원래 성품이 유순하고 착하신 까닭에 그리 큰 곤란이나 어려움을 겪지 않고 살아왔기 때문이었다.

그런데 요즘의 아버지는 마음속에 무슨 말못할 큰 걱정거리가 생긴 듯 언제나 얼굴에 그늘이 지고 상심에 차 보였다. 땅이 꺼질 듯 한숨을 내쉬는 것이나, 밤잠을 못 이루는 것이나, 여름도 다 지나 어느덧 가을인데도 연신 찬물만 들이켜는 것도 전에 없던 일이었다.

그리고 가끔 마당이나 부엌에서 일하고 있는 자신의 모습을 뚫어지게 쳐다보다가 자신과 눈이 마주치면 황급히 고개를 돌리며 시선을 다른 곳으로 돌리는 것도 이상했다.

벽화는 그런 아버지가 걱정이 되어 하루는 저녁 설거지를 끝낸 다음 안방으로 들어가 아버지 앞에 다소곳하게 앉았다.

"아버님, 혹 마음속에 무슨 근심거리라도 생기신 거예요?"

벽화의 말에 파로는 딴청을 부렸다.

"아니다. 아무 근심도 없다."

벽화는 채근하듯 다시 여쭈었다.

"아버님, 무슨 일인지 말씀해 주세요. 저번에 군장 어른을 만나고 오신 후부터 아버님의 모습이 전과 달라지셔서 그렇습니다."

벽화의 말에 파로의 아내도 맞장구를 쳤다.

"그래요 영감. 벽화의 말이 옳아요. 군장 어른이 뭐라 그랬어요?"

딸과 아내가 이렇듯 채근하자 파로도 더 이상 숨길 수가 없어 태을과 있었던 일을 모두 얘기해 주었다.

파로의 얘기를 들은 아내는 안 될 일이라고 펄쩍 뛰었지만 웬일인지 벽화는 조용히 고개를 숙이고만 있었다.

잠시 후 벽화가 결심을 굳힌 듯 나지막하게 말했다.

"아버님, 어머님! 소녀 군장 어른의 말을 따르겠습니다. 이 좁은 고을에서 가난한 촌부의 아내로 사느니 대궐에 들어가서 왕의 총애를 받으며 호화롭게 살고 싶어요."

벽화의 부모는 생각지도 않은 딸의 말에 적이 놀랐다. 그러면서도 한편으로는 부모의 걱정을 덜어 주려는 딸의 깊은 속내를 헤아리고는 속으로 소리 없이 눈물만 흘렸다.

며칠 후 약속한 날짜에 왕을 모신 행차가 고을에 도착했으니 이가 바로 신라 제21대 소지왕이다.

마을에는 곧 성대한 잔치가 벌어졌다. 잔치는 밤늦도록 계속되었고 고을 백성들은 횃불을 환히 밝혀 놓고 술과 음식을 나눠 먹으며 가무를 즐겼다.

소지왕도 오랜만에 편안한 심정으로 신하들과 술잔을 돌리며 얼큰한 흥취에 젖어 들었다. 술자리의 분위기가 한껏 고조되었을 무렵 고을의 군장 태을은 소지왕 앞에 고을의 진상품을 바쳤는데 정성스레 포장한 큰 함函이었다.

신하들은 상당히 부피가 큰 함을 보고 어떤 물건일까, 하는 표정으로 어명이 떨어지기만을 기다렸다.

소지왕은 술 한잔을 쭉 들이켜고 난 후 한 신하에게 함을 열도록 명했다. 명을 받은 신하는 서둘러 함을 싼 보자기를 풀고 함 뚜껑을 열었다.

그런데 이게 웬일인가?

함 속에서 나온 것은 곱디고운 처녀였다. 첫눈에 보기에도 미색이 출중했을 뿐더러 아리땁기가 이루 말로 표현하기 어려웠다.

소지왕을 비롯하여 좌중에 앉은 신하들은 홀린 듯 함 속에서 나온 처녀를 바라보았다. 처녀는 수줍은 듯 눈을 내리깔고 홍조 띤 얼굴로 가만히 서 있었다.

소지왕의 황홀해하는 표정을 곁눈질로 훔쳐본 태을이 뭐라 말을 하려는 순간 왕의 엄명이 떨어졌다.

"지금 당장 대궐로 돌아가겠다. 어서 행차를 준비하라!"

신하들은 물론 군장 태을은 당혹스러워 몸둘 바를 모르고 우왕좌왕했다. 벽화는 그저 멍청하게 서 있다가 왕의 엄명이 떨어지자 함 속에 털썩 주저앉고 말았다.

소지왕이 버럭 역정을 내며 대궐로 돌아가는 바람에 어쩔 수 없이 집으로 다시 돌아오게 된 벽화의 마음은 반반이었다. 왕의 후궁이 되어 대궐로 들어가지 않은 것이 기쁘기도 했지만 한편으론 무슨 우환이라도 있지 않을까 싶어 마음을 졸였다. 그것은 벽화의 부모도 마찬가지였다.

하루가 지나고 이틀이 지났다. 그리고 10여 일이 지나도록 별다른 일이 일어나지 않자 벽화와 그 부모도 그제서야 안심을 했다.

초가을 따가운 햇살이 조금씩 짧아져 가는 9월 중순 어느 새벽, 환한 보름달이 천지 사방을 은은하게 비추며 점차 서쪽으로 흘러가고 있을 때였다. 난데없이 문밖에서 인기척이 났다.

파로는 달디단 새벽잠에서 깨어난 부스스한 얼굴로 옷을 걸치고 마당으로 나갔다.

"뉘시오?"

"문을 여시오!"

"뉘신지 말을 하시오."

"문을 열면 알게 될 것이오."

파로는 조심스럽게 문을 열었다. 문밖에는 옷을 잘 차려 입은 한 사람이 서 있었다. 그리고 몇 걸음 뒤편에 또 한 사람이 희미한 새벽빛 속에 서 있었다.

옷차림새를 보아 한눈에 보기에도 범상치 않은 인물이라고 판단한 파로는 그들을 아무 말 없이 집안으로 맞아들였다.

때마침 마당의 인기척 소리를 듣고 잠에서 깨어난 벽화가 방문을 열고 나오다가 그들과 마주쳤다.

"어험! 어험!"

방에서 나오는 벽화를 본 손님 중 한 사람이 가볍게 잔기침을 했다.

무의식중에 그 사람의 얼굴을 힐끗 쳐다보던 벽화는 얼른 마당으로 뛰어 내려와 땅에 무릎을 꿇고 엎드려 말했다

"왕께서 어인 일로 이렇게 누추한 곳에……."

그와 동시에 파로도 무릎을 꿇고 엎드렸고 안방에서 그 소리를 들

은 파로의 아내도 얼른 마당으로 내려와 소지왕 앞에 무릎을 꿇었다.

문을 두드렸던 남자가 입을 열었다.

"왕께서 여기에 온 연유를 잘 알 것이다. 그러니 알아서 잘 모시도록 하라."

그런 다음 남자는 소지왕에게 허리를 숙이며 말했다.

"폐하! 소신은 궐로 돌아가 폐하께서 몸이 불편하시어 오늘 하루는 국사를 잠시 물리시고 쉬신다고 전하겠습니다."

"흠흠…… 어험!"

그 말에 소지왕은 다시 헛기침만 할 뿐이었다.

파로는 얼른 소지왕을 벽화의 방으로 모시고 들어갔다. 파로의 아내는 정성껏 벽화의 몸단장을 시켰다.

단장을 끝낸 벽화가 고운 자태로 방으로 들어가 소지왕 앞에 다소곳하게 앉자 그때까지 한마디도 하지 않던 소지왕이 입을 열었다.

"내가 대궐로 그냥 돌아가서 서운했느냐?"

"……."

벽화는 얼굴을 붉히며 말이 없었다.

"너무 서운해하지 마라. 내 너의 미색에 한눈에 반했으나 주위 눈도 있고 해서 그냥 돌아갔노라. 그러나 내 오늘 너를 다시 찾은 것은 너를 이제부터라도 평생 내 곁에 두고자 함이니 지난 일을 잊고 내 마음을 받아다오."

"……."

여전히 아무런 대답도 하지 못한 채 고개를 떨구고 앉아 있던 벽화는 소지왕의 정성 어린 말에 가만히 눈시울을 붉혔다. 진주처럼 영롱한 눈물을 흘리는 벽화를 품에 안고 소지왕은 어린아이를 다독거리듯 그녀의 등을 토닥토닥 두드렸다.

이윽고 방의 불은 꺼지고 한번 닫힌 방문은 다음날 정오까지 열릴 줄을 몰랐다.

이렇게 해서 벽화는 소지왕의 후궁이 되었고, 이 일은 신라 역사상 두고두고 회자되는 아름다운 이야기로 남아 있다.

망국의 한이 서린 가야금

우륵은 대가야 사람으로서 기록된 바에 따르면 조국인 대가야를 버리고 신라에 귀화했다고 전해진다.

그렇지만 그것은 신라의 입장에서 그렇게 적은 것이지 우륵은 조국을 버리지 않았다. 우연히 만난 진흥왕의 부탁으로 신라의 청년들을 제자로 받아들여 가야금을 비롯해 자신의 음악적 재능을 가르쳐 주었을 뿐이었다.

그리고 가야금은 신라의 악기가 아니라 대가야의 마지막 왕인 가실왕이 중국에서 들여온 '쟁이'라는 악기를 응용하여 만든 것이다.

후세의 사가들이 적은 것처럼 가야금의 대가인 우륵은 신라에 귀화하지도 않았고 예술가로서의 생애 또한 그렇게 편안하거나 화려하지도 않았다.

대가야의 마지막 왕인 가실왕이 가야금을 만들도록 했을 때 왕을 도운 수많은 예술가와 장인들 중에서 공로가 가장 컸던 사람이 바로 우륵이다.

또한 우륵은 직접 가야금을 연주하며 수많은 곡들을 만들었는데 날로 기울어 가는 국운을 걱정하는 마음이 고스란히 담겨 그 음률이 하나같이 슬프고도 애잔했다.

우륵이 고향 근처 국원이란 마을에 자리를 잡고 가야금을 연주하고 곡을 만드는 데 혼신의 정열을 쏟고 있을 때였다. 진흥왕이 지방을 순시하며 돌아다니다가 우륵이 살고 있는 국원에서 그리 멀지 않은 남성이라는 마을에서 하룻밤 묵게 되었다.

남성의 수령은 진흥왕을 즐겁게 해줄 요량으로 우륵을 데려다 가야금 연주를 부탁했다. 진흥왕이 비록 적국의 왕이긴 해도 익히 그 현명하고 용맹스러운 명성을 듣고 있었기에 우륵은 제자를 데리고 순순히 진흥왕 앞에 나아가 가야금을 연주했다.

우륵의 가야금 연주에 진흥왕은 깊은 감동을 받아 후일 신라에 돌아가 청년 셋을 뽑아 우륵에게 제자로 삼아달라고 보냈다.

신라 청년들을 맞이한 우륵은 우선 가야금을 앞에 놓고 이렇게 말했다.

"이 가야금이 어떤 모양으로 이루어져 있는지 아느냐?"

신라 청년들은 아무런 대답도 못하고 생전 처음 보는 악기를 그저 신기하게 쳐다만 볼 뿐이었다.

"우선 가야금의 머리 쪽은 둥글게 만들어졌으니 이는 하늘을 뜻하는 것이요, 밑 부분은 평평하니 이는 땅을 이르는 것이다. 줄은 열두 줄이니 그것은 일년 열두 달을 이르는 것이다."

신라 청년들은 우륵의 말에 귀를 기울이며 가야금에서 눈을 떼지 못했다.

우륵은 계속 말을 이었다.

"그리고 줄을 고정하는 기둥의 높이가 세 촌인 것은 하늘과 땅과 사람이 모여야 그 소리가 완벽하다는 뜻이니, 삼라 만상의 모든 이치가 이 가야금 속에 담겨 있느니라."

말을 마친 우륵은 고요히 신라 청년들을 바라보았다.

신라의 청년들은 일어나 큰절을 올리며 말했다.

"선생님의 말씀 늘 명심하며 열심히 배우도록 하겠습니다."

그렇게 우륵의 제자가 된 신라 청년들은 만덕과 법지, 계고로서 만덕은 우륵에게서 춤을 배웠고, 법지는 성악을, 계고는 기악을 배웠다.

그렇게 몇 년이 흐른 어느 날, 신라 청년들은 한자리에 모여 음악에 대해 이야기를 나누다가 스승 우륵이 만든 가야금 곡들이 너무 처량하고 애절하다는 데 의견이 일치했다.

이어 셋은 스승 우륵이 만든 가야금 열두 곡조 중 다섯 곡조를 자신들의 구미에 맞게 편곡을 하여 우륵 앞에서 연주했다.

우륵은 눈을 감고 그 연주를 들으며 마음속으로 깊은 회한과 절망을 느꼈다.

'너희의 조국 신라는 바야흐로 새 기운이 솟는 나라이니 곡조가 그렇게 신명 나고 흥겨울 테지만 내 조국 대가야는 그 운명이 지는 해와도 같으니 당연히 그 곡조가 슬프고도 비통할 수밖에…….'

제자들의 연주가 모두 끝나자 우륵은 한마디를 하고는 밖으로 나갔다.

"참으로 흥에 겹고 힘찬 곡조라 듣기에도 좋구나."

우륵은 먼 하늘을 바라보았다. 희미한 별이 떨어지기 직전의 꽃송이처럼 가느다랗게 떨며 깜빡거리고 있었다. 마치 서서히 기울어 가는 조국의 운명 같았다. 우륵은 가슴을 후벼 파는 듯한 통증을 느끼며 천천히 걸음을 옮겼다. 머릿속으로 예전 가야금 열두 곡조를 만들 때의 광경이 그림처럼 펼쳐졌다.

마을을 끼고 굽이굽이 흐르는 강물과 오곡 백과가 풍성하게 익어가던 들판, 눈이 내린 밤이면 눈 쌓인 오두막 위로 청아한 빛을 발하며 떠오르던 달빛, 봄이면 산야를 온통 분홍빛으로 물들이던 진달래와 철쭉, 여름날 하루 종일 강물에서 멱을 감던 벌거숭이 아이들…….

우륵은 대가야의 아름다운 사계를 떠올리며 가야금 열두 곡조를 완성했다. 그것이 비록 애잔하고 슬픈 곡조일망정 조국을 생각하는 우륵의 충정 어린 마음에서 우러나온 것이었기에 그 곡들은 우륵의 분신과도 같았다.

어둠 속으로 사라지는 우륵의 뒷모습은 한 시대를 풍미한 뛰어난 예술가임에도 불구하고 망국의 한을 지닌 무기력하고 작은 인간일 수밖에 없는 처연한 모습이었다.

고구려 승려와 신라 장수

흐린 등불 앞에 마주앉은 혜량법사와 거칠부는 좀처럼 서로 입을 열지 않았다. 거칠부가 혜량법사 밑에서 불법을 배운 지 한참이 지났지만 혜량법사가 거칠부를 이렇게 늦은 밤 따로 부른 것은 처음이었다.

혜량법사는 한동안 그렇게 말없이 앉았다가 이윽고 조용히 입을 열었다.

"말하라, 너는 어디에서 왔느냐?"

거칠부는 잠시 숨을 가다듬었다. 그러나 더는 숨길 필요가 없다는 생각을 하고 사실대로 말할 것을 결심했다.

"소승은 신라에서 법사님께 불법을 배우고자 왔습니다."

거칠부의 말에 혜량법사의 눈썹이 움찔 위로 올라가는 듯했다.

"나에게 불법을 배우러 적국인 고구려까지 왔다는 말이냐?"

거칠부는 거침없이 대답했다.

"예. 그렇습니다. 불법을 배우는 데 무슨 국경이 있겠습니까?"

혜량법사는 말이 없었다. 대신 눈을 질끈 감았다. 방안엔 고요한 정적만이 감돌 뿐 숨도 쉬지 않는 듯 두 사람은 숨소리조차 내지 않았다.

이윽고 혜랑법사가 감은 눈을 뜨며 말했다.

"가거라. 아무리 불법이 중요하다 한들 사람의 목숨보다 중요하지 않다. 여기는 너희 나라의 적국인 고구려이다. 더군다나 이곳은 하루에도 수십 명이 드나드는 곳으로 네 행동을 조금만 눈여겨본 자라면 네가 신라인이라는 걸 금방 눈치 챘을 게다. 이 밤으로 서둘러 떠나도록 하라. 인연이 닿으면 다음에 또 만날 것이니 그때 가서 내게 불법을 배워도 늦지 않을 것이다."

거칠부는 시선을 아래로 둔 채 고민에 빠졌다. 그는 왕실의 후예로서 권력과 부귀가 보장된 탄탄대로를 버리고 머리를 깎고 구도자의 길을 걷고자 결심하면서 가슴에 품은 포부 또한 남달리 컸다.

거칠부는 신라에 불교가 뿌리를 내린 지 겨우 10여 년, 아직 불법이 무엇인지도 잘 모르는 무지한 백성들을 구도의 길로 인도하고자 하는 굳은 결심을 마음속에 품고 있었다.

그래서 자신의 뜻을 이루고자 목숨을 걸고 적국인 이곳 고구려까지 왔다. 그런데 불법을 채 공부하기도 전에 돌아가라니…….

풀 꺾인 자세로 망연자실하게 앉아 있는 거칠부의 손을 잡으며 혜랑법사가 말했다.

"내 말을 잘 들어라. 내가 보기에 너는 불법에 몸담고 있을 위인이 아니다. 너는 분명 장래에 신라의 큰 장군이 될 것이다. 언젠가는 고구려와 신라, 이 두 나라 사이에 큰 싸움이 일어날 것이니 그때에 가서 네가 나를 만나면 부디 지금의 정을 생각해서라도 해치지는 말아다오. 그리고 그때도 지금처럼 불법을 공부하고 싶다면 내 기꺼이 너를 받아들여 주마."

혜랑법사의 간곡한 말에 거칠부는 돌아가기로 마음을 고쳐먹었다.

거칠부는 일어나 혜량법사에게 큰절을 올리며 말했다.

"알겠습니다, 법사님. 법사님의 말씀을 따르도록 하겠습니다. 그리고 방금 하신 법사님의 말씀처럼 제 앞날이 그러하다면 제게 베풀어주신 오늘의 이 은혜를 잊지 않고 법사님의 목숨만은 무슨 일이 있어도 꼭 지켜 드리겠습니다."

조용히 혜량법사의 방에서 나온 거칠부는 그 길로 짐을 꾸려 신라로 돌아왔다.

아이가 자라듯이 세월이 흘렀다. 신라에 돌아온 거칠부는 곧 국사에 전념하여 제법 높은 관직에까지 올랐다.

진흥왕 12년, 신라는 백제와 동맹을 맺고 고구려 공격에 나섰다. 백제군이 고구려의 수도인 평양을 공격하기로 하고 거칠부가 주축이 된 신라군이 고구려의 지방을 공략하기로 했다.

거칠부가 이끄는 신라군은 가는 곳마다 대승을 올리며 고구려의 여러 지방을 며칠 안에 점령했는데 그 수가 무려 열 곳이나 되었다.

이처럼 혁혁한 공을 세우며 거칠부가 군사들을 이끌고 거침없이 고구려 땅을 달리던 어느 날이었다.

깃발을 앞세워 말을 달리던 신라군은 피난을 가는 한 무리의 고구려인들과 맞닥뜨렸다. 고구려인들은 어쩔 줄 몰라하며 신라군을 피해 숨을 곳을 찾기에 급급했다. 거칠부는 그때 무리 속에 낯익은 얼굴을 발견했다.

거칠부는 급히 말에서 내려 군사들을 고구려인들에게서 물러나게 한 뒤 한 사람에게로 성큼성큼 다가가더니 땅바닥에 엎드려 큰절을 했다. 그러고는 감격에 찬 목소리로 말했다.

"이렇게 법사님을 다시 뵙고 나니 지난날 법사님의 말씀이 한 치의 그릇됨도 없다는 것을 알겠습니다. 그때 법사님께서 저를 살려 주신 은혜를 무엇으로 갚겠습니까마는 법사님과 한 약속은 꼭 지키겠습니다. 그러니 염려 마십시오."

혜랑법사는 꿇어앉은 거칠부의 손을 잡아 일으켜 세우며 말했다.

"나 또한 그대를 다시 만나 기쁘기가 그지없소. 훌륭한 장수가 되었구려."

거칠부는 눈물을 흘리며 혜랑법사에게 말했다.

"법사님! 이제라도 부디 저를 다시 제자로 받아 주시어 불법을 가르쳐 주십시오."

거칠부의 말에 혜랑법사는 소리 없이 웃으며 말했다.

"나를 그대의 나라로 데려다 주시오. 어차피 고구려에서는 불법을 전할 만큼 전하여 이제 나 말고도 훌륭한 고승이 많으니 여생을 신라에 가서 불법을 전하며 보내고 싶소."

거칠부는 혜랑법사를 정중히 예우하여 신라에 왔다. 그리고 혜랑법사를 대궐로 모시고 들어가 진흥왕을 뵈었다.

"그대가 혜랑법사인가?"

혜랑법사에게 건넨 진흥왕의 첫마디였다.

"예. 그러하옵니다."

혜랑법사가 공손히 예를 갖추고 대답했다.

거칠부는 진흥왕에게 지난날 혜랑법사와 있었던 일을 상세하게 고한 다음 신라에서 불법을 전하고 싶어하는 혜랑법사의 뜻을 아뢰었다. 진흥왕은 크게 기뻐하며 기꺼이 그 뜻을 받아들여 혜랑법사에게 국통國統을 제수하고 거칠부로 하여금 그 뒤를 돕게 했다.

이렇게 해서 신라에 불교가 널리 퍼지게 되었으며 그것은 또한 훗날 신라에서 이름 난 고승들이 많이 나올 수 있는 계기가 되었다.

진지왕은 머리를 조아리고 다소곳하게 어전에 앉아 있는 도화녀의 자태를 지긋한 눈으로 찬찬히 훑어보았다. 소문대로 도화녀의 미색은 자신이 지금껏 보아 왔던 그 어떤 여인보다도 아름답고 뛰어났다.

진지왕은 다시 한 번 도화녀에게 물었다.

"정녕 네가 짐의 청을 거절할 것이냐?"

도화녀는 머리를 숙인 채 또렷하게 대답했다.

"폐하, 저는 이미 혼인을 한 몸으로 지아비가 있는 처지옵니다. 그런 제가 어찌 후궁이 되어 폐하를 모실 수 있겠사옵니까?"

도화녀의 대답에는 결연한 의지가 깃들여 있었다.

"음……. 나는 너를 죽일 수도 있고 살릴 수도 있다. 네가 어명을 거역한 죄로 이 자리에서 죽임을 당해도 괜찮다는 말이더냐?"

진지왕의 엄포에도 도화녀는 주저 없이 대답했다.

"죽으라면 죽겠습니다. 그러나 아녀자의 몸으로 두 지아비를 섬길 수는 없사옵니다."

진지왕은 잠시 생각에 잠기더니 어투를 바꿔 말했다.

"그렇다면 너는 남편이 죽은 후라면 짐의 청을 들어주려는가?"

도화녀는 한동안 말이 없다가 조심스럽게 입을 열었다.

"그땐…… 폐하의 말씀에 따르겠사옵니다."

진지왕은 아쉬운 마음에 조바심이 일었지만 도화녀의 말을 받아들일 수밖에 없었다. 아무리 자신이 한 나라의 임금이라 해도 남편 있는 여자를 함부로 범할 수는 없는 노릇이었던 것이다.

그렇게 해서 도화녀는 무사히 집으로 돌아올 수 있었고 남편과 예전처럼 행복하게 살아갈 수 있었다. 그렇지만 마음 한구석에는 언제나 불안감을 떨쳐 버릴 수 없었다. 진지왕이 언제 마음이 변할지 아무도 모를 노릇이었다.

그러나 그러한 불안감은 얼마 가지 않아 사라졌다. 진지왕이 승하했던 것이다. 도화녀는 그제서야 안심을 했지만 그 행복은 오래가지 않았다. 이듬해 남편의 돌연한 죽음으로 졸지에 과부가 되고 만 것이다.

사랑하는 남편도 죽고 남편이 죽으면 자신을 데려가 후궁으로 삼겠다던 진지왕도 죽자 도화녀는 날마다 눈물로 밤을 지새며 자신의 신세를 한탄했다.

남편이 죽은 지 한 달여가 지났을 때였다. 도화녀는 그날따라 밤이 이슥할 때까지 혼자 빈방을 지키고 있었다. 그런데 도화녀의 방에 이상한 향기가 진동하더니 자욱한 연기와 함께 진지왕이 방으로 들어왔다.

숨이 막힐 듯 놀라는 도화녀를 향해 진지왕이 말했다.

"예전에 나와 한 약속을 잊지 않았겠지. 이제 그 약속을 지킬 때가 되었다."

진지왕은 미소를 머금으며 놀라 입을 다물지 못하는 도화녀 앞에 앉았다. 도화녀는 꿈인지 생시인지 분간이 안 되는 와중에도 진지왕의 모습을 뚫어지게 쳐다보았다.

희미한 등불 아래에 보이는 진지왕의 모습은 왕이 승하하기 전 대궐에서 만난 그 모습 그대로였다. 이윽고 방에 불이 꺼지고 진지왕과 도화녀는 나란히 잠자리에 들었다.

그로부터 일주일 동안 진지왕은 도화녀와 꿈 같은 나날을 보내고 다시 홀연히 어디론가 사라졌다.

열 달이 지나 도화녀는 사내아이를 낳았다. 그 소문은 진평왕의 귀에까지 들어갔다. 진평왕은 죽은 진지왕의 조카로서 선왕을 생각해서 두 모자를 대궐로 데려와 살게 했다.

도화녀가 낳은 아들의 이름은 비형으로 어려서부터 총명하고 슬기로웠다. 비형은 나이가 들수록 기골이 장대하고 지혜도 뛰어나 진평왕의 사랑이 극진했다.

비형은 열다섯 살이 되던 해부터 밤이면 대궐을 빠져 나가 귀신들과 어울려 놀다 새벽녘이 되어서야 돌아오곤 했는데 이 얘기를 들은 진평왕이 비형을 불러 물었다.

"네가 귀신들과 어울린다던데 그게 사실이냐?"

진평왕의 말에 비형은 스스럼없이 대답했다.

"예, 그러하옵니다."

진평왕은 다시 넌지시 물었다.

"그렇다면 그것을 내게 증명해 보일 수 있겠느냐?"

비형은 이번에도 주저 없이 대답했다.

"분부만 하십시오."

비형의 당당한 태도에 진평왕은 웃으며 말했다.

"그래? 그렇다면 내일 아침까지 신원사의 북대천에 다리를 하나 놓을 수 있겠느냐?"

비형은 머리를 조아리며 큰소리로 대답했다.

"예, 폐하!"

다음날 반신반의하던 진평왕은 신원사 북대천에 다리가 놓였다는 신하의 말을 듣고 크게 놀라지 않을 수 없었다.

진평왕의 명에 따라 비형과 귀신들이 밤새 놓은 그 다리를 사람들은 귀신이 놓은 다리라고 해서 귀교鬼橋라고 불렀다.

비형의 말을 확신하게 된 진평왕은 곧 비형을 불러 말했다.

"네 말이 정말이로구나. 그렇다면 귀신 중에 정사에 관여할 만큼 뛰어난 인물이 있느냐? 있으면 어디 한번 천거해 보라."

비형은 이번에도 당당하게 대답했다.

"제가 알고 있는 귀신 중에 길달이란 자가 있는데 매사에 능통하고 지략 또한 뛰어나 데려다 쓰시면 후회하시지 않을 것이옵니다."

진평왕은 흔쾌히 허락을 하고 이튿날 비형이 데려온 길달에게 벼슬을 제수했더니 과연 능력이 뛰어났다. 길달은 나중에 유명한 흥륜사의 길달문을 짓기도 했다.

비형은 그후에도 여러 이적을 행하였으나 자세한 기록은 없다. 다만 훗날 자신이 진평왕에게 천거한 길달이 도망을 치자 귀신들로 하여금 길달을 잡아 죽이게 하자 모든 귀신들은 비형의 이름만 들어도 벌벌 떨게 되었다. 그뒤부터 사람들이 액막이를 할 때 비형을 찬미하는 글을 지어 대문에 붙였다고 한다.

비록 지금은 귀교도 사라지고 길달문도 남아 있지 않아 전설이 되어 버린 이야기지만 사람인 도화녀와 귀신인 진지왕 사이에서 태어난 비형이라는 인물의 이적 때문에 그 신기함과 흥미가 더한다.

국사의 어머니

　신라 진평왕 때의 국사國師였던 원광법사는 경상도 안동에 사는 이덕삼李德三의 삼대 독자로 태어났다. 원광법사의 본명은 경조로서 손이 귀한 집안이었던 만큼 태어나면서부터 집안 식구들의 사랑과 귀여움을 독차지했다.

　농사꾼인 덕삼은 아내와 함께 이른이 넘은 아버지를 봉양하며 살고 있었는데 효성이 지극해서 마을 사람들의 칭찬이 자자했다.

　경조가 세 살 되던 해였다.

　덕삼이 아침 일찍 밭일을 나가고 부엌에서 아침을 준비하던 덕삼의 아내는 어린 경조에게 젖을 먹이기 위해 방으로 들어갔다. 덕삼의 아내는 경조를 품에 안고 저고리의 옷고름을 풀어 젖을 물렸다. 그런데 웬일인지 평소 같으면 허겁지겁 엄마의 젖꼭지를 찾아 물 경조가 그날따라 잠잠하기만 했다.

　덕삼의 아내는 어린 아들이 깊이 잠들었다고 생각하고 잠을 깨울 요량으로 경조의 볼을 살짝 꼬집었다.

　그러나 경조의 얼굴은 이미 사색으로 변해 있었고 전신이 나무토막처럼 딱딱하게 굳은 지 오래된 듯싶었다.

　덕삼의 아내는 혼비백산해서 그만 넋을 놓고 말았다. 눈에 넣어도 아프지 않을 만큼 귀한 삼대 독자이거늘 어찌 이리 허망하게 하루아침에 잃어버린다는 말인가?

평소에 지병이 있었던 것도 아니고 간밤에 별다른 병색이 있었던 것도 아닌데 무슨 연유로 이렇게 세상을 버렸다는 말인가? 덕삼의 아내는 당장 그자리에서 땅을 치고 통곡이라도 하고 싶었으나 곧마음을 지그시 누르고 평정을 되찾았다. 연로하신 시아버지가 아직 잠자리에서 일어나지 않은 탓이었다.

덕삼의 아내는 애간장이 끊어지는 심정으로 이미 숨이 끊어진 어린 아들을 등에 업고 발소리를 낮춰 부엌으로 나갔다. 먼저 솥에서 시아버지의 밥을 퍼 따뜻한 방 아랫목에 묻은 다음 남편의 밥을 퍼서 푸성귀 두세 가지를 곁들여 함지박 속에 담았다.

그런 와중에도 눈물은 쉴새없이 볼을 타고 흘러 행여 시아버지와 남편의 밥에 눈물 한 방울이라도 떨어뜨릴까 봐 그녀는 몇 번이고 얼굴을 돌려 혼자 고스란히 눈물을 받아내어야만 했다.

남편의 아침상을 마련한 덕삼의 아내는 함지박을 머리에 이고 남편이 일하고 있는 밭으로 나갔다.

덕삼은 아내가 차려 온 아침밥을 맛있게 먹었다. 다른 날과는 달리 아내의 표정이 어두워 보이기는 했지만 등에 업은 아들을 더욱 정성스럽게 감싸 안고 있는 것으로 봐서 어린 아들의 칭얼거림이 여느 때보다 좀 더해서 그러려니 하고 어림짐작만 할 뿐이었다.

덕삼이 밥 한 그릇을 맛있게 비우자 덕삼의 아내는 조심스럽게 등에 업었던 아들을 바닥에 내려놓았다.

그리고 참았던 눈물이 물꼬 터지듯 한꺼번에 쏟아져 나왔다.

"아니 여보, 왜 그러시오? 무슨 일이오?"

덕삼은 갑작스런 아내의 눈물에 당혹감을 감추지 못했다.

"여보! 우리 경조가…… 우리 경조가…… 흑흑!"

아내의 흐느낌에 놀라 덕삼은 땅에 눕힌 어린 아들을 품에 안았다. 덕삼의 얼굴은 순식간에 흑빛으로 변했다.

"이게 무슨 일이오? 어찌 된 일이오, 여보!"

덕삼의 목소리는 절규에 가까웠다.

"흑흑……, 아침밥을 짓고 젖을 물리려고 방에 들어갔더니……, 흑흑…….."

덕삼은 품에 안았던 어린 아들을 다시 바닥에 내려놓았다.

"이놈아! 네 이 불효 막심한 놈! 이렇게 일찍 가려고 태어났다는 말이냐? 이른이 넘으신 할아버지도 계신데……. 네 이놈! 이 불효 막심한 놈 같으니라고……!"

덕삼은 피눈물을 흘리며 어린 아들의 뺨을 사정없이 때렸다.

한 번, 두 번, 세 번…….

보다못한 덕삼의 아내가 남편의 손을 잡고 함께 울부짖으며 매질을 말렸다.

"제 명대로 살다 가지도 못한 이 불쌍한 어린것에게 이 무슨 몹쓸 짓이란 말입니까? 이러지 마세요, 여보…… 흑흑……!"

그렇게 덕삼의 아내가 남편의 손을 잡고 절규하는 순간 죽은 줄로만 알았던 어린 아들 경조가 울음을 터뜨렸다.

"응애! 응애!"

덕삼과 그 아내는 누가 먼저랄 것도 없이 땅에 눕혔던 어린 아들을 껴안았다. 기적처럼 죽었던 경조가 소생한 것이다. 아들의 죽음을 애통해하던 부부의 눈물은 금세 기쁨의 눈물로 바뀌었다.

죽었다 살아난 어린 경조는 언제 무슨 일이 있었냐는 듯 부부의 품속에서 생긋생긋 귀엽게 웃고 있었다.

이 일은 사람들의 입을 통해 널리 퍼졌고 그러한 기적이 일어난 것은 모두 덕삼의 아내가 부덕婦德이 높은 까닭이라고 입을 모았다.

그 이유는 첫째, 아들의 죽음에 맞닥뜨리고도 잠든 시아버지를 생각해서 슬픔을 감춘 것이요, 둘째, 남편이 아침밥을 다 먹을 때까지 눈물을 보이지 않았기 때문이라고 했다.

그리고 죽었다 다시 살아난 경조가 나중에 원광법사가 되어 국사의 자리에 오를 수 있었던 것도 그런 어머니의 훌륭한 가르침 덕분이었다고 전한다.

천산 땅에 묻은 맹세

가실사로 가는 길은 제법 멀었다. 젊고 혈기 왕성한 두 청년 귀산과 취항은 서로 이런저런 한담을 나누며 발길을 재촉했다.

귀산은 무은 장군의 아들로서 그 의기가 출중했으며 취항 또한 그에 못지 않은 기상과 사나이로서의 늠름함을 두루 갖추고 있었다.

오늘 귀산과 취항이 가실사를 찾아가는 것은 원광법사를 만나기 위함이었다. 수나라에서 불법을 공부하고 신라에 돌아온 원광법사는 이미 당대의 유명한 스님으로 사람들의 추앙을 한 몸에 받고 있었다.

서로 절친한 친구 사이인 두 청년이 원광법사를 만나러 가게 된 것은 며칠 전에 귀산이 한 말 때문이었다.

"여보게 취항. 우리의 몸은 비록 속세에 살고 있다 하나 그 정신은 거울처럼 맑고 깨끗해야 한다고 생각하네. 듣자니 가실사에 있는 원광법사의 덕망이 뛰어나다고 하니 한번 찾아뵙고 그 가르침을 듣는 게 어떻겠는가?"

귀산의 말을 들은 취항은 그 말이 일리가 있다는 생각이 들어 날을 잡아 이렇게 길을 나서게 되었다.

가실사에 도착한 귀산과 취항은 부처님께 예불을 드리고 원광법사 앞에 공손히 무릎을 꿇고 앉았다.

원광법사가 무슨 일이냐는 듯 넌지시 눈길을 건네자 귀산이 조심스럽게 먼저 입을 열었다.

"저희가 비록 세상에서 속인의 몸으로 살아가지만 마음을 깨끗이 하고 정대하게 한다면 부처님의 가르침에서 크게 벗어나지 않을 것으로 사료됩니다. 그러니 부디 법사께서는 저희가 속세에서도 그 마음을 잃지 않고 살아갈 수 있도록 참된 진리의 말씀을 들려 주십시오. 저희가 법사님을 찾아온 것은 바로 그 말씀을 듣기 위함입니다."

귀산의 말을 들은 원광법사의 얼굴에 대견한 표정이 역력하게 드러났다.

"너희의 뜻이 갸륵하기 이를 데 없구나. 그러나 속인으로는 지키기 어려운 것이 한둘이 아닐 터인데……."

원광법사의 말에 취항이 나섰다.

"비록 지키기 힘들다 할지라도 끝까지 지키려고 애쓰는 그 마음만은 소중히 간직하겠습니다."

원광법사는 두 청년의 눈을 고요히 바라보더니 말을 이었다.

"그렇다면 들어라! 첫째, 백성 된 도리로서 나라에 충성할 것이요, 둘째, 자식된 도리로서 부모에게 효도를 다할 것이요, 셋째, 친구 된 도리로서 신의를 지킬 것이요, 넷째, 싸움에 임해서는 물러서선 안 될 것이요, 다섯째, 짐승을 죽이되 가려서 죽이라는 것이다. 너희가 능히 이 다섯 계명만을 지킨다면 속인으로서도 그 마음 바탕은 잃지 않을 수 있으리."

원광법사의 말을 들은 귀산과 취항은 기쁜 마음으로 법사 앞에 큰절을 올리고 가실사를 나섰다.

집으로 돌아오며 두 청년은 원광법사가 가르쳐 준 다섯 계명을 죽을 때까지 지키기로 굳게 맹세했다.

그로부터 몇 년 후 진평왕 19년 가을, 백제군이 신라에 쳐들어왔다. 진평왕은 여러 장군들에게 군사를 주어 전지로 급파하였는데 그 가운데는 귀산의 아버지인 무은 장군도 있었다.

군사들 중에는 아버지를 따라 나선 귀산과 나라를 구하겠다는 일념으로 그 대열에 합류한 취항도 있었다.

신라군은 백제군을 맞아 말 그대로 죽기를 각오하고 싸웠다. 두 나라의 군사는 조금의 양보도 없이 치열한 접전을 벌였다. 시간이 점차 흐를수록 전쟁의 대세는 조금씩 신라군에게로 넘어오는 것 같았다.

기세가 밀려 후퇴하는 백제군의 뒤를 신라군은 때를 늦추지 않고 쫓았다. 그러나 그렇게 앞으로만 치달은 것이 문제였다.

신라군이 천산 땅에 도착하였을 때, 미리 산속에 매복하고 있던 백제군의 기습 공격을 받게 되었다.

신라군의 대열은 일시에 흐트러지고 군사들은 갈피를 잡지 못해 이리저리 몰려다니기에 경황이 없었다. 백제군은 사정없이 신라군의 목을 칼로 내리치고 창으로 찔렀다.

그런 와중에 귀산의 아버지인 무은 장군이 말에서 떨어지고 말았다. 백제군에 둘러싸인 무은 장군의 목숨은 바람 앞의 등불처럼 위태로웠다.

일촉즉발의 위기 상황이었다.

멀리서 이 광경을 목도한 귀산은 말을 돌려 아버지 무은 장군에게로 달려가며 큰소리로 외쳤다.

"나는 세속을 살아가며 마음을 깨끗이 하고 정대하게 하는 가르침을 받기를, 나라에 충성하는 것이 첫째요, 부모님께 효도하는 것이 둘째라고 들었다!"

귀산의 말이 채 끝나기도 전에 힘찬 말발굽 소리와 함께 또 다른 목소리가 쩌렁쩌렁 울렸다.

"친구와의 신의를 저버리지 않는 것이 그 셋째요, 싸움에 임해서는 절대 물러서지 않는 것이 넷째라고 배웠다!"

귀산은 그 목소리가 친구 취항의 음성임을 알았다. 둘은 적지를 뚫고 들어가 무은 장군을 구하기 위해 사력을 다하였다.

그 모습을 본 신라군들은 크게 함성을 지르며 귀산과 취항의 뒤를 따랐다. 백제군들은 사기 충천한 신라군의 기세에 눌려 다시 후퇴하기 시작했다.

귀산이 아버지 무은 장군을 무사히 자신의 말에 태워 아군 진영으로 보내고 취항과 함께 수많은 백제군들의 목을 베었을 때 싸움은 천천히 끝나가고 있었고 승리의 신은 신라군의 손을 들어 주었다.

한바탕 피바람이 몰아친 천산 땅은 천지간에 피비린내가 진동하였다. 사방에는 널부러진 시체들과 부상을 입은 군사들로 발 디딜 틈이 없었고, 그 광경은 참혹하기 이를 데 없었다.

그 가운데 신라의 두 청년은 드러누워 있었다. 아니 쓰러져 있었다. 온몸에 칼을 맞고 창에 찔린 채 신음 소리도 제대로 내지 못하고 그저 하늘만 바라보고 있었다.

귀산이 취항을 쳐다보며 한번 싱긋 웃기라도 했던가? 그러나 그렇게 생각하기에는 이미 둘은 숨이 끊어진 지 오래인 듯했다.

다만 둘 다 입가에 희미한 미소를 머금고 있을 뿐이었다. 그 미소 때문이었을까? 둘의 얼굴 표정은 속세를 벗어나 해탈의 경지에 이른 듯 평온하고 행복해 보였으며 상처투성이의 몸에 흐른 붉은 선혈은 마치 연꽃처럼 온몸을 감싸 안고 있는 듯 보였다.

신라 진평왕 때 이찬伊飡 벼슬을 지낸 김후직은 지증왕의 손자로 사리에 밝고 학덕이 높은 인물이었다.

당시 진평왕은 사냥을 너무 좋아해 날마다 대궐을 비우기 일쑤였는데, 그런 왕을 보다못한 김후직이 하루는 굳은 결심을 하고 왕께 아뢰었다.

"폐하! 예로부터 성인들이 이르시기를 사냥은 마음을 흐리게 만들고 정신 또한 흐리게 만드니 결국 심신을 모두 피폐하게 한다고 했사옵니다. 그런데 폐하께서는 정사를 돌보실 생각은 아니 하시고 허구한 날 사냥에만 몰두하시니 이는 폐하의 옥체를 상하게 할 뿐만 아니라 사직을 위해서도 결코 합당한 일이 아닌 줄로 아옵니다. 그러니 부디 오늘부터라도 사냥을 그만두시고 정사를 돌보는 데 힘쓰옵소서!"

그러나 김후직의 이러한 충정 어린 간언에도 아랑곳하지 않고 왕은 그 다음날 또 사냥개를 앞세워 궐 밖으로 사냥을 나갔다.

그 소식을 들은 김후직은 나직이 한숨을 내쉬며 장차 어찌해야 왕이 더 이상 사냥을 나가시지 않을지를 곰곰이 생각할 따름이었다.

그후로도 김후직은 틈만 나면 왕 앞에 나아가 진심으로 왕이 사냥 나가는 것을 말리며 간언했지만 왕은 들은 척도 않고 혼자 콧방귀만 뀔 뿐 도무지 정사에는 관심이 없고 오로지 사냥하는 데만 온 마음을 쏟았다.

세월이 흘렀다. 이찬 김후직도 나이가 들어 대궐에 나가는 일보다 집에서 몸져눕는 일이 잦아졌다.

그러나 김후직의 마음속에는 언제나 짙은 먹구름이 드리워져 있었다. 자기를 제외하고는 신하들 중 어느 누구도 왕이 사냥하는 것을 말리지 않는데 만약 이대로 자신의 명이 다한다면 과연 누가 있어 왕의 그 같은 일을 말리겠는가?

그런 생각을 하노라면 김후직의 눈에는 어느새 희미한 눈물이 괴어올랐다.

생각에 생각을 거듭하던 김후직은 하루는 자식들을 불러 이렇게 말했다.

"지금부터 내가 하는 말을 가슴에 새겨 듣고 그대로 행하라. 내가 죽으면 내 시체를 왕께서 사냥 다니시는 길가에 묻되 묘비를 세우지 마라. 한평생 나라의 녹을 먹은 신하로서 왕이 사냥하는 일 하나도 제대로 막지 못했는데 내 무슨 염치가 있어 그 같은 호사를 누리겠느냐. 내가 무엇보다 염려하고 걱정하는 일은 왕께서 사냥에만 빠져 정사를 돌보지 않으니 이 나라의 앞날이 위태로운 것이요, 사냥을 나가셨다가 무서운 맹수로 인해 혹 무슨 변고라도 당하지 않을까 하는 것이다. 나는 죽어서도 그러한 일들을 막고자 애쓸 것이니 너희들은 부디 후일 내 뜻대로 나를 장사 지내 주기 바란다!"

김후직의 말을 듣고 있던 자식들의 가슴에는 피 멍울이 돋는 듯 쓰리고 아팠다.

며칠이 지난 어느 날, 그날도 진평왕은 사냥개를 앞세우고 들판으로 사냥을 나갔다. 날씨는 화창했고 바람도 적당히 불어 사냥을 하기에는 안성맞춤이었다.

왕은 말을 몰아 넓은 들판을 거침없이 달렸다. 들판의 끝자락에 이르러 산속으로 급히 달아나는 노루 한 마리를 발견하고 화살을 쏘며 뒤쫓기 시작했다.

노루는 화살을 피해 더욱 깊은 산속으로 몸을 날려 뛰었고 왕은 정신없이 말을 몰았다. 그러나 노루는 이내 빽빽한 숲 사이를 벗어나 계곡으로 가뿐하게 뛰어내려 어디론가 달아나 버렸다.

말을 멈춘 왕은 분한 표정으로 노루가 사라진 계곡 쪽을 바라보다가 할 수 없이 산 아래로 발길을 돌렸다.

좀 전에 노루를 쫓아 천지를 진동하는 듯한 말발굽 소리가 그치고 난 산속은 그야말로 적막 강산이었다. 가끔 이마를 스치고 지나가는 바람 소리나 계곡을 흐르는 낮은 물소리만 숲의 적막을 깨고 있었다.

왕이 말을 몰아 터벅터벅 산길을 내려오는데 난데없이 어디선가 울음소리인 듯한 가느다란 외침이 들려 왔다.

'폐하! 부디 발길을 돌리소서……. 발길을 돌리소서, 폐하……!'

처음에 왕은 자신이 바람 소리를 잘못 들었다고 생각했으나 갈수록 그 소리는 뚜렷하게 들려 왔다. 왕은 신하를 불러 그 소리에 대해 조사하도록 명했다.

잠시 후 돌아온 신하는 왕 앞에 무릎을 꿇고 다음과 같이 아뢰었다.

"폐하! 황공하오나 이 소리는 얼마 전에 세상을 떠난 이찬 김후직의 무덤에서 나는 소리이옵니다."

신하의 말을 들은 왕은 믿을 수 없다는 표정으로 재차 물었다.

"뭐라? 이 소리가 이찬의 무덤에서 나는 소리라고? 그게 사실이냐?"

신하는 왕을 묘비도 없이 초라한 무덤으로 모시고 갔다. 이찬의 무덤을 본 왕은 급히 그의 아들을 부르도록 명했다.

갑작스런 왕의 부름을 받고 달려온 이찬의 아들을 향해 왕은 엄중한 목소리로 물었다.

"네 어찌 하나뿐인 아비의 묘를 묘비도 없이 이런 길가에 방치해 둔다는 말이냐?"

엄중하게 꾸짖는 왕의 말에 이찬의 아들은 조금도 주저 없이 저간의 모든 사정을 이야기했다. 얘기를 듣고 있던 왕의 얼굴은 점차 슬픔으로 일그러졌다.

왕은 종내 얼굴을 감싸 쥐고 이찬의 무덤 앞에 무릎을 꿇고 앉아 형언할 수 없는 슬픔의 눈물을 터뜨렸다.

"용서하시오. 내가 잘못했소! 내가 부덕하여 경의 무덤이 이곳에 이렇듯 쓸쓸하게 버려지게 되었구려! 내가 지금이라도 경의 말을 듣지 않는다면 이는 경의 죽음을 헛되이 하는 일이며 나중에 내가 죽어서라도 경의 얼굴을 바로 보지 못할 것이오."

왕은 곧 그 길로 말을 돌려 대궐로 향했고 두 번 다시는 사냥을 나가지 않았다. 김후직의 충정이 죽어서 왕의 마음을 바꾸었던 것이다.

신라 진평왕 때에 혜숙이란 스님이 있었다. 혜숙은 본래 화랑의 낭도였다가 도성을 떠나 적선촌이란 곳에 작은 암자를 지어 그곳에서 거의 20년 가까이 혼자 은거하며 지냈다.

적선촌에는 구감랑이라는 화랑이 자주 사냥을 나왔는데 혜숙은 무슨 연유에선지 구감랑의 낭도가 되어 그들과 자주 어울렸다.

그러던 어느 날, 그날도 사냥을 나온 구감랑 일행이 들판에 둘러앉아 사냥감으로 잡은 짐승들로 맛있는 요리를 해먹으며 한바탕 잔치를 벌이고 있었다. 혜숙 또한 자연스럽게 그자리에 끼여 그들과 즐겁게 얘기를 나누며 음식을 나눠 먹었다.

잔치의 흥이 한창 무르익을 무렵 혜숙이 구감랑에게 은밀한 목소리로 말했다.

"제게 이 고기보다 훨씬 더 맛있는 음식이 있는데 한번 잡숴 보시겠습니까?"

혜숙의 말에 구감랑은 입맛을 다시며 대답했다.

"이보다 더 맛있는 음식이라? 어디 맛 좀 보여 주구려."

구감랑의 말이 끝나자마자 혜숙은 품속에서 칼을 꺼내더니 다짜고짜 자신의 허벅지를 손바닥만큼 잘라내어 구감랑 앞에 내밀었다.

구감랑은 너무 놀란 나머지 아무런 말도 못하고 아직도 붉은 피가 뚝뚝 떨어지는 살점을 두려운 눈초리로 쳐다만 볼 뿐이었다.

혜숙은 아무렇지도 않다는 듯 칼을 품속에 다시 집어넣으며 말했다.

"무릇 선비는 하찮은 미물일지라도 그 목숨을 귀하게 여겨 함부로 죽이지 않는다고 했는데 당신은 틈만 나면 살생을 일삼아 자신의 몸을 보전하기에만 급급해하는구려. 이는 어질고 학덕 있는 선비가 할 일이 아니니 내가 사람을 잘못 보아도 크게 잘못 본 것 같소!"

말을 끝낸 혜숙은 뒤도 돌아보지 않고 그곳을 떠났다. 일행은 그저 멍하니 혜숙의 뒷모습을 바라보다가 구감랑에게로 시선을 돌렸다.

혜숙이 떠나자 사색이 되었던 구감랑의 얼굴에 조금씩 핏기가 돌아오기 시작했다. 구감랑은 평생 그렇게 큰 모욕을, 그것도 사람들이 보는 앞에서 당하기는 처음이었다.

구감랑은 조금씩 분한 감정이 치밀었다.

'이름도 없는 중놈 주제에 감히 나를……? 가만 있자, 제 놈도 나와 같이 고깃국을 나눠 먹지 않았던가?'

구감랑은 얼른 혜숙이 먹다 남긴 고깃국을 살펴보았다. 그런데 놀랍게도 혜숙의 국그릇은 손도 대지 않은 것처럼 여전히 김이 모락모락 오르는 그대로였다.

그제야 혜숙이 예사로운 스님이 아님을 깨닫게 된 구감랑은 그 길로 대궐로 들어가 진평왕을 만나 뵙고 낮에 있었던 일을 소상히 얘기했다. 구감랑의 말을 들은 진평왕 또한 혜숙을 범상치 않은 인물로 여겨 그를 당장 데려오라며 적선촌으로 신하를 보냈다.

왕의 명을 받은 신하는 부랴부랴 적선촌에 있는 혜숙의 암자로 찾아갔다. 암자에 당도한 신하는 몇 번이나 혜숙의 이름을 불렀지만 방안에서는 아무런 기척이 없었다. 기다리다 못한 신하가 다시 혜숙의 이름을 부르며 방문을 열었을 때였다.

방안에 펼쳐진 광경을 본 신하는 자신의 눈을 믿을 수가 없었다. 방안에는 웬 스님이 벌거벗은 채로 젊은 처녀를 껴안고 잠이 들어 있었는데 나이나 생김새로 보아서는 구감랑이 설명한 혜숙의 모습이 분명했던 것이다.

신하는 한 손으로 입을 틀어막고 뒷걸음질을 쳐서 얼른 방에서 나왔다.

'저런 자가 스님이란 말인가? 그것도 범상치 않은 인물이라니…….'

대궐로 돌아오면서 신하는 마음속으로 수없이 거친 욕설을 내뱉었다. 생각 같아서는 왕께 아뢰어 당장 혜숙의 목이라도 베고 싶은 심정이었다. 아니, 왕이 이 사실을 안다면 분명 혜숙의 목을 치라는 분부를 내릴 것이었다.

분한 마음을 삭이지 못해 끙끙거리며 대궐로 돌아가는 발길을 재촉하던 신하가 도성에 거의 다 이르렀을 때였다.

건너편에서 스님 한 사람이 걸어오고 있었는데 그 모습을 본 신하는 그자리에 우뚝 멈춰 섰다. 그 스님은 분명 조금 전 암자에서 본, 벌거벗은 채로 처녀를 껴안고 잠들어 있던 혜숙이 분명했다.

신하는 고개를 갸웃거리다가 혜숙이 자기를 몇 발짝 스쳐 지나치고 난 다음에야 머뭇거리는 음성으로 혜숙을 불렀다.

"저…… 스님!"

신하의 부름에 혜숙은 걸음을 멈추고 뒤를 돌아보며 물었다.

"나를 부르셨소?"

신하가 다시 머뭇거리는 표정으로 물었다.

"혹시…… 스님께서 혜숙대사이신지요?"

그 말에 혜숙은 성큼성큼 신하 앞으로 걸어오더니 대답했다.

"그렇소. 내가 혜숙이오만……."

신하는 자신의 눈과 귀를 의심하지 않을 수 없었다.

'그렇다면 아까 암자에서 본 그 스님은 누구란 말인가? 생김새나 나이 또한 그 스님과 똑같은데……, 혹시 지금 내가 꿈을 꾸고 있거나 귀신에 홀린 것은 아닐까?'

신하는 한 손으로 이마에 배어 나오는 식은땀을 닦으며 더듬거리듯 말했다.

"그렇다면 지금 대사께서는 어디에서 오시는 길인지……."

혜숙은 여전히 당당한 목소리로 대답했다.

"도성 안에 있는 보살의 집에서 한 이레 머물다 암자로 돌아가는 길이오만, 왜 그러시오?"

신하는 더 이상 아무런 말도 못하고 왕의 명을 전하고는 쫓기듯이 대궐로 돌아왔다. 왕 앞에 엎드린 신하는 자기가 겪었던 일을 상세하게 아뢰었다. 왕은 곧 혜숙이 머물렀다는 집에 사람을 보내어 혜숙의 말이 사실임을 확인했다.

진평왕은 다시 적선촌에 신하를 보내어 혜숙을 만나고자 했으나 그로부터 얼마 되지 않아 혜숙은 조용히 열반에 들었다.

마을 사람들이 혜숙을 장사 지내기 위해 산으로 가고 있을 때, 혜숙은 홀연히 산너머 고갯마루에 나타나 그때까지 혜숙의 죽음을 모르고 있던 마을의 노인과 이런저런 잡담을 나누다가 지금 사는 곳이 싫증 나 다른 곳으로 가게 되었다며 아쉬운 작별의 인사를 나누었다.

고갯마루를 넘어 마을에 도착해서야 혜숙의 죽음을 알게 된 노인은 방금 전에 자신이 혜숙을 만나고 왔다며 마을 사람들의 말을 믿으려 하지 않았다.

노인의 말이 워낙 강경하기도 했지만 평소 혜숙이 비범한 인물이라는 것을 알고 있었던 마을 사람들은 궁리 끝에 혜숙의 관을 열어 보기로 했다.

마을 사람들이 두렵고 떨리는 마음으로 관 뚜껑을 열었을 때, 관 속에는 혜숙의 모습은 온데간데 없고 짚신 한 켤레만 덩그러니 들어 있었다.

마을 사람들이 놀라 서로의 얼굴만 쳐다보고 있을 때, 노인은 오색 구름에 싸여 동쪽 하늘로 올라가는 혜숙의 모습을 보았다.

혜숙은 언제나 그랬던 것처럼 인자하고 자비롭게 웃고 있었다.

공주의 길

진평왕 54년, 살을 에이는 듯한 눈보라를 헤치고 덕만德蔓 공주는 다시 대궐로 돌아왔다. 날이 밝아오는지 검은 눈구름을 헤치고 동편으로 희부연 기운이 어리는가 싶더니 이어 환한 빛이 간간이 구름 사이로 비치었다.

덕만 공주는 옷에 묻은 눈을 턴 후, 옷매무새를 가다듬고 가만가만 아버지 진평왕의 침소로 발을 옮겼다.

"대왕 폐하, 소녀 덕만이옵니다."

"들어오너라."

왕비의 목소리가 조용히 새어 나왔다.

침소에 들어간 덕만 공주는 걱정스러운 낯빛으로 진평왕 곁에 무릎을 꿇고 앉았다.

"오늘도 신궁神宮에 다녀왔느냐?"

"……"

덕만 공주는 아무 대답 없이 그저 고개만 끄덕였다.

"오늘처럼 눈보라가 심한 날은 궐에 있지 그랬느냐? 그러다 혹 몸이라도 상하면 어쩌려고……."

근심스러운 말투로 왕비가 말했다.

"못난 아비 때문에 네 고생이 심하구나."

"아니옵니다, 대왕 폐하. 소녀는 그저 하루 빨리 대왕 폐하께서 쾌차하시어 예전처럼 건강해지시기만을 바랄 뿐이옵니다."

그렇게 말하는 덕만 공주는 그만 눈물을 쏟고 말았다.

진평왕이 병중에 든 지 벌써 수개월이 지났건만 병세는 큰 차도를 보이지 않았다. 그도 그럴 것이 진평왕의 병은 육신의 병이 아니라 마음의 병인 까닭에 치유되기가 더욱 어려웠다.

지난해 5월 진평왕이 그토록 신임해 마지않던 이찬 칠숙朱宿과 석품石品이 작당하여 반란을 일으켰다.

다행히 반란은 어렵지 않게 진압되었지만 진평왕은 정신적으로 큰 충격을 받았다. 평소 진평왕은 칠숙과 석품, 두 사람을 대할 때 군주와 신하의 관계로만 대하지 않았다.

진평왕은 인간적으로 그들을 좋아했고 늘 곁에 두고 어려운 국사를 의논하는 것은 물론 사사로운 얘기도 흉허물없이 나누었던 것이다.

진평왕은 인간사에 짙은 회의를 느꼈다. 왕은 식욕을 잃고 시름시름 앓더니 덜컥 자리보전을 하고 드러누웠다.

그날부터 덕만 공주는 하루도 빠뜨리지 않고 이른 새벽 남산에 있는 신궁을 찾아 아버지 진평왕의 쾌유를 빌었다.

"그래, 오늘도 영두랑永斗郞과 함께 갔느냐?"

"……."

영두랑의 이름이 나오자 덕만 공주는 저도 모르게 얼굴이 붉어져 고개를 돌렸다.

"내 소생 중에 태자가 없으니 너로 하여 내 뒤를 잇게 할 것이다. 연약한 여자의 몸으로 나라를 다스리기는 매우 어렵고 힘들 테지만 곁에서 지켜 주는 든든한 부마가 있다면 힘이 되고 도움이 될 것이다."

숨이 찬 듯 잠시 말을 멈췄던 진평왕이 덕만 공주의 손을 잡고 다시 말했다.

"내가 보기에 영두랑은 무예가 뛰어나고 지혜로운 데다 품성도 너그러워 네 곁에 두기에 딱 맞는 인물이다. 그러니 속히 혼례를 치르도록 하는 것이 좋겠다."

진평왕의 말에 덕만 공주는 눈물을 글썽이며 말했다.

"아니옵니다, 대왕 폐하! 소녀는 대왕 폐하가 한시 바삐 쾌차하시어 예전처럼 이 나라 사직을 돌보시기만을 간절히 염원할 따름입니다."

"공주야……!"

진평왕과 덕만 공주가 나누는 얘기를 들으며 왕비는 소매 깃으로 연신 눈가를 훔쳤다.

그러나 진평왕은 덕만 공주를 영두랑과 맺어 주지 못하고 그만 눈을 감고 말았다. 덕만 공주와 영두랑의 혼사 얘기를 꺼낸 지 불과 십여 일이 지나서였다.

진평왕이 승하하는 날 하늘도 그 죽음을 애도하는지 전에 없이 매서운 눈보라가 도성을 뒤덮었고 문무백관을 비롯한 백성들의 비탄에 찬 통곡 소리는 밤늦도록 이어졌다.

덕만 공주는 일체 곡기를 입에 넣지도 않고 잠도 자지 않은 채 아버지 진평왕의 빈소를 지켰다. 곁에서 보기에도 애처로울 정도였다.

진평왕의 국장國葬이 치러진 후, 왕위 계승을 둘러싸고 각 계파에서 이러저러한 말들이 많았다.

선왕의 뜻에 따라 덕만 공주를 왕으로 세워야 한다는 각간 을제

乙祭와 유사 이래 공주를 군주로 세운 적이 없으니 당연히 선왕의 친척인 낙신洛信이 왕위에 올라야 한다는 이찬 수품水品 사이의 논쟁이 뜨거웠다.

덕만 공주는 거기에 대해서도 이렇다저렇다 별다른 말이 없었다. 그저 매일매일 선왕의 신위를 모신 종묘에서 선왕의 명복을 빌고 또 빌 뿐이었다.

그런 덕만 공주를 바라보는 영두랑의 가슴은 예리한 면도칼이 지나간 자국처럼 선명한 통증이 아릿하게 스며들었다.

그러나 일개 화랑에 지나지 않는 자신이 덕만 공주를 위해 할 수 있는 일은 그저 공주의 곁에서 신변을 지켜 주는 호위병 정도에 지나지 않았기에 영두랑의 고통은 한층 더했다.

왕위 계승을 둘러싸고 논쟁이 끊이지 않던 신하들은 결국 덕만 공주를 선왕의 뒤를 이어 여왕으로 추대하기로 하였다.

자신의 왕위 계승이 결정된 날 밤, 덕만 공주는 선왕이 승하하신 이후 처음으로 영두랑을 머릿속에 떠올렸다.

아버지의 죽음 앞에서 사랑하는 이를 생각하는 것은 자식된 도리가 아닌 것 같아 덕만 공주는 그 동안 애써 영두랑의 생각을 머릿속에서 지우려 애썼다. 그러다가 내일이면 보위에 오를 것을 생각하니 맨 먼저 영두랑의 모습이 떠올랐던 것이다.

덕만 공주는 자신이 마음대로 결정할 수 있다면 여왕 자리에 오르는 것보다 영두랑과 혼인하여 여염집 아낙들처럼 자식 낳고 지아비의 귀여움을 받으며 한평생을 보내고 싶었다.

그러나 승하하신 선왕을 생각하면 그럴 수가 없었다. 선왕인 진평왕은 공주 셋 중에서 그래도 맏이인 덕만을 총명하다 하여 제일 귀여워하고 예뻐해 주시지 않았던가?

일찍이 덕만 공주의 슬기로움과 총명함에 모든 사람들이 경탄했던 적이 있다. 언젠가 당 태종이 모란꽃 그림이 그려진 병풍 한 폭과 모란씨를 보내 온 적이 있었다. 그 병풍을 본 덕만 공주는 그림 속에 나비가 없는 것을 보고 필시 모란에는 향기 없다고 하였다. 그뒤 모란씨를 심어 꽃이 피었는데 과연 모란에는 향기가 나지 않았다.

선왕인 진평왕은 그런 덕만 공주를 품에 안고 태자가 없는 아비의 심려를 네가 씻어 주었다며 얼마나 기뻐하시고 자랑스러워하셨던가?

덕만 공주의 시름에 찬 눈가에 방울방울 눈물이 맺혔다.

'대왕 폐하의 위업을 이어야 한다. 내 한 몸을 희생해서 대왕 폐하의 이름을 후대에까지 드높일 수 있다면 그 길을 택하리라!'

이렇게 해서 왕위에 오른 덕만 공주가 바로 그 유명한 선덕여왕이다.

선덕여왕이 보위에 오르고 며칠이 지나서였다. 영두랑이 입궐하여 여왕 뵙기를 청했다. 선덕여왕은 어전에 꿇어앉은 영두랑의 모습을 내려다보았다. 몰라보게 수척해진 얼굴에다 힘없이 늘어진 어깨, 부어오른 눈두덩이 안쓰러워 차마 제대로 볼 수가 없었다.

"폐하! 하례 드리옵니다!"

"……고맙소."

영두랑의 축하 인사에 선덕여왕은 간신히 대답했다. 가슴으로 전신으로, 온 신경이 파르르 떨리는 것 같았다.

"먼 길 떠나기 전에 폐하를 뵙고 인사를 여쭙고자 이렇게 입궐하였습니다."

먼 길이라니……. 선덕여왕은 순간적으로 가슴이 툭 떨어져 내렸으나 이내 마음을 가다듬고 말했다.

"먼 길이라니…… 대체 어디를 간다는 말이오?"

"사문沙門에 들어가 나라를 위해 부처님께 한평생 불공을 드릴까 하옵니다."

그러나 선덕여왕은 말이 없었다. 말리고 싶은 마음이야 굴뚝 같았지만 자신의 처지를 생각하면 영두랑의 사사로운 개인사에 간섭하여 괜히 신하들의 입방아에 오르내려 여왕의 권위에 오점을 남기고 싶지 않았던 것이다.

선덕여왕의 그 같은 마음을 알아차린 듯 영두랑은 머리를 조아리며 아뢰었다.

"폐하! 부디 만수무강하옵소서!"

영두랑은 애써 눈물을 감추며 어전에서 물러났다.

선덕여왕은 멀어지는 영두랑의 모습을 망막에 또렷하게 아로새기려는 듯 그의 모습이 보이지 않을 때까지 시선을 떼지 않았다.

선덕여왕은 평생 독신으로 살며 선왕인 진평왕의 위업을 이어 사직을 보존하고 백성들을 바로 다스리는 데 일생을 바쳤다.

선덕여왕 즉위 11년, 대장군 윤충을 앞세운 백제군은 신라의 대야성을 함락시키고 대야성의 성주인 김품석과 그 일가를 모두 몰살시켰다.

대야성의 성주 김품석은 김춘추의 사위로서 그 비보를 전해 들은 김춘추의 마음은 예리한 칼로 가슴살을 한 점 한 점 저며내는 듯이 고통스러웠다.

하룻밤을 꼬박 눕지도 않고, 먹지도 않고 피눈물을 쏟으며 보낸 김춘추는 사사로운 자신의 슬픔보다는 나라의 위기가 더 시급하다는 판단을 내리고 날이 밝자마자 서둘러 환궁하여 선덕여왕 앞에 무릎을 꿇었다.

이미 대야성의 함락을 보고받은 선덕여왕은 하루 사이에 반쪽이 된 김춘추의 얼굴을 마주 대하니 애처로운 마음만 들 뿐 쉽사리 위로의 말조차 나오지 않았다.

선덕여왕이 위로의 말을 찾지 못해 눈가에 괸 눈물만 소리 없이 훔치고 있는데 김춘추의 굵은 목소리가 내전에 울려 퍼졌다.

"폐하, 소신의 사위인 김품석이 불충하여 대야성이 함락되었으니 그 죄를 대신 물어 소신을 죽여 주옵소서!"

"그 무슨 당치 않은 말이오? 과인의 덕이 부족하여 경이 참척慘慽의 변을 당하게 되었으니 모두가 나의 허물인가 하여 경의 얼굴을 차마 볼 수가 없구려……."

선덕여왕의 따스한 위로의 말에 김춘추는 다시금 눈물이 나올 것 같았지만 입술을 지그시 깨물고 슬픔을 삼켰다.

"폐하! 소신이 그 죄를 씻을 수 있는 길은 오직 하나, 고구려에 가서 구원병을 청하여 함락된 대야성을 도로 찾는 것이오니 부디 소신을 고구려에 보내 주옵소서!"

김춘추의 말에 선덕여왕은 위태로운 사직을 보존하고 불안에 떠는 백성들을 백제군으로부터 구하려면 김춘추의 말대로 하는 수밖에 없다고 판단했다.

"경의 말이 옳소. 뜻대로 하도록 하오."

김춘추는 내전을 물러나와 김유신을 만났다. 수심에 가득 싸이기는 김유신의 얼굴도 마찬가지였다.

김춘추가 김유신의 손을 잡으며 말했다.

"장군! 나는 이 길로 집으로 돌아가 짐을 꾸려 고구려로 갈 것이오. 내가 없는 동안 여왕 폐하를 잘 보필하고 전란의 공포에 휩싸인 백성들을 보살펴 주시오."

김춘추의 말에 김유신은 마주 잡은 두 손을 더욱 힘주어 잡으며 대답했다.

"그런 걱정은 마시오. 나는 오로지 공의 안부가 걱정될 뿐이오. 내 공에게 장부로서 맹세하거늘 만약 공이 고구려에 갔다가 60일 이내에 돌아오지 않으면 군사를 일으켜 고구려를 칠 것이오."

"고맙소, 장군! 비록 늙은 육신이긴 하나 이 한 몸을 바쳐서라도 나는 기필코 사직을 보존하고 백성들을 구할 것이오.

"부디 몸조심 하시오."

두 손을 굳게 잡은 두 사람은 서로 당부의 말과 안부를 기원하며 다시 만날 것을 굳게 약속했다.

고구려를 향해 출발한 김춘추는 신라와 고구려의 국경 지대인 벌매현伐買縣에 도착하여 하룻밤 행장을 풀었다. 그런데 웬 낯선 사람이 찾아와 김춘추 앞에 청포靑布 3백 필을 꺼내놓으며 말했다.

"공께서 나라를 위해 먼 길을 떠나시는데 조금이나마 보탬이 되었으면 하는 바람으로 가져왔습니다. 약소하나마 부디 사양치 마시고 받아 주시기 바랍니다."

김춘추는 고마운 마음으로 그 사람이 가져온 청포 3백 필을 받아 넣었다. 나라를 생각하는 백성들의 충정이 새삼 갸륵하고 감격스러웠다.

다음날 드디어 국경을 넘어 고구려 땅에 당도한 김춘추는 자신의 신분을 밝히고 대궐로 들어가 고구려 국왕인 보장왕을 알현했다.

김춘추는 자국인 신라의 어려운 상황을 설명하고 보장왕에게 원병을 파견해 줄 것을 요청했다. 보장왕은 일단 김춘추를 객사에 머무르게 한 뒤 주연을 베풀어 위로하고 여독을 풀도록 며칠 쉬게 했다.

그리고 신하들을 불러 여러 차례 의견을 수렴한 결과 김춘추의 요청을 받아들여 신라에 원병을 파견하기로 결정했다.

그런데 그렇게 결정이 내려진 날 저녁, 신하들 가운데 보장왕이 가장 신임하고 아끼는 선도해라는 자가 왕을 찾아와 뵙기를 청했다.

"폐하! 소신이 폐하를 뵙고자 한 것은 다름이 아니오라 소신의 뜻을 폐하께 아뢰고자 함이옵니다. 원병을 요청해 온 김춘추라는 자는 신라뿐만 아니라 당나라에까지 널리 알려진 인물로서 외교술에 능하고 언변이 능통하다고 들었습니다."

선도해의 말에 보장왕은 묵묵히 귀를 기울였다.

"그런 자가 우리 나라에 와서 원병을 요청하는 것은 분명 다른 뜻이 숨어 있을 것입니다. 소신의 생각으로는 필시 우리 고구려의 국력을 저울질 하고 정세를 염탐하기 위함이라고 사료됩니다. 그러니 이 기회에 그 자를 죽여 후환을 없애시는 것이 바람직할 것이옵니다."

보장왕은 선도해의 말도 일리가 있다는 생각이 들었다.

"그렇다면 무슨 구실로 김춘추를 죽인단 말인가?"

"구실은 이미 제가 만들어 놓았습니다. 지금은 신라 땅으로 되어 있지만 원래 마목현麻木峴과 죽령竹嶺은 우리 고구려 땅이옵니다. 그러니 내일 김춘추를 불러 그 땅을 돌려준다는 확답을 받으십시오."

"그래서……?"

"영토 문제는 아무리 지위가 높아도 혼자 사사로이 결정할 일이 못 되므로 김춘추는 분명 귀국한 연후 왕과 상의하여 결정을 해야 한다고 할 것이옵니다. 그러니 이를 구실 삼아 김춘추를 죽이시면 될 것이옵니다."

선도해의 말을 모두 들은 보장왕은 무릎을 치며 기뻐했다. 그리고 그에게 많은 금은 보화를 하사했다.

다음날 보장왕은 김춘추를 불러 간밤에 선도해가 시킨 대로 했다. 결국 선도해의 계략에 말려든 김춘추는 옥에 갇히는 신세가 된 것이다.

옥에 갇힌 지 여러 날이 지나도록 보장왕이 자신을 방면할 기미를 보이지 않자 김춘추는 어떻게 해서든 이 난국을 극복하고 고국인 신라로 돌아가야겠다고 생각했다.

이미 김유신과 약속한 귀환 날짜가 며칠 남지 않았으므로 자칫 잘못하면 신라와 고구려 사이에 큰 전쟁이 일어날 것이고 만약 일이 그렇게 된다면 신라로서는 대야성을 함락한 백제뿐만 아니라 고구려와도 일시에 전쟁을 치르게 되니 그 폐해가 국가의 존망마저 위태롭게 할지도 모를 까닭이었다.

여러 날 생각에 잠겨 있던 김춘추는 보장왕이 신하들 가운데 제일 신임하고 총애하는 선도해의 얼굴을 떠올렸다.

선도해는 욕심이 많고 음험한 인물이라는 평판이 자자했지만 지금 자신을 살릴 수 있는 사람은 그 자밖에 없다고 생각하고 한 가지 계책을 세웠다.

밤이 깊어 주위가 조용해지자 김춘추는 은밀하게 옥문을 지키는 늙은 옥사쟁이를 불렀다.

"이보시오. 이리 좀 와보오."

"무슨 일이오?"

한낱 옥사쟁이에 불과했지만 그래도 김춘추의 명성은 익히 들어 알고 있었던지라 늙은 옥사쟁이는 순순히 김춘추의 부름에 응했다.

"여기에 갇힌 이상 이제 나는 죽은목숨이나 진배없는 몸이오. 일국一國의 재상이면 무엇하고 그깟 부귀 영화가 다 무슨 소용 있겠소? 오히려 옥문을 지키며 천명을 누리는 댁이 부럽기만 하구려."

김춘추는 그렇게 탄식하며 긴 한숨을 내뱉었다. 늙은 옥사쟁이는 지체 높은 김춘추가 자신을 부러워한다는 말에 황공한 마음이 들어 어찌할 바를 몰랐다.

"무슨 말씀이시옵니까, 대인! 저 같이 미천한 옥사쟁이 늙은이가 부러우시다니……."

"아니오! 나는 정말 댁이 부럽기만 하오!"

기회를 놓치지 않고 김춘추가 맞받았다. 늙은 옥사쟁이는 아무 말도 못하고 그저 가만히 서 있기만 했다.

"이제 곧 나는 사지死地에 갈 몸, 그 전에 꼭 한 가지 처리해야 될 일이 있어 댁한테 부탁을 좀 할까 해서 이리 불렀소. 들어줄 수 있겠소?"

김춘추의 말에 늙은 옥사쟁이는 허리를 숙여 김춘추에게 귀를 가까이 갖다 댔다.

"내가 묵던 객사에 가면 청포 3백 필이 있을 것이니 사람을 시켜 그것을 선도해 어른 댁에 좀 전해 주시오. 그리고 약간의 금덩이도 있으니 그것은 여기 있는 사람들과 함께 나눠 가지시오."

늙은 옥사쟁이는 고개를 끄덕이곤 서둘러 자리를 떴다. 그 뒷모습을 묵묵히 바라보는 김춘추의 얼굴에 오랜만에 흡족한 미소가 떠올랐다.

선도해가 하인으로 하여금 술상까지 받쳐들고 옥에 갇힌 김춘추를 직접 찾은 것은 그로부터 얼마 지나지 않아서였다.

옥문을 열고 들어온 선도해는 김춘추와 술상을 마주하고 하인을 비롯한 모든 옥사쟁이들을 멀리 물러나 있도록 명했다.

선도해가 김춘추의 술잔에 먼저 술을 따랐고 이어 김춘추도 선도해의 술잔에 술을 따랐다. 두 사람은 주거니받거니 술잔을 나누면서도 아무런 말이 없었다.

그렇게 술이 몇 순배 돌아 얼큰하게 취기가 오르자 선도해가 천천히 입을 열었다.

"낯선 땅에서 고생이 많으시오, 김공! 내가 오늘 이렇게 공을 찾은 것은 한 가지 들려줄 얘기가 있어서요. 공께서도 이미 들어 알고 계시겠지만 혹시 구토龜兎설화說話를 아시오?"

김춘추는 아무런 대답 없이 선도해의 말에 귀를 기울였다.

"동해 용왕이 병이 들어 백방으로 약을 구하다가 육지에 사는 토끼의 간을 먹어야만 효험이 있다는 얘기를 듣고 거북으로 하여금 토끼를 용궁으로 데려오게 했소. 거북의 꾐에 빠져 용궁으로 간 토끼는 그 사실을 알게 되고 간을 육지에 두고 왔다는 기지를 부려 겨우 목숨을 건질 수 있었소. ……김공! 그 토끼의 기지가 놀랍지 않소?"

얘기를 마친 선도해는 한참 동안 김춘추의 눈을 깊숙이 들여다보더니 하인을 불러 집으로 돌아갔다.

한숨도 자지 않고 자리에 앉아 밤을 지샌 김춘추는 날이 밝자 보장왕 뵙기를 청했다. 왕을 알현한 자리에서 김춘추는 고개를 숙이고 큰소리로 말했다.

"폐하! 소신의 생각이 짧아 심려를 끼쳐 드린 바 죄송한 마음 금할 길이 없사옵니다. 폐하의 말씀대로 마목현과 죽령은 고구려 땅이오니 신이 신라에 돌아가는 즉시 왕께 간언하여 그 땅을 돌려드리도록 하겠습니다."

김춘추의 말에 보장왕은 크게 기뻐했다. 옆에서 그 모습을 지켜보던 선도해의 입가에 희미한 미소가 번졌다.

보장왕은 김춘추를 다시 예전처럼 사신으로 예우하고 많은 예물을 하사하여 신라로 돌려보냈다.

고구려에 간 김춘추가 약속한 기일이 지났는데도 신라에 돌아오지 않자 대군을 거느리고 고구려로 쳐들어가려 했던 김유신은 김춘추의 귀환을 누구보다 기뻐했다.

누구나 다 알고 있는 구토 설화가 김춘추의 목숨을 살린 것은 물론 고구려와 신라의 전쟁까지도 막을 수 있었다.

구층 석탑의 숨은 뜻

신라 선덕여왕 14년, 대국통大國統 자장율사는 당나라에서 불법을 공부하고 돌아올 때 가져왔던 부처님의 사리를 모실 탑을 세우기 위해 선덕여왕을 찾았다.

여왕은 자애로운 미소를 머금으며 자장율사를 맞았다.

"부처님의 사리를 모실 탑을 세우려 하신다지요?"

여왕의 말에 자장율사는 공손히 허리를 숙이며 대답했다.

"그러하옵니다, 폐하. 소승이 당에서 돌아올 때 소중히 모셔 온 부처님의 사리를 모실 구층 석탑을 세우고자 합니다."

여왕은 미소를 잃지 않은 채 말했다.

"어디에다 세우실 생각이시오?"

자장율사는 여전히 허리를 숙인 채 대답했다.

"황룡사가 적당하다고 생각합니다."

여왕은 곰곰이 생각에 잠기는 듯하더니 다시 물었다.

"황룡사에 구층 석탑이라……. 그런데 혹 석탑이 꼭 구층이어야만 하는 무슨 연유라도 있는 것이오?"

여왕의 물음에 자장율사는 다소 엄숙한 음성으로 말했다.

"소승이 당에 있을 때 하루는 꿈속에 신령이 나타나 이르기를 지금 신라에는 여왕이 나라를 다스리고 있어 덕은 있되 위엄을 갖추지 못해 주변 나라들이 틈만 나면 침략할 기미를 엿보고 있으니, 구층 석탑을 세워 그 안에 부처님의 사리를 모시면 주변에 있는 아홉 나라가 무릎을 꿇고 머리를 조아릴 것이니 나라가 흥하는 것은 물론 왕업도 자손만대까지 이어질 것이라고 하였습니다."

자장율사의 말을 들은 여왕은 반가운 낯빛을 하며 한시 바삐 황룡사에다 구층 석탑을 세울 것을 명했다.

그날부터 자장율사는 신라 전역에서 석탑을 세울 기술자를 물색했으나 애석하게도 그만한 공사를 감당할 인물이 없어 애를 태웠다. 그리고 요행히도 이웃 나라 백제에서 아비지라는 뛰어난 기술자를 데려올 수 있었다.

신라의 황룡사에 도착한 아비지는 부지런히 공사를 벌여 얼마 지나지 않아 마침내 법당 앞에 탑을 쌓을 기둥 하나를 세울 수 있었다.

그날 밤, 탑을 쌓을 기둥 하나를 세웠다는 뿌듯함에 술까지 한잔 거나하게 걸치고 잠자리에 들었던 아비지는 무서운 악몽에 가위 눌려 한참을 끙끙거리며 앓다가 한 순간 비명을 지르며 잠에서 깨어났다.

아비지는 잠에서 깼어도 아직도 꿈속의 일이 생생한 듯 두 손으로 얼굴을 감싸 쥐었다. 얼굴은 온통 흥건한 땀으로 범벅이 되어 있었다.

얼굴뿐만이 아니라 베개까지도 아비지가 흘린 식은땀으로 축축하게 젖어 있었다. 아비지는 천천히 얼굴에서 두 손을 뗐다.

무서운 꿈이었다. 자신이 탑을 완성하고 조국인 백제로 돌아갔을 때, 백제의 도성은 천지가 불바다였고 백성들은 불길을 피해 정신없이 길거리를 뛰어다녔다.

집집마다 불길이 치솟아 매캐한 연기가 자욱했으며 미처 집을 빠져 나오지 못한 사람들은 살려달라고 울부짖고 있었다. 그야말로 아비규환의 생지옥이었다.

그리고…… 그 속에 아비지의 아내와 자식도 있었다. 아비지가 그들의 이름을 부르며 달려가려 했지만 웬일인지 발바닥이 땅에 붙은 듯 전혀 움직일 수가 없었다.

처연하게 불길에 휩싸여 죽어 가는 처자식을 목전에 두고서도 아비지는 아무 것도 할 수 없었다. 눈물을 철철 쏟으며 아내와 자식의 이름만 애타게 부르다가 아비지는 비명을 지르며 잠에서 깨어난 것이다.

아비지는 자리에서 일어나 문을 열고 법당 앞마당으로 나갔다. 교교한 달빛이 황룡사의 이끼 낀 기왓장 사이로 푸른 비단실 타래를 늘어뜨린 듯 아름답게 빛나고 있었다.

아비지는 말없이 서서 자신이 세운 탑의 기둥을 바라보았다. 기둥에도 달빛은 잔잔히 휘감기고 있었다.

'방금 전 꿈에서 보았던 것들은 무엇인가? 내가 저 탑을 완성하면 백제가 멸망한다는 계시인가?'

황룡사 주위는 바람 한 점 없이 고요하기만 할 뿐 풍경조차 울리지 않았다.

'만약…… 만약에 그렇다면 나는 이 탑을 세울 수 없다. 아니, 세워서는 안 된다. 내 나라를 망하게 하면서까지 남의 나라의 탑을 세울 수는 없는 노릇이다.'

아비지는 가슴속으로 밀려드는 온갖 상념들에 싸여 뜬눈으로 아침을 맞았다.

그날부터 아비지는 탑의 공사를 더는 계속하지 않았다. 주위에서 이유를 물으면 그저 몸이 아프다는 핑계만 대었다.

그러기를 하루 이틀……, 며칠이 지났다. 처음에는 아비지의 몸을 걱정하던 사람들도 차츰 이상한 눈초리로 아비지를 쳐다보기 시작했다. 자장율사를 비롯하여 대궐에서도 그런 아비지의 태도에 의구심을 품었다.

더 이상 핑계를 댈 수도 없고, 주변 사람들이 자기를 바라보는 눈길을 의식하게 된 아비지는 백제로 도망칠 결심을 했다. 그것만이 조국을 살리고 또 자신도 살길이었다.

마음을 굳힌 아비지가 사람들의 왕래가 뜸한 점심때를 이용해서 살며시 방문을 열고 밖으로 나왔을 때였다.

갑자기 맑은 하늘이 캄캄해지더니 천지를 진동시키는 천둥 소리가 들렸다. 이어 번개가 구름을 가르고 세찬 폭풍이 황룡사 앞마당에 휘몰아쳤다.

갑자기 닥친 일이라 사람들이 모두 두려움에 떨며 나무아미타불을 외고 있는데 어디선가 키가 족히 열 척은 넘을 만한 장정 한 명과 키는 동자승만했지만 흰 수염을 길게 늘어뜨린 노승 한 명이 법당 앞마당에 나타나더니 탑 기둥 하나를 순식간에 세우고는 다시 어디론가 사라지는 것이었다.

그리고 그와 동시에 하늘은 다시 맑아지고 세상의 모든 것을 날려 버릴 것 같던 폭풍도 일시에 멎었다.

아비지의 눈은 놀라 휘둥그레졌다. 다른 사람들도 그 광경을 보았는지 주위를 두리번거리고 있었다. 하지만 모두들 날씨가 개어 안심하는 표정일 뿐 별다른 기색은 없었다.

아비지는 방문을 닫고 다시 방으로 들어왔다. 그리고 자신이 보았던 광경을 떠올리며 깊은 생각에 잠겼다.

'어쩌면 내가 잘못 생각했는지도 모른다. 절에 석탑 하나를 세운다고 나라가 망하겠는가? 그리고 좀 전에 내가 보았던 기이한 광경은 부처님께서 내게 탑을 세우라고 현신해 보이신 것이다. 그렇다, 석탑을 완성하자.'

다음날부터 아비지는 공사를 다시 시작했다. 석탑이 한 층 한 층 높아질 때마다 사람들은 그 아름다움과 정교함에 감탄을 금치 못했다.

석탑의 높이 235척, 황룡사 구층 석탑이 그 웅장한 모습을 드러냈다. 아비지는 훌륭히 석탑을 완성한 것이다.

선덕여왕이나 자장율사의 기쁨은 물론 아비지의 기쁨도 이루 말할 수 없었다. 하지만 아비지는 얼마 후 석탑을 세우게 된 경위를 듣고서는 남몰래 눈물을 머금지 않을 수 없었다.

'그렇다면 그날 밤 나의 꿈이 맞았다는 말인가?'

아비지는 뒤늦게 뼈아픈 후회를 했지만 이미 완성된 석탑을 다시 무너뜨릴 수도 없는 노릇이었다.

피눈물을 흘리며 아비지는 조국 백제로 돌아갔다. 돌아가는 길에도 자꾸만 그날 밤 꿈의 환영이 보이는 듯해서 아비지는 고통으로 가슴이 옥죄어 들었다.

황룡사 구층 석탑을 세운 공덕 때문이었는지 그로부터 15년 후 신라는 백제를 멸망시켰다. 생사를 건 참혹한 전쟁이었으니 아비지의 꿈처럼 백제의 도성은 아비규환의 생지옥이었다.

아비지도 죽고 그가 남의 나라 신라에 세웠다는 황룡사 구층 석탑도 지금은 그 모습을 온전히 찾아볼 수 없다.

다만 백제로 돌아가 자신이 세운 석탑으로 인해 나라가 망할까봐 여생을 두고두고 혼자 자책하고 괴로워했을 위대한 석탑 기술자의 인간적인 고뇌가 안타까울 따름이다.

부계 화상

　신라의 명승 혜공은 그 덕망과 학식이 높음은 물론 여러 가지 기행을 일삼은 기인으로도 유명하다.

　사람들은 혜공을 일러 부계 화상和尙이라 불렀는데 그 이유는 혜공이 언제나 삼태기 하나만을 어깨에 메고 노래를 부르며 돌아다닌 것에서 비롯되었다. 부계란 바로 혜공이 메고 다녔던 삼태기를 이르는 말이다. 그래서 사람들은 혜공이 기거하던 절을 부계사라고 불렀다.

　혜공은 출가하기 전에는 귀족 천진공의 집에서 부엌 허드렛일을 하는 노비를 어머로 둔 세습적 노비로 이름은 우조였다.

　혜공이 일곱 살 되던 해에 천진공의 몸에 심한 종기가 생겼는데 아무리 훌륭한 명의를 데려다 좋은 약으로 치료를 해도 낫지 않아 거의 다 죽게 되었을 때였다.

　몇 날 며칠 동안 온 집안은 문병을 온 사람들로 들끓었고 집안 분위기 또한 심상치 않자 우조가 어머니에게 여쭈었다.

　"어머니. 집안에 웬 사람들이 이리도 많습니까?"

　어린 아들의 말에 어머니는 수심이 가득한 표정으로 대답했다.

　"아이고, 이게 무슨 일인지…… 주인 어르신의 몸에 심한 종기가 나 거의 다 돌아가시게 생겼구나……."

어머니의 말에 어린 우조는 생글생글 웃으며 말했다.

"주인 어르신의 몸에 생긴 종기는 그렇게 해서 나을 병이 아닙니다. 어머니, 저를 주인 어르신께 데려다 주세요. 제가 그 종기를 한번 고쳐 보도록 하겠습니다."

아들의 얼토당토 않은 말에 어머니는 황당한 표정을 지었으나, 우조가 워낙 조르는 바람에 하는 수 없이 주인 어른에게 문병을 드린다는 핑계로 아들을 데리고 천진공이 몸져누운 안방으로 찾아갔다.

우조의 어머니는 어린 아들을 방에 들여보내고 맹랑한 아들이 또 어떤 말을 할까 싶어 문밖에서 안절부절못했다.

방에 들어간 우조는 천진공에게 인사를 하고는 그 발치에 무릎을 꿇고 앉더니 아무런 말도 하지 않았다. 그저 눈을 감고 속으로 무엇인가를 골똘히 생각하는 것 같았다.

천진공은 저 아이가 왜 저러나 싶으면서도 어린것이 자신의 병이 낫기를 기원하는 마음에서 저런 것이겠거니 싶어 가만히 누워 있었다.

그런데 천진공은 시간이 흐를수록 자신의 몸에 난 종기가 쓰라리고 아려 오는 것을 느꼈다. 그러더니 그 고통도 잠시, 시꺼멓게 딱지가 앉은 종기가 터지면서 누런 고름이 바닥으로 철철 쏟아져 흘렀다.

천진공은 조금씩 신음 소리를 내뱉으면서도 점차 온몸의 신열이 가라앉고 종기 터진 자리가 시원해져 옴을 느꼈다.

그 말을 들은 의원들이 부랴부랴 방으로 들어온 다음에야 우조는 눈을 뜨고 자리에서 일어나 밖으로 나갔다.

그렇게 해서 천진공의 몸에 난 종기는 말끔히 나았으나 아무도 그것이 우조가 한 일이라고는 생각하지 않았다. 그저 그 동안에 쓴 약재들이 효험을 나타낸 것이라고만 여길 따름이었다. 다만 우조의 어머니만이 우조가 평범한 아이가 아니라는 사실을 알았을 뿐이었다.

어린 우조는 어느덧 장성하여 청년이 되었다. 청년 우조는 여전히 천진공의 집에 기거하며 소일 삼아 매를 여러 마리 길렀다. 평소 천진공도 매를 좋아하던 터여서 그런 우조를 가만히 내버려두었다.

하루는 천진공의 동생이 이웃 고을에 관직을 받아 부임을 하면서 천진공의 집에 인사차 들렀다가 우조가 기르는 매를 보고는 그중에서 가장 영특하고 매섭게 생긴 매 한 마리를 가져갔다.

며칠 후 천진공은 잠자리에 들었다가 곰곰 생각을 해보니 동생이 가져간 매가 바로 자신도 아끼고 좋아하던 매라는 생각이 들었다. 천진공은 내일 아침 일찍 하인을 시켜 찾아오도록 해야겠다고 마음을 먹었다.

다음날 아침, 천진공은 날카로운 매 울음소리에 잠이 깨었는데 조용히 들어 보니 간밤 자신이 동생에게서 찾아와야겠다고 생각한 매 울음소리 같아 이상히 여겨 얼른 밖으로 나가 보았다.

그랬더니 마당에 있는 나뭇가지에 매 한 마리가 앉아 울고 있는데 자세히 보지 않더라도 분명 자신이 아끼고 좋아하던 그 매였다.

천진공은 하인을 불러 물었다.

"저 매는 분명 며칠 전에 내 동생이 데려간 매인데 어찌하여 저기 앉아 있는 게냐?"

하인은 굽신거리며 대답했다.

"소인이 알기로는 이른 새벽 우조가 다시 찾아온 것으로 압니다."

하인의 말에 천진공은 놀란 마음을 금할 수 없었다. 그러고 보니 몇 해 전 자신의 몸에 난 몹쓸 종기가 치유된 것도 우조가 한 일이 틀림없는 것 같았다.

천진공은 곧 하인을 시켜 우조를 자신의 방으로 들라고 명했다. 천진공은 떨리는 가슴을 억누르고 조용히 앉아 우조를 기다렸다.

잠시 후 우조가 방으로 들어오자 천진공은 자리에서 일어나 우조를 상석에 앉게 하고 큰절을 올렸다.

천진공은 떨리고 흥분된 목소리로 말했다.

"예전에 저를 살려 주신 은혜 무엇으로 갚으오리까? 지금껏 이렇듯 훌륭하신 분을 몰라뵙고 무례하게 행동한 저를 용서하여 주십시오."

천진공의 말에 청년 우조는 큰소리로 호탕하게 웃었다. 그리고 그 즉시 출가하여 산으로 들어가 이름을 혜공이라 했다.

혜공의 기행은 그후로도 계속되었다. 절에 있는 우물에 들어가 두세 달을 나오지 아니하다가 나올 때 보면 꼭 푸른 옷을 입은 동자를 앞세우고 나왔는데 더욱 기이한 것은 동자나 혜공의 몸에는 물 한 방울도 묻어 있지 않았다.

혜공이 늙어 항랑사에 기거할 때 당대의 명승 원효와 가끔 만나곤 했는데 하루는 둘이 시냇가에서 물고기를 잡아먹고 있는 것을 보고 사람들이 힐난을 퍼붓자 그대로 바지를 내리고 시냇가에 똥을 누었다. 그러자 방금 전에 잡아먹은 물고기가 그대로 살아 헤엄쳐 가니 사람들이 이를 보고 혀를 내둘렀다.

또한 명랑대사가 당나라에서 불법을 공부하고 돌아와 금강사를 창건하고 학덕이 높은 여러 고승들을 초대했는데 유독 혜공만이 참석하지 않았다.

이에 명랑대사는 향을 피우고 혜공이 오도록 빌자 잠시 후 퍼붓는 장대비 속을 뚫고 혜공이 웃으며 도착했다. 그런데 그의 옷이나 신발에 빗물 한 방울 묻지 않았다.

하루는 어떤 사람이 산길에 쓰러져 죽어 있는 혜공을 발견했다. 시체는 썩어 악취를 풍기고 그 주위로 온통 벌레들이 들끓고 있는 것을 보고 놀란 그는 마을로 내려와 사람들에게 그 소식을 전하려는데 혜공은 멀쩡히 살아서 술에 잔뜩 취해 흥겨운 노래를 부르고 있었다.

이렇게 지금까지 전하는 혜공의 이적은 끝이 없다. 혜공의 마지막 모습 또한 보통의 사람들로서는 도저히 믿을 수 없는 얘기로 전하는 바에 따르면 혜공은 입은 옷 그대로 허공에 떠서 어디론가 사라졌다고 한다.

과연 명승다운 마지막 모습이라 아니 할 수 없다.

여왕을 사랑한 지귀

추수를 시작하려면 아직 한 달여가 남았지만 들판 곳곳에 벌써 누렇게 익어 고개를 숙이기 시작한 벼들도 제법 있었다.

사계절을 통틀어 겨울 한철을 제외하곤 그래도 농사꾼에겐 지금 이 시기가 가장 한가한 때라 지귀는 오래전부터 계획했던 도성 구경을 실행에 옮기기로 마음먹었다.

하루 일을 끝내고 집으로 돌아온 지귀志鬼는 저녁을 먹고 나서 조심스럽게 자신의 생각을 어머니께 말씀 드렸다.

지귀의 어머니는 어려서 일찍 아버지를 여의고 지금까지 농사며 집안일을 혼자 도맡아 하느라고 동네 밖 구경이라곤 한번도 해본 적이 없는 아들이 측은하고 가여워 흔쾌히 승낙했다.

다음날 아침, 괴나리봇짐을 등에 멘 지귀는 어머니의 환송을 받으며 즐거운 마음으로 집을 나섰다.

지귀가 사는 마을에서 도성인 서라벌까지는 족히 3백 리가 됨직한 거리였지만 지귀는 부지런히 발걸음을 놀려 이틀 만에 도성에 도착할 수 있었다.

서라벌, 말로만 듣고 언제나 머릿속으로만 상상하던 신라의 고도古都 서라벌에 도착한 지귀는 가슴이 뛰어 밤잠도 제대로 이룰 수가 없었다.

지귀는 도성 안에 사관宿館을 정해 두고 아침을 먹기가 무섭게 구경을 나갔다가 밤이 이슥해서야 다시 돌아왔다.

지귀의 눈에 비친 서라벌은 그야말로 별천지였다. 말 그대로 없는 것이 없었고 지귀가 생전 처음 보는 희한한 물건들도 많았다. 장터는 언제나 사람들로 북새통을 이루었고 대궐은 지귀처럼 시골에서 올라온 촌민들의 제일 큰 구경거리로서 사람들의 발길이 끊이지 않았다.

지귀는 저녁을 먹고 나면 늘 사관의 주인과 그날 하루 자신이 구경한 것들에 대해 이런저런 얘기를 나누곤 했는데 하루는 주인으로부터 놀라운 말을 들었다. 다음날 선덕여왕이 시조始祖 묘墓에 제사를 드리러 가니 그 행차를 구경하러 가자는 것이었다. 그 말에 지귀는 귀가 번쩍 트이는 것 같았다.

서라벌에 사는 사람들도 일 년에 한두 번 볼까 말까 한 여왕의 행차를 일개 촌민에 불과한 자신의 눈으로 직접 볼 수 있다는 사실이 쉬이 믿어지지 않았다.

두근거리는 가슴으로 밤새 잠을 설친 지귀는 아침을 먹는 둥 마는 둥 몇 수저 뜨고 난 뒤 사관의 주인과 함께 여왕의 행차가 지나가는 길목으로 나갔다.

길목에는 이미 수많은 사람들이 모여 있었고 사람들은 여왕의 모습을 잘 볼 수 있는 장소를 잡느라 서로 자리 싸움을 벌이기도 했다.

지귀는 두근대는 가슴을 진정시키며 여왕의 행차가 나타나기만을 기다렸다.

이윽고 멀리서 풍악 소리가 울리더니 수많은 군사들의 호위를 받으며 여왕이 탄 어가가 나타났다. 사람들은 숨을 죽이고 허리를 숙여 여왕에게 경의를 표했다. 지귀도 머리를 조아리고 진심으로 여왕의 건승을 빌었다.

여왕이 탄 어가가 지귀가 서 있는 곳을 지나갈 때 지귀는 자신도 모르게 고개를 들어 여왕의 모습을 바라보았다. 지귀는 순간적으로 숨이 멎는 것 같았다. 여왕은 자기처럼 사람이 아니라 하늘에서 내려온 선녀처럼 느껴졌다.

백옥처럼 흰 얼굴에 가느다란 눈썹, 호수같이 맑은 눈에 앵두같이 붉은 입술, 기품 있는 자태와 온화한 미소는 지귀의 넋을 빼앗고도 남았다.

어느새 지귀는 여왕의 행차를 뒤따르고 있었다. 시선은 오로지 여왕이 타고 있는 어가에 둔 채 거의 무의식적으로 걸어가고 있었다.

'한 번만 단 한 번만이라도 여왕 폐하를 가까이 뵐 수 있다면…….'

지귀의 머릿속은 온통 그 생각뿐이었다. 그러나 수많은 호위병들에 둘러싸인 여왕은 지귀의 존재 조차도 모른 채 제사가 끝나자마자 곧바로 다시 대궐로 들어가고 말았다.

그때부터 지귀는 대궐 문 앞에 앉아 여왕이 다시 모습을 나타내기만을 기다렸다. 하루가 가고 이틀이 가고……, 보름이 지났다. 지귀는 잠도 자지 않고 밥도 먹지 않고 오로지 대궐 문 앞에 쪼그리고 앉아 여왕의 모습을 떠올리며 애타게 불렀다.

"선덕여왕이시여! 선덕여왕이시여!"

처음에는 그런 지귀를 대수롭지 않게 여겼으나, 날이 갈수록 사람들 사이에 지귀가 여왕을 연모한 나머지 상사병에 걸려 미쳤다는 소문이 퍼졌다.

대궐을 호위하는 군사들이 아무리 지귀를 쫓아 버리려고 애를 써도 지귀의 몸은 땅에 붙은 듯 꿈쩍도 하지 않았다.

지귀의 몸은 마른 나뭇가지처럼 말라 갔다. 잠을 자지 못해 벌겋게 충혈된 눈은 움푹 패였고 얼굴엔 광대뼈가 불거져 나왔다. 살아 있는 사람이라곤 도저히 생각할 수가 없을 것처럼 보이는데도 입으로는 끊임없이 여왕을 되뇌었다.

"선덕여왕이시여! 선덕여왕이시여……!"

다시 며칠이 지난 뒤 선덕여왕은 영묘사에 분향을 하러 가게 되었다. 육중한 대궐 문이 열리고 호위병에 둘러싸인 여왕의 어가가 나타났다.

어가에 앉아 여전히 아름답고 온화한 미소를 띄고 이는 여왕의 모습을 본 지귀는 갑자기 자리를 박차고 일어나 호위병을 뚫고 그녀 앞으로 달려들었다.

그러나 여왕을 겹겹이 둘러싼 호위병들에게 금방 붙잡히는 신세가 되고 말았다. 지귀는 목놓아 여왕의 이름을 부르며 거의 짐승처럼 울부짖었다.

그로 인해 여왕의 행차는 잠시 중단되었다. 여왕은 신하를 불러 어가가 멈춰 선 연유를 물었다.

처음에는 말하기를 꺼려하던 신하는 여왕의 추궁에 어쩔 수 없이 지귀에 대해 얘기하였다. 자초지종을 들은 여왕은 곧 지귀를 데려오라고 명했다.

지귀는 피골이 상접한 몰골로 여왕 앞에 꿇어앉았다. 그토록 사모하는 여왕이건만 지귀는 얼굴을 들어 여왕의 용안을 똑바로 쳐다볼 수가 없었다.

"네가 지귀라는 백성이냐?"

부드럽고 인자한 여왕의 말에 지귀는 눈앞이 흐려졌다.

"……."

여왕은 다시 부드러운 어조로 말했다.

"네가 나를 정녕 사모하느냐?"

지귀는 여전히 아무 말도 못하고 굵은 눈물 방울만 뚝뚝 흘리고 있었다.

초라하기 이를 데 없는 지귀의 행색을 본 여왕의 가슴으로 한 줄기 슬픔이 밀려들었다. 비록 이름 없는 백성에 불과하지만 자신을 사모하는 마음이 얼마나 사무쳤기에 육신이 저토록 마른 나뭇가지처럼 말랐다는 것인지…….

"나를 생각해 주는 네 마음이 정녕 갸륵하구나."

그러나 그 말뿐, 여왕이 달리 무슨 할말이 있겠는가? 여왕은 신하를 시켜 지귀를 어가 뒤에 따르도록 명했다.

웅성거리는 사람들을 헤치고 여왕을 태운 어가는 다시 영묘사로 출발했다. 지귀도 묵묵히 어가 뒤를 따랐다.

영묘사에 도착한 여왕은 법당 안으로 들어가 분향을 올렸다. 지귀는 밖에 있는 작은 목탑에 몸을 기대고 앉아 여왕이 법당 안에서 나오기만을 기다리고 있었다.

그러나 잠시 후 여왕이 분향을 끝내고 나왔을 때, 지귀는 곤히 잠들어 있었다. 꿈을 꾸는지 피골이 상접한 얼굴에 희미한 미소가 가끔 떠올랐다.

여왕은 그런 지귀의 모습을 애처로운 눈길로 바라보더니 팔목에서 황금 팔찌를 빼내어 자고 있는 지귀의 가슴 위에 살포시 놓았다. 그 모습은 한 나라의 여왕이라기보다 곤히 잠든 지아비를 깨우지 않으려는 여염집 아낙네의 다정한 몸짓 같았다.

여왕은 돌아서서 다시 어가에 올랐다. 부신 햇살이 눈에 들어가기라도 한 것일까? 일순 여왕의 눈동자가 흐려지는 듯했다. 어가에 탄 여왕은 무슨 생각에선지 취타수의 연주를 금하고 조용히 대궐로 돌아갈 것을 명했다. 지귀가 달콤하고도 깊은 잠에 빠져 있는 동안 여왕을 태운 어가는 호위병에 둘러싸여 천천히 멀어져 갔다.

여왕의 행차가 대궐로 돌아가고 난 지 한참이 지나서야 지귀는 소스라치게 놀라며 잠에서 깨어났다. 그러나 주위는 조용하기만 했고 여왕의 모습은 어디에도 보이지 않았다. 황급히 자리에서 일어서는 지귀의 발치에 여왕이 벗어 두고 간 황금 팔찌가 떨어졌다.

지귀는 그제서야 여왕이 대궐로 돌아간 것을 알았다. 황금 팔찌를 주워 들고 지귀는 제 가슴을 쥐어뜯으며 오열했다.

지귀가 토해 내는 오열은 듣기에도 끔찍할 정도로 서러움이 맺혀 있었다. 그건 사람의 울음이 아니라 지옥에서 들려 오는 귀곡성 같았다.

마침내 지귀의 가슴에 사무쳤던 여왕에 대한 그리움은 뜨거운 불길이 되어 온몸으로 번졌다. 가슴에서 일어난 불길은 두 팔을 태우고, 두 다리를 태우고, 결국 지귀의 몸은 한 줌 재가 되었다. 그러나 그 재마저도 불어오는 바람에 실려 어디론가 흔적도 없이 사라져 버렸다.

선덕여왕을 사랑한 지귀의 육신은 열정으로 불이 타올라 영묘사의 작은 목탑마저 태워 버렸고 그 소식을 전해 들은 여왕은 작은 절을 지어 지귀의 영혼이나마 위로하게 했다.

만명 부인의 덕

　삼국 통일의 위업을 이룬 신라의 명장 김유신의 어머니의 이름은 만문萬門이며, 그녀는 학식이 높고 성품이 자애로워 사람들로부터 만명 부인萬明婦人이라 불리며 칭송을 받았다.

　만문이 아직 앳된 처녀티를 벗지 못한 어느 해 봄, 마을의 큰길가에 있는 우물가에서 만문이 두레박질을 하고 있을 때였다.

　말을 타고 지나가던 행렬의 우두머리인 듯한 한 젊은이가 말에서 내리더니 그녀에게로 다가와 조금도 주저하지 않고 말했다.

　"죄송하오만 목이 말라 그러니 물 한 사발만 주시오."

　"……."

　만문은 일순 젊은이의 행동이 무례하다는 생각이 들었으나 나그네의 목마름을 헤아리고는 공손히 물을 떠서 젊은이 앞에 내밀었다. 젊은이는 시원하게 물을 들이켜더니 만문이 들으라는 듯 제법 큰소리로 이렇게 읊조렸다.

　"봄 동산을 날아가는 한 마리 나비가 아름다운 꽃을 보고 어찌 그냥 지나칠까?"

　젊은이는 곁눈질로 슬쩍 만문의 동태를 살폈다.

　"하늘 나는 기러기야, 망망대해를 건널 적에 조심하지 아니 하면

물에 빠져 죽으리라."

만문의 낭랑한 화답에 젊은이는 의외라는 듯 놀라는 기색이었다.

잠시 후 젊은이는 얼굴에 흡족한 미소를 띄우고 만문을 사랑스러운 눈빛으로 바라보았다. 그러자 만문은 얼른 도망치듯 황급히 집으로 돌아갔다.

그날부터 만문과 묘령의 젊은이는 사람들의 눈을 피해 두터운 정을 나누었다. 두 사람의 정은 자연스럽게 남녀간의 운우雲雨의 애정으로 발전했고 이 소문은 마을 사람들의 입을 통해 온 동네에 파다하게 퍼졌다.

이 소문을 들은 만문의 집에서 가만있을 리가 없었다.

만문의 아버지인 숙흘종은 딸을 불러 엄히 문책했다.

"혼인도 치르지 않은 처녀에게 이 무슨 흉측한 소문이냐?"

"……."

"말해라! 그놈이 어떤 놈이냐?"

만문은 머리를 숙인 채 굳게 입을 다물었다. 화가 난 숙흘종은 만문을 곧장 광에 가둬 버렸다.

그런데 기이하게도 그날 밤, 하늘에서 고막을 찢을 듯한 우레 소리와 함께 만문이 갇힌 광으로 번개가 내리쳤다.

그 바람에 광을 지키던 하인은 졸지에 번개에 맞아 죽고 만문은 광 창문을 넘어 정을 통하던 젊은이와 함께 멀리 진주 땅으로 달아나 혼인식을 치렀다.

딸 만문이 혼인식을 치른 것을 안 숙흘종은 어쩔 수 없이 젊은이를 사위로 인정할 수밖에 없었는데 그가 바로 김유신의 아버지인 서현공이다.

만문은 혼인을 한 다음에도 처녀 때와 다름없이 언제나 겸손하고 매사에 후덕함으로 사람들을 대해 사람들은 모두 만문을 존경하였다.

이듬해 만명 부인이 친정에 잠시 다니러 가게 되었는데 원래 검소하여 호사스러운 것을 싫어하는 성격이라 가마도 마다하고 젖먹이 어린 딸을 건사할 계집종 한 명만을 데리고 길을 나섰다.

어두워지기 전에 친정에 당도할 요량으로 만명 부인은 널찍한 대로보다는 지름길인 호젓한 산길을 택했다.

딸아이를 등에 업은 계집종과 함께 서로 말벗도 해가며 만명 부인이 산 중턱에 이르렀을 무렵 산길 한쪽에 쓰러져 신음하는 늙은 걸인을 보게 되었다.

만명 부인은 급히 그를 부축하여 대충 몸의 상태를 살폈더니 늙은 걸인은 허기에 지친 데다 탈진한 상태라 당장 그자리에서 숨이 끊어질 것만 같았다.

만명 부인은 한치의 망설임도 없이 자신의 저고리를 풀어 헤치고 잔뜩 부풀은 젖가슴을 꺼내어 늙은 걸인의 입에 물렸다.

처음에는 미동도 않던 늙은 걸인은 젖가슴의 따뜻한 온기를 느끼자 정신없이 젖꼭지를 빨아대기 시작했다.

놀란 계집종은 어찌할 바를 몰라 얼굴을 돌리고 섰는데 만명 부인은 부끄러운 기색도, 당황하는 기색도 없이 늙은 걸인이 젖을 좀 더 잘 빨 수 있도록 걸인의 목덜미를 두 손으로 받쳐 주었다.

한참 후 늙은 걸인이 겨우 의식을 회복하자 만명 부인은 손수 걸인을 부축하여 마을에 데리고 가서 주막집에다 셈을 치르고 따로 주모를 불러 수고비를 얹어 주며 걸인이 몸을 회복할 때까지 몸조리를 부탁하고는 다시 친정으로 향했다.

그 모습을 본 계집종은 마음으로부터 이루 말할 수 없는 감동을 받았고, 그 일을 죽을 때까지 어느 누구에게도 발설하지 않고 마음속의 비밀로 간직하리라 마음먹었다.

한편 주막집에서 건강을 회복한 늙은 걸인은 자신의 생명을 구해 준 은인을 사방으로 찾았으나 아무도 그 신원을 아는 이가 없었다.

늙은 걸인은 그날부터 신라 전역의 사찰을 돌아다니며 자신의 생명을 구해 준 은인을 축원하는 불공을 드렸다.

그래서였을까?

얼마 후 만명 부인이 꿈을 꾸었는데 꿈에 관세음보살이 나타나더니 눈부신 광채가 나는 둥근 옥玉 한 개를 주며 이렇게 말하는 것이었다.

"공덕이 크고도 아름답구나, 여인이여. 내가 너에게 주는 이 옥은 장차 나라와 가문을 길이 빛낼 귀한 보배이거니 무디 소중하게 간수하고 잘 닦도록 하라."

만명 부인은 관세음보살로부터 그 옥을 소중히 건네 받아 품에 안았다. 그 순간 전신으로 짜릿한 전율이 강하게 느껴졌다.

그날 밤 만명 부인이 꾸었던 꿈은 다름 아닌 신라의 명장 김유신의 태몽이었다.

그렇게 해서 세상에 태어난 김유신은 어머니 만명 부인의 훌륭한 가르침에 따라 후일 삼국 통일의 위업을 이루는 신라 최고의 명장이 될 수 있었던 것이다.

추남의 환생

언제부터인지 고구려 백성들 사이에는 압록강이 거꾸로 흐른다는 흉흉한 소문이 꼬리에 꼬리를 물고 퍼지고 있었다. 그리고 그 소문은 마침내 고구려 왕의 귀에도 들어갔다. 왕은 당시 유명한 점쟁이였던 추남이란 자를 대궐로 불러들여 점을 치도록 했다.

추남의 점괘는 왕비의 기세가 왕을 누르기 때문에 강물이 거꾸로 흐른다고 나왔다. 왕은 몹시 기분이 언짢아져서 추남의 점괘를 시험하게 되었다.

이어 신하가 작은 나무상자 하나를 가져와 추남 앞에 놓았다. 왕은 추남에게 그 상자 안에 무엇이 들어 있는지 알아맞추라고 명했다.

추남은 서슴없이 쥐가 여덟 마리 들어 있다고 대답했다. 그러자 왕은 싸늘한 미소를 띄우며 쥐는 분명하지만 한 마리밖에 들어 있지 않다고 추남의 말을 부인했다.

왕은 이내 추남의 목을 칠 것을 명했다. 추남은 마지막까지 그럴 리가 없다고 항변했지만 결국 형장의 이슬로 사라지고 말았다.

추남은 군졸들에게 끌려 나가면서 왕에게 저주의 말을 퍼부었다.

"내가 죽어서 다시 태어난다면 기필코 신라의 장수가 되어 고구려를 멸망시키고 말겠다."

왕은 그 말이 걸렸는지 추남이 형장으로 끌려간 뒤 신하로 하여금 상자를 열어 보게 했다. 그런데 놀랍게도 상자 속에는 쥐가 일곱 마리의 새끼를 낳아 그 수가 정확하게 여덟 마리였다.

왕은 놀라움을 금치 못하고 추남을 살려 주려 했으나, 그때는 이미 추남의 목이 땅에 떨어진 뒤였다.

그날 밤 잠자리에 든 왕은 꿈을 꾸었는데 과연 추남의 영혼이 자신의 말대로 신라의 지체 높은 대갓집 부인의 뱃속으로 들어가는 것이었다.

열여덟 살에 국선國仙이 되어 많은 낭도들을 거느리게 된 김유신은 산과 들을 돌아다니며 무예를 닦을 때를 제외하고는 언제나 낭도들과 함께 삼국 통일의 위업을 이룰 일에만 온 열정을 쏟았다.

그날도 낭도들과 함께 무예를 연마하고 삼국 통일의 위업을 생각하며 혼자 조용히 나무 밑에 앉아 있는데 낭도들 중 백석이란 자가 슬그머니 김유신 옆으로 와서 앉았다.

"무얼 그리 골똘히 생각하고 계십니까?"

생각에 잠겨 있던 김유신은 백석을 쳐다보았다. 백석은 그다지 눈에 띄는 인물은 아니지만 그래도 꽤 지혜롭고 용맹스런 자였다.

"보나마나 삼국 통일의 위업을 이룰 생각을 하고 계셨겠지요?"

백석의 말에 김유신은 겸연쩍은 듯 웃으며 대답했다

"잘 알고 있으면서 왜 물어 보는가?"

백석의 눈길이 짐짓 다정스러워졌다.

"공께서는 지피지기면 백전불퇴라는 말을 아시겠지요?"

백석의 말에 김유신은 조용히 고개를 끄덕였다.

"그렇다면 그렇게 생각만 하실 게 아니라 먼저 고구려를 한번 다녀오시지요. 그래서 지세와 형세를 세세히 살펴 두면 나중에 고구려를 칠 때에 전략을 짜기가 훨씬 더 쉬울 것이 아니겠습니까?"

백석의 말에 김유신은 귀가 번쩍 트이는 느낌이었다.

"그 말도 일리가 있긴 하지만……, 그게 어디 그리 쉬운 일인가?"

백석은 목소리를 낮춰 말했다.

"아닙니다. 공께서 마음만 먹으면 얼마든지 가능한 일입니다."

백석의 말에 김유신은 놀란 눈빛으로 그저 백석을 바라볼 뿐이었다.

백석은 주위를 한번 둘러보고는 은밀한 밀담이라도 나누는 사람처럼 김유신의 귓전에 입을 바싹 갖다 대고 말했다.

"공께서 그럴 마음이 있다면 저를 따라오시기만 하면 됩니다. 저는 일전에 고구려를 다녀온 적이 있으니 제가 공을 안내하겠습니다."

김유신은 잠자코 생각에 잠겼다가 결심을 굳히고 대답했다.

"좋아! 그렇다면 나를 안내해 주게. 나는 자네만 믿겠네."

김유신이 결심을 굳히자 백석은 날짜와 만날 장소를 알려 준 뒤이 일은 둘만이 아는 비밀로 해두자고 김유신과 약속을 했다.

그렇게 해서 김유신은 백석을 따라 적국인 고구려로 떠났다. 도성을 벗어나 부지런히 발길을 재촉한 두 사람은 첫날 골화천이란 마을에 도착해서 그곳에서 하룻밤을 묵게 되었다.

저녁을 먹고 일찍 잠자리에 든 김유신은 잠결에 이상한 기운이 느껴져 눈을 떴다. 그 순간 김유신은 자신의 눈을 의심했다. 머리맡에 아름다운 처녀 셋이 앉아 자신을 조용히 바라보고 있는 게 아닌가.

"……뉘시오?"

김유신이 떨리는 음성으로 묻자 처녀들은 입을 모아 대답했다.

"저희들은 하늘에서 보낸 사자使者들로서 지금 공께서 위험에 처한 것을 알리려고 왔습니다. 속히 도성으로 돌아가십시오. 지금 공께서는 죽음의 길로 가고 있습니다. 속히 돌아가십시오, 속히……!"

그 말과 함께 처녀들은 어디론가 온데간데없이 홀연히 사라졌다. 놀란 김유신은 그제야 눈을 떴다. 꿈이었다.

그러나 김유신은 막연한 불안감에 쉬이 다시 잠을 이룰 수가 없었다.

생각해 보니 백석이 처음부터 자신 밑에 낭도로 들어온 것이나 평소 그의 행적에도 미심쩍은 점이 한둘이 아니었다. 우선 백석이 어디 사는지 아는 이가 없었고, 누구네 집 자제인지도 아무도 몰랐다. 그리고 무엇보다 자신에게 고구려 행을 권유한 것과 남들에게 절대 알리지 말고 둘만의 비밀로 하자고 한 것도 이상했다.

김유신은 꼬박 뜬눈으로 밤을 지샜지만 아침이 되자 아무 일 없었다는 듯이 태연하게 백석과 아침상을 마주 대하고 말했다.

"생각해 보니 내가 중요한 일을 처리하지 않고 그냥 이렇게 왔소. 집안의 대사大事이니 돌아가 처리하고 다시 길을 떠나야겠소."

김유신의 말에 백석은 밥을 먹다 말고 그의 얼굴을 멍하니 바라보았다.

"여기까지 왔는데 무슨 말씀이신지……."

김유신은 수저를 놓으며 말했다.

"어서 밥을 마저 드시오. 내 먼저 짐을 꾸려 마당에서 기다리겠소."

그렇게 말하고 나가는 김유신의 뒷모습을 백석은 그저 멍청히 바라보기만 할 뿐 딱히 무슨 할말이 없었다.

김유신은 걸음을 재촉해서 그날 날이 어둡기 전에 도성 안으로 들어올 수 있었다. 김유신은 백석에게 자신의 집에서 저녁이나 먹고 가라고 청한 다음 집에 도착하자마자 곧바로 백석을 포박하여 문초를 시작했다.

"네 놈의 정체가 무엇이냐?"

백석은 처음에는 어리둥절한 눈치였으나 곧 모든 것을 체념한 듯 고개를 떨궜다.

"말하라! 나를 고구려에 데려가려 한 이유가 무엇이냐? 너는 고구려에서 보낸 첩자임에 분명하렷다!"

김유신의 추상 같은 호령이 이어졌다.

백석은 고개를 떨군 채 대답했다.

"그렇소. 나는 고구려의 첩자요."

백석의 대답에 김유신의 목소리가 한층 더 커졌다.

"나를 고구려로 데려가 죽이려고 했느냐?"

백석은 힘없이 대답했다.

"그럴 요량이 아니면 내가 왜 공을 고구려에 데려가려 했겠소?"

김유신은 눈을 부릅뜨고 물었다.

"말하라! 왜 나를 죽이려 했느냐?"

백석은 천천히 고개를 들어 김유신을 쳐다보았다.

"그 이유를 알고 싶소?"

백석의 대답에 김유신이 거침없이 다그쳐 물었다.

"말하라, 무엇이냐?"

백석은 나지막하게 한숨을 내뱉으며 천천히 입을 열었다.

"공이 태어나기 전, 고구려 백성들 사이에는 압록강이 거꾸로 흐른다는 흉흉한 소문이 돌았소. 소문의 진원은 알 수 없지만 그 소문을 들은 왕은 추남이라는 유명한 점쟁이를 대궐로 불러 점을 치게 했소. 추남은……."

백석의 이야기를 모두 들은 김유신은 믿을 수 없다는 표정이었다. 망설이던 끝에 김유신은 백석에게 사형을 내렸다.

다시 못 올 죽음의 길로 가며 백석은 마지막으로 이렇게 덧붙였다.

"고구려 왕은 공을 추남이 환생한 것이라고 믿고 있소. 그래서 공을 데려다 죽이려 한 것이오."

광덕과 엄장의 불심

　장이 파하고 사람들이 하나둘 씩 집으로 돌아가자 엄장嚴莊은 팔다 남은 우산을 등에 걸머지고 생선 장수로부터 생선 두 마리를 사서 손에 들고는 추적추적 내리는 늦은 가을비 속을 뚫고 죽마고우인 광덕廣德의 집으로 향했다.

　엄장이 흥얼흥얼 콧노래를 부르며 분황서리芬皇西里에 있는 광덕의 집에 도착했을 때에는 이미 날이 저물어 어둑어둑해질 무렵이었다.

　엄장은 광덕의 집에 들어서자마자 큰소리로 친구의 이름을 불렀다.

　"여보게, 집에 있는가?"

　엄장의 말이 끝나기가 무섭게 방문이 활짝 열리며 광덕이 반가운 표정으로 엄장을 맞았다.

　"내 그렇지 않아도 자네가 올 줄 알고 저녁을 먹지 않고 기다리고 있었네."

　이어 부엌에서 광덕의 아내가 나와 엄장에게 미소 띤 얼굴로 인사를 했다. 엄장은 손에 든 생선을 광덕의 아내에게 건네주고 방으로 들어갔다.

잠시 후 광덕의 아내가 엄장이 사 온 생선을 구워 밥상을 내왔다. 언제나 그랬듯이 밥상 위에는 온갖 약초로 빚은 반주도 놓여 있었다.

광덕이 먼저 엄장에게 술을 권하며 말했다.

"그래, 우산은 많이 팔았는가?"

"그럭저럭 다음 장날까지 먹을 밥값 정도는 벌었네."

"다음 장날에 비가 오지 않으면 나도 짚신을 팔러 나가야겠네."

"그날 비가 오지 않으면 우산을 팔 수 없으니 내가 자네 저녁을 지어야겠구먼."

엄장의 말에 두 사람은 통쾌하게 웃음을 터뜨렸다.

광덕과 엄장은 어려서부터 한 동네에서 자랐다. 둘 다 불심이 깊어 불법을 공부하고 심신을 닦는 일에 전념하다가 광덕이 지금의 아내를 만나 이곳 분황서리에 정착을 했고 엄장은 아직 혼인을 올리지 못하고 남악南岳에 혼자 살고 있었다.

엄장과 광덕은 둘 다 농사꾼으로 한 해 추수가 끝나 농한기가 되면 엄장은 우산을 만들어 장에 내다 팔았고 광덕은 낟알을 거두고 남은 볏짚으로 짚신을 만들어 팔았다.

이웃 사람들은 엄장과 광덕이 그런 장사를 해서 많은 돈을 모았을 것이라고 수군거렸지만 두 사람은 그렇게 모은 돈으로 남몰래 불우한 이웃들을 도와 주었다.

두 사람은 물론 광덕의 아내도 그러한 일이 부처님의 자비를 행하는 것이라고 굳게 믿고 실천했다. 그만큼 세 사람의 불심은 대단히 깊고도 돈독했다.

며칠 후 엄장은 아침을 먹고 친구 광덕의 집으로 향했다. 추수가 끝난 들판은 황량하기 그지없는데, 늦가을의 산은 단풍이 절정이어서 쳐다보기만 해도 두 눈가에 붉은 기운이 서리는 듯했다.

천천히 단풍 구경을 하며 광덕의 집에 도착한 엄장은 마침 짚신을 삼고 있던 광덕을 도와 함께 짚신을 삼으며 이런저런 얘기를 나누었다.

"우리가 서로 가진 것을 나누며 사이좋게 지내는 것을 두고 동네 사람들이 우리를 일러 형제지간처럼 내 것 네 것이 없다 하지만 자네는 아내가 있으니 그래도 나보다 좀더 가진 셈일세 그려, 허허허!"

엄장이 우스갯소리를 하자 광덕이 조심스럽게 입을 열었다.

"자네가 보기에 우리 부부 사이가 어떤 것 같은가?"

엄장은 광덕이 뜻밖의 말을 하자 당혹스러운 표정을 지었다.

"자네, 내가 한 농담이 기분 나빴는가?"

"아닐세. 그게 아니라 우리 부부는 다른 사람들이 생각하는 것처럼 그런 부부 사이가 아니라서 하는 말이네."

엄장은 광덕의 말이 이상스러워서 다시 물었다.

"보통의 부부 사이가 아니라니? 그게 무슨 말인가?"

광덕은 짚신을 삼을 볏짚을 두 손바닥으로 비벼 꼬며 말했다.

"자네도 알다시피 자네와 나는 불법에 귀의하려 하였으나 그 뜻이 제대로 이루어지지 않아 이렇게 속세에 살고 있지 않은가? 지금의 내 아내도 우리와 마찬가지라네. 아내가 비록 나와 혼인을 하기는 하였으나 생활은 여느 수도승 못지않게 청정하다네."

"음……."

"다른 여염집 아낙들과 밥짓고 빨래하고 집안일을 하는 것은 똑같지만 그 외의 생활은 전혀 다르다네."

광덕은 그렇게 말하며 엄장을 쳐다보며 싱긋 웃었다.

"난 자네가 장가를 가지 않는 것을 보고 나보다 불심이 더욱 깊다고 높이 보았더니 그도 아닌가 봄세 그려."

광덕의 말에 엄장은 무안한 듯 너털웃음을 웃으며 말했다.

"그래도 아내가 없는 것보다야 낫지 않은가?"

엄장이 계속 부럽다는 듯이 말하자 광덕이 표정을 굳히며 말했다.

"자네……, 그렇다면 내가 아내를 빌려 주면 어떻겠는가?"

"예끼 이 사람! 실없는 소리 말게! 그게 말이나 될 법한 소린가?"

"아닐세. 나는 자네가 원한다면 언제든지 그리 할 수 있다네."

"그만하게. 괜히 내가 먼저 자네 비위를 거슬렸구먼……."

두 사람이 옥신각신 얘기를 주고받는데 밭에 나갔던 광덕의 아내가 사립문으로 들어오다 엄장을 보더니 고개를 숙여 인사했다.

"오셨어요? 잠시 기다리세요. 얼른 점심상을 봐오겠습니다."

광덕의 아내가 부엌으로 들어가자 광덕이 소리를 낮춰 엄장에게 말했다.

"어떤가? 내 오늘 저녁 아내에게 얘기를 해볼까?"

"어허! 그만두라니까. 이 사람이, 자꾸 그러면 그냥 가겠네."

엄장이 자리에서 일어나 집으로 돌아가려고 마당으로 내려서는데 광덕의 아내가 부엌에서 점심상을 차려 내왔다.

엄장은 엉거주춤 서 있다가 뒤따라 나온 광덕의 손에 이끌려 다시 방으로 들어가는 수밖에 없었다.

한겨울이 다가왔다. 천지는 눈에 덮여 은빛 세계를 이루었고 앙상한 나뭇가지 끝에서는 기다란 고드름이 나무 열매처럼 매달렸다.

광덕과 엄장은 며칠 사이 내린 폭설로 서로 왕래할 수 없었다. 두 사람은 마당에 서서 친구의 집이 있는 곳을 바라보며 마음속으로 서로의 안부를 물을 따름이었다.

밤늦도록 불경을 외며 수도에 정진하던 엄장은 새벽녘이 되어서야 잠자리에 들었는데 문밖에서 희미하지만 또렷한 말소리가 들렸다.

"이보게, 엄장! 나는 먼저 서방 정토로 가네. 자네도 곧 따라오게."

틀림없는 친구 광덕의 목소리였다.

엄장은 문밖으로 뛰쳐나갔다. 그런데 마당에는 아무도 없고 동쪽으로 아침이 밝아 오는데 이상하게도 서쪽에 밝은 기운이 서려 있었다.

엄장은 분명 광덕이 서방 정토인 극락 세계로 떠났다 여기고 급히 광덕의 집으로 달려갔다. 엄장의 예상대로 광덕은 새벽녘에 숨을 거두었다.

엄장은 광덕의 아내와 함께 친구의 장례를 후히 치러 주었다. 두 사람 모두 광덕이 서방 정토로 갔다고 믿었기 때문에 그리 크게 슬퍼하지 않았다.

광덕의 사십구일재를 지낸 날 저녁, 엄장은 광덕의 아내에게 마음속에 담아둔 말을 조심스럽게 꺼냈다.

"부인, 제 말을 들으시고 저를 죽일 놈이라 욕하셔도 좋습니다."

광덕의 아내는 엄장을 물끄러미 바라보며 말했다.

"무슨 말씀이신지……."

엄장은 각오를 단단히 한 듯 한 번 숨을 크게 들이쉬고는 말을 이었다.

"광덕이 가고 부인 혼자 남았으니 아녀자 혼자 몸으로 이 험한 세상을 살아가기가 쉬운 일은 아닙니다. 일전에 광덕과 내가 짚신을 삼으며 부인 얘기를 하다가……."

엄장은 전날 있었던 일을 광덕의 아내에게 소상히 들려준 다음 이렇게 덧붙였다.

"그러니 부인께서 싫지 않다면 저와 함께 여생을 보내시는 게 어떻겠습니까?"

"……."

말없이 엄장의 말을 듣고 있던 광덕의 아내는 조용히 고개를 끄덕였다. 엄장은 가슴이 벅차 오르는 것을 느끼며 내일이라도 당장 자신의 집으로 거처를 옮기자고 말했다. 광덕의 아내는 그 말에도 말없이 고개만 끄덕였다.

그리하여 다음날 광덕의 아내는 엄장의 집으로 짐을 옮겼다. 엄장은 하루 종일 설레는 마음으로 첫날밤을 치를 꿈에 부풀어 있었다.

저녁을 먹고 부부가 된 두 사람은 나란히 잠자리에 누웠다. 엄장은 뛰는 가슴을 억누르고 이불 속에서 살며시 광덕의 아내가 아닌 이제 자신의 아내가 된 사랑스러운 여인의 손을 잡았다.

그런데 갑자기 아내가 벌떡 일어나더니 방안에 불을 밝혔다.

엄장이 당황하여 자리에서 일어나 앉자 아내는 원망스러운 눈초리로 엄장을 바라보며 말했다.

"저는 당신의 불심 또한 죽은 남편의 불심처럼 깊고 높은 줄 알았습니다. 그런데 알고 보니 당신은 다른 속인들과 마찬가지이군요. 죽은 남편과 저는 십년을 한 집에서 같이 살며, 한 이불을 덮고 잤지만 남편은 제 몸을 범하기는커녕 손 한 번 잡지 않았습니다."

그 말을 들은 엄장은 놀라움을 금치 못했다. 언젠가 광덕이 자신과 아내를 가리켜 보통의 부부 사이와 다르다고 했던 말의 의미를 그제서야 깨달았다.

"죽은 남편과 저는 마음속으로 바랐던 수도의 길을 가지 못해 그저 평범해 보이는 삶을 택했던 겁니다. 그렇지만 우리 두 사람은 평범한 부부들처럼 살지 않았습니다. 서로 수도 정진에 힘쓰며 부처님을 뵈올 그날을 위해 혼신의 노력을 기울였습니다."

엄장은 자신도 광덕처럼 열심히 불법을 공부했지만 덕이 그에 미치지 못함을 깨닫고 통탄하며 말했다.

"용서하십시오, 부인. 제 불심이 너무 부족한 것 같습니다. 이제부터라도 훌륭한 스승을 찾아 열심히 불법을 공부하여 죽은 광덕에 버금 갈 만한 덕을 쌓도록 하겠습니다."

"그러시면 혹 마음속에 스승으로 두고 계신 분이 있으십니까?"

엄장은 주저하지 않고 말했다.

"지금 신라에서는 원효대사를 따를 자가 없으니 그분 밑에 제자로 들어갈까 합니다."

"잘 생각하셨습니다. 부디 부처님의 가르침을 갈고 닦아 성불成佛하시기를 비옵니다."

엄장의 아내, 아니 광덕의 아내로 되돌아간 여인의 말을 귀담아 들으며 엄장은 마음속으로 깨우치는 바가 컸다.

그리하여 엄장은 그 다음날로 곧바로 출가하여 원효대사의 제자가 되어 후일 큰 깨달음에 이를 수 있었고, 마침내 친구 광덕을 따라 서방 정토로 갈 수 있었다.

　낙산으로 향하는 원효의 발걸음은 흥분된 마음 탓에서인지 아무리 재게 놀려도 더딘 것만 같았다.

　의상이 낙산 소백화小白華에서 관세음보살을 보았다는 소문은 이미 사람들의 입을 통해 신라 전역에 퍼졌고 그 소문을 들은 원효는 내심 생각했다.

　'관세음보살이 의상에게 나타났다면 나에게도 현신하실지 모른다.'

　그래서 원효는 낙산으로 길을 떠나게 되었고 여러 날 걸려 겨우 낙산에 당도할 수 있었다.

　원효는 낙산의 이곳저곳을 돌아다니며 관세음보살의 모습을 찾아 헤매었다. 저잣거리에서 작은 암자로, 이름 없는 촌락에서 기암괴석이 즐비한 산과 바닷가로, 원효의 발걸음은 정처 없었다.

　'전해 오기로 관세음보살은 그 모습이 아름답고, 고귀한 여인의 모습이라고 했으니 분명 여인네로 현신하셨을 게야.'

　그렇게 생각한 원효는 아무리 하찮은 신분의 여인네라도 함부로 지나치지 않고 찬찬히 살펴보았다.

　그러나 날이 갈수록 원효의 마음속은 의구심으로 가득 찼다. 낙산에서 만나고 본 모든 여인네들은 하나같이 속되고 천해 보이기만 할 뿐 도무지 관세음보살이 현신했다는 느낌을 주는 여인은 없었다.

'의상은 과연 관세음보살을 만난 것일까? 아니, 관세음보살이 있기라도 한 것일까? 나는 지금 쓸데없는 일에 시간만 낭비하고 있는지 모른다.'

원효는 마침내 낙산을 떠나기로 결정을 내렸다. 괜한 시간 낭비를 하느니 차라리 수도에 더 정진하는 것이 나을 것 같았다. 원효는 터벅터벅 발걸음을 돌렸다. 때는 가을이었고 들판은 누렇게 익은 벼들로 온통 황금빛을 이루고 있었다.

해가 뉘엿뉘엿 질 무렵, 원효는 작은 마을의 초입으로 걸어 들어가고 있었다.

'오늘은 저 마을에서 하룻밤 묵어가야겠다.'

원효는 마을 입구의 큰 정자나무 아래에 앉아 피곤한 심신을 잠시 쉬었다. 넓게 펼쳐진 들판에는 하루 일을 끝마친 농부들이 모두 돌아가고 텅 비었는데, 들판 한쪽에 웬 아낙네 한 명만이 남아 그때까지도 일을 하고 있었다.

원효는 무심히 그 모습을 바라보았다. 비록 들판에서 일을 하고 있기는 하나 여인의 옷차림새는 깔끔하고 정갈했다. 지는 햇빛을 받아 더욱 고운 백색으로 빛나는 여인의 흰 무명 저고리는 고귀한 품격마저도 느껴지게 했다.

잠시 몸을 쉰 원효가 자리에서 일어나 마을로 들어가려 할 때였다. 정자나무 위에서 원효를 부르는 소리가 들렸다.

"원효, 여기를 보시오."

원효는 고개를 들어 정자나무 위를 쳐다보았다. 정자나무에는 새 두 마리가 앉아 이렇게 재잘거렸다.

"원효, 관세음보살이 저기 있소. 저기를 보시오."

그러더니 새들은 어디론가 날아가 버렸다. 원효는 들판에서 일을 하는 여인을 자세히 살펴보았다.

한눈에 보기에도 여인의 자태는 아름다웠다. 비록 논에서 벼를 묶는 촌부村婦에 불과할지라도 백옥 같은 얼굴과 단아한 매무새는 알 수 없는 일종의 신비함까지 엿보였다.

여인의 이마에 송송이 맺힌 땀방울은 그 어떤 보석보다 아름다웠고 질끈 동여맨 치마 아래로 하얗게 드러난 종아리는 비록 흙이 묻었지만 건강해 보였다.

원효는 여인에게 무슨 말이라도 건넬까, 잠시 생각하다가 가만히 그곳에 서서 여인의 모습만 바라보았다.

'아름답구나, 여인이여. 관세음보살이 현신한다 해도 그대보다 아름답진 않을 것이다. 땀 흘려 일하는 모습이 세상 그 무엇보다 고귀하구나. 이름 없는 들꽃이 가장 아름답다더니 그대를 두고 한 말일세.'

원효는 관세음보살을 보았다고 생각하고 그 여인을 향해 합장을 했다. 그리고 표표히 발걸음을 옮겼다.

한평생의 업처럼 길고 긴 그림자를 발끝에 매달고 가는 원효의 등 뒤편으로 가을 해가 황금빛을 내며 지고 있었다.

쇠뇌 기술자 구진천의 죽음

신라가 당나라의 도움을 받아 삼국을 통일한 문무왕 시대, 당시 신라에는 '쇠뇌' 라는 무기가 있었는데 그 위력이 대단하여 당 고종의 귀에도 들어가게 되었다.

쇠뇌라 함은 나무로 만든 큰 화살의 일종으로서 잇달아 여러 개의 화살을 쏠 수 있으며 그 사정 거리도 보통 활보다 엄청나게 길었다.

당 고종은 곧 신라 문무왕 앞으로 사신을 보내어 쇠뇌 만드는 기술자를 한 명 당나라로 보내달라고 청했다.

신라로서는 이미 당나라의 도움을 받은 터라 그 청을 거절할 수 없는 처지였으므로 쇠뇌 만드는 기술자 가운데 가장 뛰어난 구진천을 당나라에 보내게 되었다.

왕의 어명을 받고 당나라로 가게 된 구진천은 겉으로는 아무런 내색을 하지 않았지만 속으로 한 가지 굳은 다짐을 하고 있었다.

그것은 무슨 일이 있어도 당나라에서 쇠뇌를 만들어서도 안 되고 쇠뇌 만드는 기술을 전수해서도 안 된다는 것이었다.

사신을 따라 당나라로 향하는 구진천은 무엇인가 아쉬운 듯 자주 고국 산천을 뒤돌아보았다. 그것은 어쩌면 영영 돌아오지 못할지도 모른다는 구진천 혼자만의 뼈아픈 심정에서였을 것이다.

일행은 무사히 당나라에 도착했고 당 고종은 구진천을 위해 훌륭한 연회를 베풀었다. 당 고종은 구진천이 지레 짐작한 바와 마찬가지로 쇠뇌 만드는 기술까지도 알아내고 싶은 속셈이었던 것이다.

연회가 끝난 다음날부터 구진천은 본격적으로 쇠뇌 만드는 작업에 들어갔다. 당 고종은 틈만 나면 신하들을 보내어 구진천이 작업하는 모습을 살피도록 했고 때로 세세히 기록하여 오라는 명령도 내렸다.

그러나 구진천은 일부러 느릿느릿 작업의 공정을 이어나갔다. 그러면서 중요한 작업은 사람들이 모두 잠든 밤중에 혼자 몰래 했다.

그렇게 하여 구진천은 나무 쇠뇌 하나를 완성했고 그 소식을 들은 당 고종은 부랴부랴 군졸들로 하여금 그 쇠뇌를 시험하도록 명했다.

당 고종을 비롯한 수많은 신하들과 쇠뇌를 직접 만든 구진천이 지켜보는 가운데 마침내 시위가 당겨졌다.

그런데 시위를 떠난 활은 채 몇 미터를 가지 못하고 힘없이 바닥에 떨어졌다. 오히려 일반적인 활과 비교하더라도 그 거리가 그에 반도 미치지 못했다.

실망을 감추지 못한 당 고종은 구진천을 불러 물었다.

"아니, 어찌 된 일이냐? 저것이 내가 소문으로 들은 천하 제일의 병기 쇠뇌라는 말이냐?"

구진천은 머리를 조아리며 이상하다는 투로 대답했다.

"소신도 무슨 연유인지 모르겠사옵니다. 생각건대 아마도 나무에 문제가 있는 듯하옵니다."

당 고종은 눈을 크게 뜨며 말했다.

"그렇다면 신라의 재목을 가져다 쓰면 되겠느냐?"

구진천은 다시 한 번 머리를 조아리며 능청스럽게 대답했다.

"소신의 생각도 그러하옵니다."

당 고종은 구진천의 말을 철석같이 믿고 그자리에서 신라에서 쇠뇌에 쓸 재목을 운반해 오도록 신하들에게 명했다.

구진천은 고국 신라에서 재목이 운반해져 오는 동안 날마다 술잔을 벗하며 지냈다. 해질 무렵 서편 하늘에 검붉은 노을이 물드는 것을 바라보노라면 온몸으로 그 노을 빛과 같은 술기운이 거나하게 퍼지는 것을 느꼈다.

그렇게 며칠이 지났다.

신라에서 운반되어 온 목재가 구진천의 작업장 가득 부려졌고 구진천은 그리운 고국 산천의 냄새라도 맡으려고 목재에 코를 갖다 대었다. 목재는 이미 잘린 지 오래였지만 고향의 솔바람 소리까지도 들려줄 것처럼 향기로웠다.

구진천은 남들이 이상하게 보든 말든 오래 그러고 있었다.

구진천은 그 목재로 다시 쇠뇌 하나를 완성했고 이에 당 고종을 비롯한 많은 신하들이 쇠뇌의 위력을 보고자 모여들었다.

호기심에 가득 찬 사람들의 시선을 붙잡으며 힘차게 쏘아진 쇠뇌의 화살은 먼젓번보다는 조금 멀리 나가긴 했으나 그 거리가 명성에 비해 너무도 미미하였다.

당 고종은 화난 얼굴로 구진천을 불렀다.

"이번에는 무엇이 잘못되었느냐?"

구진천은 얼굴빛 하나 변하지 않고 담담하게 말했다.

"아마도 소신의 짧은 소견으로는 목재가 해풍을 너무 많이 쏘여 그런 것 같사옵니다."

당 고종은 얼굴을 붉히며 말했다.

"그렇다면 어찌하면 되겠느냐?"

그 말에 구진천은 대답이 없었다. 다만 이미 모든 것을 각오한 듯 묵묵히 입술을 깨물었다. 결연한 모습이었다.

구진천의 행동에서 모든 것을 알아차린 당 고종은 노발대발하며 스스로 분을 삼키지 못해 씩씩거렸다.

"네 감히 천자인 나를 우롱하다니! 그러고도 네 목숨이 성할 줄 알았느냐! 네 놈의 마음속에 어떤 꿍꿍이 속이 들었는지 모르지만 형틀에 묶여 사지가 찢겨져도 그럴 수 있을지 내 두고보리라!"

구진천은 군졸들에게 이끌려 옥에 갇혔고 날마다 심한 매질과 형벌이 가해졌다. 그것은 사람으로서 참기 힘든 고통이었으나, 그는 끝내 의연한 기세를 꺾지 않고 죽을 때까지 쇠뇌에 대해 그 어떤 말도 하지 않았다.

당나라로부터 고국 신라를 지킬 수 있는 유일한 무기라고 생각한 쇠뇌의 비밀을 가슴에 품고 구진천은 그렇게 이국 땅에서 목숨을 잃었다.

그것은 나라를 위해서라면 자신의 목숨까지도 내놓을 수 있는 신라인의 고귀한 애국심이었고, 자신의 소신을 굽히지 않는 충정의 표본이기도 했다.

첩을 빌려준 안길

　신라 문무왕의 서제庶弟인 차득공車得公은 어려서부터 대궐 밖으로 나가 들판을 쏘다니며 놀기를 좋아하고 촌민들과 어울려 한담을 나누는 것을 즐겨 백성들은 그를 가리켜 수레 공자車得公라고 부르곤 했다.

　차득공의 이러한 행적을 보다못한 조정의 여러 신하들은 문무왕께 아뢰어 차득공의 바깥출입을 금하기를 청했으나 문무왕은 화랑들의 예를 들며 그것을 거절했다.

　"이 나라의 기둥인 화랑들을 보시오. 낭도들은 하루 종일 말을 타고 들판을 달리며 기상을 높이 세우고 심신을 수련하는 데 온 힘을 기울이고 있소. 비록 차득공이 말을 타고 들을 달리지는 않는다고 하지만 초야에 나가 백성들과 어울려 늘 소탈하고 검소하게 생활하니 그 또한 백성들에게는 귀감이라 할 것이오."

　그렇게 말하며 문무왕은 차득공을 더욱 아끼고 총애했다.

　문무왕은 즉위 때부터 국력을 신장시키고 고구려와 백제의 침략을 막기 위해 여러 가지 역사役事를 벌여 백성들을 부역에 동원했는데 그 때문에 백성들의 원성이 갈수록 높아만 갔다.

　그러나 신하들 중 어느 누구도 이를 문무왕에게 고하지 않았고 백성들의 고충을 보다못한 의상법사가 문무왕을 찾아가 직언을 했다.

"예로부터 백성들이 편히 살고 정사가 안정되면 외부의 침략과 내란이 사라져 애써 군비를 늘릴 필요가 없다고 하였습니다."

의상법사의 말에 문무왕이 물었다.

"그렇다면 지금 나라에서 행하는 역사가 필요 없다는 말이오?"

"필요 없다는 것이 아니라 지나쳐도 좋지 않다는 것입니다. 백성들이 역사에 동원되어 농사를 제대로 지을 수조차 없으니 생활은 피폐해지고 자연히 민심은 흉흉해진다는 말씀이옵니다."

의상법사의 말에 문무왕은 고민에 빠졌다.

"그렇다면 법사의 생각을 말해 보오."

"역사를 그만 멈추시고 백성들이 생업에 종사할 수 있도록 하옵소서. 그리고 이제라도 흩어진 민심을 수습할 방도를 찾으심이 좋을 듯 하옵니다."

문무왕은 의상법사의 말을 마음에 깊이 새겨 그날 밤 서제인 차득공을 은밀히 어전으로 불렀다.

"너는 어려서부터 궐 밖을 나가 백성들과 자주 어울렸으니 백성들의 고초를 누구보다 잘 알 것이다. 내 너에게 재상의 자리를 줄 터이니 백성들의 마음을 헤아려 민심을 수습하는 데 힘쓰도록 하라."

문무왕의 말을 들은 차득공은 그 전에 한 가지 해야 할 일이 있다고 아뢰었다.

"대왕의 뜻을 받들기 전에 먼저 소신이 나라 안을 돌며 민심을 살피도록 허락하여 주십시오."

문무왕은 차득공의 말에도 일리가 있다고 여겨 그렇게 하도록 허락했다.

다음날 아침 차득공은 평민의 옷차림새로 궐을 떠나 홀로 온 나라 안을 떠돌아다녔다. 백성들은 나라의 지나친 역사에 분노하고 비방했으며 어떤 자들은 술에 취해 차라리 고구려나 백제로 도망치는 게 낫다고 떠들기도 했다.

차득공은 자신의 신분을 숨긴 채 백성들의 말에 귀를 기울일 뿐 그 어떤 내색도 하지 않았다. 오히려 백성들의 편에서 그 말을 이해하고 받아들이려 애썼다.

동가식서가숙을 하며 정처 없이 떠돌아다니던 차득공이 어느 날 무진주武珍州라는 곳에 이르러 고을 주사州史 안길安吉의 집에서 하룻밤을 묵어가게 되었다.

안길은 첫눈에 차득공이 보통 사람이 아니라는 것을 간파하였다. 그는 차득공을 사랑으로 안내한 다음 저녁을 후히 대접하고 술상을 따로 준비하여 마주앉아 술잔을 기울이며 밤늦도록 이런저런 한담을 나누다가 잠자리에 들었다.

이튿날 아침을 먹은 후 차득공이 다시 길을 떠나려 하자 안길은 한사코 그의 앞길을 가로막으며 며칠 더 머무르며 여독을 풀고 떠나기를 권했다.

차득공은 하는 수 없이 안길의 권유를 따르기로 했다. 대궐을 떠난 후 지금까지 줄곧 이 고을 저 고을을 돌아다니느라 하루도 편히 쉬어 본 적이 없었기에 차득공의 몸도 피로가 겹쳐 있었던 것이다.

안길은 차득공을 하루 종일 편히 누워 쉬게 하고 세 명의 첩들에게 그 시중을 들게 했다.

첩들은 안길이 시키는 대로 번갈아 가면서 밥상을 차려 오고 보약을 달여 오고 술상을 내왔다.

차득공은 안길이 첩 셋을 거느리고 산다는 데 내심 놀랍기도 했으나 그들이 어느 누구 하나 질투하거나 미워하는 기색 없이 서로

도와 가며 다소곳하게 안길의 말을 잘 따르는 것을 보고 그의 사람됨이 넉넉하다는 것을 알아차렸다.

안길이 그토록 차득공을 후하게 대접한 것은 내심 속셈이 따로 있어서였다.

안길은 잡기에 능해 사람의 관상을 제법 볼 줄 알았는데 차득공의 관상은 지금까지 자신이 보아 온 어느 누구보다 귀티 나고 신수가 훤한 상이었다.

그런 차득공을 지금 후하게 대접해 놓으면 나중에라도 자신에게 득이 되면 되었지 해가 되지는 않을 것이라는 게 안길의 속셈이었다.

차득공이 떠나기 전날 밤, 안길은 조용히 첩들을 안방으로 불러 말했다.

"내 말을 이상하게 듣지 말고 가슴으로 들어야 할 것이야."

평소와는 달리 안길의 표정이 심상치 않다는 것을 느낀 첩들은 천천히 고개를 끄덕였다.

"오늘 밤 너희들 중 한 사람이 사랑에 있는 손님과 동침하도록 하라. 이는 내가 너희를 쉬이 생각해서도 아니며 너희가 싫어서도 아니다."

안길의 말에 그들은 눈을 휘둥그레 뜨며 서로의 얼굴을 쳐다보았다.

"지금 사랑에 계신 분은 보통 사람이 아니다. 나중에 아주 크게 될 인물이시다. 내가 한낱 고을의 주사 자리에 머물지 않고 출세를 하려면 저분의 도움을 받지 않으면 안 된다. 그러니 너희들 중 한 명이 오늘 밤 저분과 동침한다면 나는 그 여인이 누구든지 한평생 버리지 않을 것이요, 오히려 전보다 더 귀하게 여길 것이다."

그러나 첩들은 말이 없었다. 아무리 그렇다 해도 외간 남자와 동침을 하다니……. 그건 절대 있을 수 없는 일이었다.

안길은 그들을 한 명씩 훑어보며 어느 누가 나설지 조바심을 내며 기다렸다.

"내 약속하마! 절대로 그 일을 문제 삼지 않을 것이며 죽을 때까지 입에 담지도 않겠다. 그러니 내 앞길을 생각해서 부디 누구든지 허락만 하여라. 제발!"

안길의 간절한 말에 첩 가운데 가장 나이가 어린 쪽이 머뭇거리며 말했다.

"나리! 지금 하신 말씀을 지키실 수 있으시겠습니까?"

안길은 반색을 하며 대답했다.

"지키고 말고! 어디 지킨다 뿐이랴. 네가 원한다면 각서라도 써주마!"

"알겠습니다. 나리의 뜻을 따르도록 하겠습니다."

어린 첩은 일어나 자신의 방으로 건너가 깨끗하게 옷을 갈아입고 화장을 했다. 안길은 다른 두 명에게 주안상을 준비하도록 하여 어린 첩의 손에 들려 차득공이 있는 사랑으로 보냈다.

마당에 숨어 방안에 불이 꺼지기만을 기다리던 안길은 이윽고 사랑의 불이 꺼지자 흡족한 미소를 띠우며 안채로 돌아갔다.

날이 밝아 행장을 꾸려 길을 나서려던 차득공은 안길에게 고맙다는 인사를 정중하게 한 뒤 다음과 같이 말했다.

"혹 나중에 도성에 올 일이 있거든 황성사와 황룡사 중간에 있는 단오라는 사람의 집을 꼭 찾아 주시오."

안길은 그 말을 한마디도 빠뜨리지 않고 가슴 깊이 아로새겼다.

나라 안을 한바퀴 돌며 백성들의 민심을 살피고 대궐로 돌아간 차득공은 곧바로 재상의 자리에 올랐다.

　차득공은 안길을 잊지 않고 무진주의 주사 자리에서 승진시켜 도성의 제조諸曹를 맡아 보게 했다. 안길의 속셈이 들어맞았던 것이다.

　도성으로 이직한 안길은 틈만 나면 차득공이 일러 준 황성사와 황룡사 사이를 왔다갔다하며 단오라는 사람의 집을 찾았으나 아무도 아는 이가 없었다.

　그러던 어느 날 백발이 성성한 노인을 만나 단오라는 사람에 대해 물으니 노인은 껄껄 웃으며 다음과 같이 말했다.

　"단오端午라 함은 5월 5일 단오날에 태어나신 수레 공자를 일컫는 말이 아니오? 수레 공자는 곧 지금 재상의 자리에 계신 차득공을 말하는 것이니 그분의 집은 바로 저기라오."

　안길은 자신이 찾는 단오라는 사람이 재상이신 차득공이라는 말을 듣고 적이 놀랐다. 안길은 노인이 가르쳐 준 집을 찾아가 자신이 찾아온 용건을 이야기하고 차득공을 뵙기를 청했다.

　차득공은 안길을 기쁘게 맞아들여 성대한 주연酒宴을 베풀고 안길이 주사로 있던 무진주에 토지를 하사하였다.

　안길은 이후 차득공 덕에 벼슬이 점차 높아졌으며 차득공과 하룻밤 동침을 했던 나이 어린 첩을 언제나 곁에 두고 사랑해 마지않았다.

김대성의 꿈

해가 뉘엿뉘엿 넘어갈 무렵에야 마을에 도착한 대성은 마을을 한 바퀴 휘 둘러보더니 주저 없이 제일 큰 기와집으로 발길을 옮겼다.

뒤따라오는 하인들은 낮에 대성이 거의 맨손으로 잡다시피 한 커다란 곰을 어깨에 메고 오느라 낑낑거리며 힘겹게 종종걸음을 쳤다.

기와집 앞에 선 대성은 큰소리로 주인을 불러 하룻밤 묵어 갈 것을 청했다. 대성의 기상도 기상이려니와 하인들이 메고 온 커다란 곰을 보고는 주인은 금방 대성이 범상치 않은 인물이라는 것을 알아차렸다.

주인은 쾌히 승낙을 하고 푸짐하게 저녁을 대접한 다음 대성과 마주 앉아 차를 마셨다.

"초면에 보기에도 용기가 대단한 젊은이 같은데 어디서 온 뉘 집 자제이신가?"

주인의 말에 대성은 예의를 갖춰 대답했다.

"예. 저는 서라벌에서 온 김대성이라고 합니다. 아버님은 지금은 비록 돌아가셨지만 생전에 중시 벼슬을 지내신 분으로서 성함이 김 자, 문 자, 량 자이십니다."

대성의 말을 들은 주인은 크게 놀라며 정중한 어조로 고쳐 말했다.

"아! 그러십니까. 이렇게 훌륭하신 분을 저희 집에 모시게 되어 영광입니다."

주인은 대성을 더욱 극진히 대접했고 대성은 기쁜 마음으로 주인과 한동안 이런저런 이야기를 나누다가 밤이 이슥해서야 잠자리에 들었다.

대성은 잠자리에 누워 아버지의 얼굴을 떠올렸다. 인자한 아버지의 모습이 그날따라 더욱 대성의 가슴에 사무친 그리움으로 파고들었다. 대성은 아버지의 극락 왕생을 다시 한 번 마음속 깊이 기원하면서 서서히 잠이 들었다.

얼마나 잔 것일까? 대성은 꿈결인지 생시인지도 모르는 상태로 눈을 떴다. 그런데 이게 무슨 조화란 말인가? 방에는 낮에 대성이 사냥했던 커다란 곰이 가슴에 피를 뚝뚝 흘리며 대성을 노려보고 있는 것이 아닌가.

대성은 깜짝 놀라 소리를 지르려 했으나 웬일인지 마음만 조급할 뿐 목소리는 입으로 나오지 않았다. 또 몸을 일으켜 옆에 둔 칼을 잡으려 했지만 전신이 무거운 바윗덩어리에 눌린 듯 꿈쩍도 할 수 없었다.

곰은 대성을 노려보며 느릿느릿 말했다.

"너는 어찌하여 나를 죽였느냐? 내가 네게 무엇을 잘못했단 말이냐?"

대성은 두려움으로 숨이 막힐 것만 같았다. 곰은 발톱을 세우고 천천히 대성에게로 다가왔다.

대성은 젖 먹던 힘까지 짜내어 겨우 모기만한 목소리로 말했다.

"살려……주세요. 잘못했습니다. 제발…… 살려만…… 주세요……."

곰은 대성의 눈동자를 한참 동안 물끄러미 쳐다보더니 발톱을 감추고 말했다.

"정말로 네가 잘못했다고 생각하느냐?"

"예…… 잘못……했습니다……."

"그럼 다시는 죄 없는 짐승을 죽이지 않겠다고 나와 약속을 해라! 그럴 수 있겠느냐?"

"예…… 다시는…… 다시는…… 죄 없는 짐승을 죽이지 않겠습니다. 아니…… 다시는 사냥을 하지 않겠습니다."

곰은 다시 한 번 대성을 물끄러미 바라보더니 말했다.

"그래? 그렇다면 너의 말을 믿도록 하겠다. 대신 한 가지 조건이 있다. 들어줄 수 있겠느냐?"

곰의 말에 다소 안심을 한 대성은 말없이 고개를 끄덕였다.

"잘 들어라! 너는 지금껏 죄 없는 짐승들을 함부로 죽였다. 그러니 이제 그 죄과로 절을 하나 지어 죄 없이 죽은 짐승들의 영혼을 달래 주는 것은 물론 네가 저지른 살생의 업보를 부처님께 빌도록 하라!"

대성은 진심으로 자신의 잘못을 뉘우치며 말했다.

"잘 알겠습니다. 말씀대로 꼭 절을 지어 제가 죽인 짐승들의 영혼을 달래 주고 저의 죄과를 빌겠습니다."

대성이 말을 끝내자마자 곰은 어디론가 형체도 없이 사라지고 방안엔 괴괴한 정적만이 흘렀다. 대성은 그제야 자리에서 벌떡 일어나 앉았다.

'내가 꿈을 꾸었나? 아냐, 그러기에는 방금 전 일이 너무 생생해…….'

대성은 아침이 밝아 올 때까지 깊은 생각에 잠겼다. 간간이 마당을 쓸고 가는 바람 소리가 때로 자신의 손에 무참히 죽어간 짐승들의 울음소리만 같아 자신도 모르게 가끔 소스라치게 몸을 떨기도 했다.

다음날 날이 밝자마자 대성은 하인들을 깨워 곰을 메고 어제 사냥했던 장소로 갔다. 대성은 하인들을 시켜 곰을 땅에 파묻고는 오래도록 곰의 영혼을 위해 부처님께 기도를 올렸다.

그로부터 몇 달 후, 대성은 그곳에 절을 짓고 '웅수사'라는 현판을 내걸었다.

그후 대성은 사냥은 물론 작은 미물 하나라도 제 목숨처럼 소중히 여겼으며 부처님의 뜻을 따라 후에도 여러 사찰을 지었다. 신라 천년의 예술품 중 가장 뛰어난 걸작으로 평가받는 불국사와 석굴암 또한 대성이 설계하고 만든 것이다.

여심의 해몽

　신라 제37대 왕인 선덕왕에게는 불행하게도 대를 이을 태자가 없었다. 왕은 밤낮으로 고심을 하며 자신의 후대를 걱정했지만 왕비의 몸에서는 전혀 태기가 있을 것 같지 않았다.

　그러나 이와 같은 왕의 고심과는 반대로 김주원金周元과 김경신金敬信은 속으로 왕의 후사가 없기를 은근히 바라고 있었다.

　왜냐하면 당시의 관례로는 왕에게 대를 이을 태자가 없으면 신하들 중에서 가장 서열이 높은 사람이 왕위를 이어받게 되어 있었기 때문이다.

　그런 까닭에 김주원과 김경신은 늘 서로에 대한 경계를 늦추지 않았다. 특히 김경신은 자신보다 김주원의 서열이 더 높았기 때문에, 항시 마음속으로 왕은 하늘이 내리는 것이니 미리 낙담할 필요 없다고 스스로를 격려하며 때를 기다리고 있었다.

　그러던 어느 날 김경신이 이상한 꿈을 꾸게 되었다. 꿈속에 자신이 머리 위에 쓴 관冠을 벗고 가야금을 품에 안은 채 천관사天官寺에 있는 천관정天冠井이라는 우물 속에 빠지는 것이었다.

　꿈에서 깨어난 김경신은 도성에서 유명하다는 점쟁이를 집으로 불러 해몽을 부탁했다.

김경신의 말을 들은 점쟁이는 어두운 표정으로 먼저 양해를 구했다.

"나리, 먼저 제가 무슨 말을 하더라도 너그러이 받아 주시겠다고 약속해 주십시오."

김경신은 말없이 고개를 끄덕였다.

"우선 나리께서 관을 벗으셨다는 것은 관직에서 물러난다는 것을 의미하고 가야금을 품에 안았다는 것은 큰 칼, 즉 형구刑具를 목에 차는 형국이니 벌을 받으신다는 뜻이며 마지막으로 천관정에 빠진다는 것은 옥에 갇힌다는 뜻이옵니다."

"음……."

점쟁이의 해몽을 듣고 있던 김경신의 얼굴에 짙은 그늘이 드리워졌다.

"어떻게 이 흉사凶事를 피해 갈 길은 없겠느냐?"

김경신의 말에 점쟁이는 그저 입을 다물고 묵묵히 앉아 있기만 했다.

"알았다. 내 자네에게 부탁하느니 오늘 자네와 내가 나눈 얘기를 어느 누구에게도 발설해서는 안 된다. 알겠느냐?"

"예, 나리! 명심하겠사옵니다."

점쟁이가 돌아간 후 김경신은 상심하여 자리에 앓아 눕고 말았다. 집안 식구들이 무슨 일이냐고 아무리 물어도 그는 입을 다문 채 얘기하지 않았다.

다만 부인에게만 점쟁이와의 일을 얘기했는데 공교롭게도 부인의 몸종이 문밖에서 그 얘기를 엿듣고는 소문을 내고 말았다.

도성에 그러한 소문이 나돌자 김경신은 몸이 아프다는 핑계로 아예 문밖 출입을 하지 않고 입궐도 하지 않았다.

소문을 들은 김주원은 속으로 쾌재를 부르며 그것이 하늘의 뜻이라고 여기고 호시탐탐 왕위를 노리고만 있었다.

김경신이 자리보전을 하고 누운 지 며칠이 지나서였다. 아찬 벼슬을 한 여삼餘三이라는 자가 그의 집으로 찾아와 만나기를 청했다.

김경신은 생전 처음 들어 보는 이름인 데다가 아무도 만나고 싶지 않아 그냥 돌아가라고만 전했다. 그러나 여삼은 다음날도 찾아와 김경신을 만나기를 청했고 그 다음날도 만나 줄 것을 간청했다.

김경신이 화를 내며 여삼을 쫓으려 하자 그는 집사를 시켜 편지 한 장을 보내왔다.

'소인이 나리를 뵙고자 하는 것은 하늘의 뜻을 전하려 함이온데 나리께서 이를 끝까지 거절하신다면 나리는 하늘의 뜻을 저버리시는 것이옵니다. 하여 오늘 밤도 소인을 이대로 돌려보내신다면 다시는 나리를 찾아뵙지 않을 것이옵니다.'

편지를 읽은 김경신은 꺼림칙한 생각이 들어 여삼을 집안으로 들여 사랑에서 기다리게 했다.

잠시 후 김경신은 집사에게 술을 내어 오라 이르고 사랑으로 나갔다. 김경신이 방에 들어서자 여삼은 자리에서 일어나 먼저 큰절을 올렸다.

술상이 차려지고 먼저 김경신이 술을 따르려 하자 여삼이 불쑥 이런 말을 했다.

"황공하옵니다. 장차 이 나라의 왕이 되실 나리의 잔을 소인같이 미천한 자가 어찌 먼저 받겠습니까? 나리께서 먼저 받으십시오."

김경신은 왕이 된다는 말에 놀라 주위를 살핀 다음 여삼을 뚫어지게 쳐다보았다.

"방금 한 말이 무슨 뜻이냐? 지금 나를 놀리는 게냐?"

"아니옵니다. 소인은 그저 나리께서 꾸셨다는 꿈을 올바로 해몽한 것을 말씀 드린 것뿐이옵니다."

여삼은 조금도 주저하지 않고 거침없이 말했다.

"꿈이라니? 전날 내가 꾸었던 그 흉몽 말이더냐?"

김경신의 힐난하는 말투에 여삼이 강력한 어조로 대답했다.

"흉몽이라니오? 나리, 그 꿈은 흉몽이 아니라 천하에 둘도 없는 길몽이옵니다."

"음⋯⋯."

김경신은 여삼을 향해 준엄하게 물었다.

"너도 점쟁이인 게냐?"

"아니옵니다. 소인은 그저 도술에 조금 능통할 뿐이옵니다."

"좋다. 그렇다면 어디 한번 너의 해몽을 들어 보자."

김경신의 말에 여삼은 술을 한잔 들이켜고는 김경신이 꾸었다는 꿈을 하나하나 되짚어가며 말했다.

"첫째 나리께서 관을 벗으셨다는 것은 관직에서 물러나는 것이 아니라 천하를 얻는다는 것이옵니다. 관을 벗으면 곧 하늘을 머리에 쓰게 되는 형상이니 그 뜻이 아니고 무엇이겠습니까?"

"둘째는⋯⋯?"

"둘째로 나리께서 가야금을 품에 안으신 것은 칼을 목에 차는 것이 아니라 12대 자손이 왕위를 이으신다는 뜻입니다. 생각해 보십시오. 나리께서는 내물왕의 12대손이 아니십니까? 가야금의 열두 줄은 그 뜻을 표시하는 것입니다"

"그렇다면 셋째는⋯⋯?"

김경신은 여삼의 말에 공감하며 조금씩 심취해 갔다.

"셋째로 나리께서 천관사에 있는 천관정이라는 우물 속에 빠지신 것은 바로 궁궐에 들어가신다는 의미입니다. 천관정天冠井의 글자를 보옵소서. 천관天冠이라 함은 보석으로 치장한 훌륭한 관冠을 뜻하는 것으로 이 나라에서 어느 누가 그런 관을 쓰겠습니까? 왕이 아니라면 어느 누구도 그러한 관을 쓸 수가 없사옵니다."

여삼의 말을 모두 들은 김경신은 조용히 머리를 끄덕였다.

"그런데 한 가지, 내 위에 김주원이 버티고 있는데 그 점은 어찌 생각하는가?"

김경신의 말투는 어느새 달라져 있었다.

"김주원은 북천北川 건너편에 살고 있으니 미리 예방하시는 방책으로 그 북천에 사는 용에게 제사를 지내시면 후일 도움이 되실 것이옵니다."

김경신은 여삼에게 많은 돈과 재물로 후사하고 다음날로 여삼의 말대로 북천에 사는 용에게 제사를 지내고 아무 일 없었던 것처럼 입궐했다.

그 일이 있은 지 얼마 지나지 않아 선덕왕은 끝내 후사를 잇지 못하고 승하하고 말았다. 관례에 따라 김주원이 왕위를 계승할 것이라고 여긴 신하들은 그를 찾았다.

그런데 그때 김주원은 북천 너머 자신의 집에서 왕의 승하 소식을 접했다. 김주원은 자신이 왕위를 계승할 것이라는 기대에 차서 서둘러 집을 나서 대궐로 향했다.

김주원을 모신 행렬이 부랴부랴 북천에 도착했을 때였다. 큰비도 오지 않고 장마철도 아니었는데 갑자기 강물이 크게 불어 도저히 배를 띄울 수 없는 상황이었다. 여삼의 예언대로 북천의 용이 조화를 부린 것이다.

김주원이 다급한 마음에 어서 강물이 줄어들기를 기다리며 노심

초사하고 있을 때 김경신은 먼저 대궐로 들어가 왕위를 이어받고 즉위식을 치렀다.

처음에는 반대하던 신하들도 김경신이 즉위식을 끝내고 왕좌에 앉자 더 이상 어쩔 도리가 없어 모두들 허리를 굽히고 신왕新王에 대한 예를 표했으니, 이가 바로 제 38대 원성왕이다.

꿈도 해석하기에 따라 그 뜻이 천차만별일 수 있으니 여삼의 해몽은 김경신을 왕으로 거듭 태어나게 한 사건이었다.

문수암의 늙은 농부

신라 원성왕 때의 유명한 고승인 연회법사는 세상사 모두와 일체 인연을 끊고 영취산 암자에 숨어 오로지 불법을 공부하고 수도 정진하는 데에만 온 힘을 쏟았다.

그러나 초야에 묻힌 옥玉일수록 그 빛이 더욱 영롱하고 진흙에 피는 연꽃일수록 그 자태가 더욱 아름답다고 했듯이 비록 연회법사가 영취산에 깊숙이 은둔하고 있다고 해도 그 덕망은 세인들의 입을 통해 날로 높아져만 갔다.

마침 나라의 국사國師 자리가 비어 마땅한 인물을 물색하고 있던 원성왕은 연회법사의 소문을 듣고는 연회법사를 국사로 삼으려고 신하를 보냈다.

자신을 국사에 제수한다는 어명을 받든 신하가 온다는 말을 들은 연회법사는 서둘러 영취산을 떠났다.

'일생을 수도에 정진하면서 부처님의 말씀을 쫓는 것만으로도 한평생이 부족하거늘 그깟 국사가 되어 무엇하나……'

그렇게 생각한 연회법사는 등에 멘 바랑 하나를 벗삼아 쉬엄쉬엄 발걸음을 옮겼다. 오래도록 영취산에 숨어만 지냈으니 이 참에 세상 돌아가는 일을 구경하는 것도 그리 나쁠 것 같지만은 않았다.

이 마을 저 마을 돌아다니며 동가식서가숙을 하던 연회법사가 문수암이라는 어느 작은 고갯마루에 이르러 땀도 식힐 겸 잠시 쉬어 가려고 길가의 바위에 앉아 있을 때였다.

밭일을 끝내고 소를 몰고 지나가던 늙은 농부가 불쑥 연회법사를 향해 말했다.

"이름을 팔려거든 제대로 팔아야지 그렇게 도망을 가서 이름 값을 올릴 것은 또 무언가?"

연회법사는 농부의 말이 처음에는 무슨 뜻인지 몰라 자기 외에 또 누가 있나 싶어 주위를 둘러보았다.

"이름 값 올리려고 도망치는 이가 여기 자네 말고 또 누가 있나?"

농부가 아무렇지도 않게 그렇게 말하며 지나치려 하자 연회법사는 그제야 그 말이 자기에게 한 말이었음을 깨닫고는 농부를 불러 세웠다.

"여보시오. 초면에 무슨 말을 그리 하오?"

연회법사가 말을 걸어 오자 농부는 걸음을 멈추더니 이렇게 대꾸했다.

"이름을 파는 것도 장사라면 장사일 텐데 장사를 하려면 똑바로 해야지 그렇게 도망을 쳐서 값을 올릴 게 또 무엇이란 말이오?"

연회법사는 기가 막혔다.

"이름을 팔다니 누가 이름을 판다는 것이오?"

농부는 연회법사를 쳐다보지도 않고 말했다.

"제 한 몸 잘되자고 입산 수도를 할 요량이면 부처는 세상에 불법을 퍼뜨리지도 않았을 것을…… 쯧쯧."

연회법사가 뭐라 미처 말할 기회를 주지도 않고 농부는 그 말을 끝으로 소를 몰고 제 갈 길을 가버렸다. 그 말을 들은 연회법사는 속에서 치솟아 오르는 화를 주체하지 못해 끙끙거렸다.

'세상의 부귀 공명이 싫어서 도망가는 나에게 저런 시골 농부가 무엇을 안다고 수작을 부린단 말인가? 이름을 팔 것이면 국사가 되어 한세상 잘먹고 편히 살다 가면 될 것을 내 그것을 피해 이리 종종 걸음을 치는 것인데……'

연회법사는 바위에서 일어나 화풀이를 하듯 장삼 자락을 툭툭 털고 다시 길을 떠났다.

그날 저녁 해질 무렵이 되어서야 근처 작은 절에 당도한 연회법사는 자신의 신분을 숨기고 하룻밤 묵어 갈 것을 청했다.

한눈에 보기에도 연회법사가 보통 인물이 아니라는 것을 눈치 챈 절의 주지는 지극 정성으로 연회법사를 대접하고, 저녁 공양이 끝난 후에는 손수 차를 끓여 내왔다.

그리하여 두 사람 사이에는 자연스레 이런저런 이야기가 오가게 되었는데 주지가 문득 연회법사에게 이렇게 물었다.

"이곳에 오실 때 혹 문수암이란 곳을 지나치지 않으셨습니까?"

연회법사는 낮의 일이 다시 떠올라 기분이 언짢아지는 듯해서 절로 인상을 찌푸렸다.

"지나쳐 오기는 왔습니다만……."

연회법사가 말끝을 흐리는데도 아랑곳없이 주지가 재차 물었다.

"그곳에서 소를 모는 늙은 농부 한 사람을 못 보셨는지요?"

소를 모는 농부라는 말에 연회법사는 주지의 얼굴을 정면으로 바라보았다.

"보았긴 보았습니다만……."

역시 연회법사가 말끝을 흐리는데도 주지는 계속 말을 이었다.

"그 농부가 아무 말도 없었습니까?"

"……."

연회법사는 아무 말도 할 수가 없었다. 농부와의 일을 얘기하면 자신의 신분이 탄로날 것이 뻔한 까닭이었다.

"그 늙은 농부가 겉보기엔 그래도 범상치 않은 인물입니다. 세상의 이치를 모두 꿰고 있지요. 이 근방 여러 마을에서 모르는 이가 없을 정도이지요. 모두들 그 늙은 농부를 일러 문수암의 성인이라 하여 문수대성文殊大聖이라고 부른답니다."

주지의 말을 들으면서 연회법사는 조심스럽게 깨닫는 것이 있었다.

주지가 돌아가고 빈방에 홀로 남게 된 연회법사는 조용히 오늘 낮에 있었던 일을 반추해 보았다. 밝히지 않았는데도 첫눈에 자기의 신분을 알아본 것과 얘기하지 않았는데도 왜 먼 길을 떠나게 되었는지를 단박에 알아맞춘 것만 보더라도 주지의 말이 틀린 것만은 아닌 것 같았다.

그렇다면 이름을 판다는 건 무슨 뜻일까?

연회법사는 가부좌를 틀고 앉아 깊은 삼매경에 빠져들었다. 그리고 농부의 말을 화두로 삼아 그 속뜻을 이해하고자 애썼다.

법당 처마 끝에서는 맑게 풍경이 울었다. 바람이 몸 뒤척이는 소리도 가끔 문풍지를 쓸고 갔다.

그럴수록 연회법사의 삼매경은 깊어 갔고, 어느 순간 혜안이 열리며 마음이 평온해지는 것을 느낄 수 있었다.

'그렇다. 내가 국사의 자리에 오를 만큼 이름이 났다면 그 이름 또한 내가 낸 것이 아니겠는가? 그리고 그 이름을 피해 도망을 치는 것은 그 이름을 더욱 고매하게 하기 위함이 아니겠는가? 나는 너무나 자신만을 위해 불법을 공부해 온 것이다. 내가 국사의 자리를 마다하고 영취산을 떠난 것도 결국은 중생들을 구제하는 데 힘을 쏟는 것이 아니라 오로지 나 자신만을 위한 수도와 정진에만 그 목적이 있었기 때문이다. 부처님은 일체 중생을 위해 스스로를 버리셨다. 내가 국사의 자리에 오른다고 해서 부귀와 공명을 쫓는 것인가? 아니다. 그 모든 것은 내 본심에 있는 것이다. 취할 것만 취하고 버릴 것은 버리면 된다. 돌아가자…… 돌아가자!'

연회법사는 바랑을 메고 밖으로 나왔다. 새벽 빛이 비추려면 아직 이른 시간이었다. 연회법사는 법당을 향해 합장을 한 뒤 문수암이 있는 쪽을 향해 또 한 번 합장을 올렸다.

그리하여 연회법사는 원성왕의 명을 받아들여 국사의 자리에 올라 성심을 다해 중생을 구제하는 데 남은 생애를 보냈다.

김현의 사랑

　중추절 밝은 보름달이 흥륜사 마당을 대낮같이 환하게 비추고 있었다. 탑돌이를 하던 사람들은 하나둘씩 집으로 돌아가고 남아서 탑을 도는 이는 몇 되지 않았다.

　낭도 김현은 더욱 정성을 들여 한 바퀴, 두 바퀴 탑을 돌았다. 가끔 서늘한 밤바람이 불어와 이마에 맺힌 땀방울을 식혀 줄 뿐 사위는 적막 속에 빠져 있었다.

　둥근 보름달이 중천에 이르자 그나마 남아 탑을 돌던 사람들도 모두 돌아가고 마당에는 김현 혼자 남게 되었다. 김현은 한 바퀴만 더 돌고 집으로 돌아가자고 생각하고 합장한 두 손에 더욱 공을 들여 걸음을 옮길 때였다.

　어디선가 희미한 발소리가 들리더니 한 처녀가 탑 주위를 천천히 원을 그리며 돌기 시작했다.

　한 열일곱 살쯤 되었을까? 밤중이었지만 환한 달빛 아래 어렴풋이 드러난 처녀의 얼굴은 배꽃같이 곱고 예뻤다.

　김현은 탑을 돌면서도 마음은 온통 그 처녀에게로 집중되었다.

　'어디 사는 뉘 집 규수일까? 한눈에 보기에도 백옥같이 곱구나.'

　그러나 그런 김현의 마음을 아는지 모르는지 처녀는 합장한 손끝만을 지긋이 바라보며 좀체 얼굴을 들지 않았다.

김현은 발걸음을 조금씩 늦춰 처녀와 되도록 가까운 거리를 유지하려고 애썼다. 처녀는 일정한 보폭으로 조심조심 탑 주위를 돌며 낮은 소리로 불경을 외고 있었다.

김현이 처녀와 한 서너 걸음의 간격을 두었을 때였다. 탑을 돌던 처녀가 부처님이 계신 대웅전을 향해 크게 합장을 하며 허리를 굽히고는 치맛자락을 표표히 날리며 흥륜사 마당을 벗어나고 있었다.

김현은 망설였지만 이내 처녀의 뒤를 쫓아가기 시작했다. 그대로 처녀를 보내 버리면 다시는 못 볼지도 모른다는 생각이 불같이 들어서였다.

흥륜사를 나온 처녀는 김현이 뒤를 밟는지에 대해서는 전혀 관심이 없는 듯 앞만 보고 걸었다. 그런데 이상하게도 처녀는 마을과는 반대 방향인 산길로 접어들더니 익숙한 발걸음으로 험한 산중으로 계속 올라갔다.

김현은 이상한 마음이 들면서도 넋을 잃고 그저 처녀의 뒷모습에서 눈을 떼지 않았다. 그러면서 어떻게 말을 붙여야 하는지를 끊임없이 생각했다.

한참을 그렇게 가다가 솔숲이 울창한 언덕에 이르렀을 때 앞서 가던 처녀가 갑자기 걸음을 멈추더니 뒤를 돌아보지도 않고 말했다.

"무슨 일로 소녀의 뒤를 밟으시는지요?"

김현은 순간적으로 당황하였지만 말을 붙일 수 있게 된 것에 기쁨을 감추지 못했다.

"낭자의 자태가 하도 고와서…… 그만 이런 무례를 범하고 말았소."

처녀는 여전히 돌아보지 않고 말했다.

"돌아가십시오. 그렇게 하시는 것이 서로에게 좋을 듯합니다."

그러나 거기에서 물러설 김현이라면 처음부터 처녀를 쫓아오지도 않았을 것이다.

김현은 몇 걸음 앞으로 나아가 말했다.

"제가 지금 낭자에게 무례를 범하고 있는 줄은 알고 있지만 이렇게 만난 것도 인연이라고 생각하오. 그러니 부디 얘기나 좀 나눌 수 있게 해주시오."

김현의 말을 들은 처녀는 한동안 망설이는 눈치이더니 천천히 옆에 있는 바위로 가서 앉았다. 다소곳하고 아름다운 자태였다.

김현도 조용히 걸어가 처녀의 옆에 자리를 잡고 앉았다. 가까이 본 처녀의 얼굴은 한층 더 아름답고 고혹적이었다.

김현이 조용히 입을 열었다.

"아까 탑을 돌며 무엇을 그리 간절히 빌었소?"

처녀는 수줍게 미소를 띠우며 대답했다.

"그러시는 낭께서는 밤늦도록 무얼 그리 비셨는지요?"

처녀의 말에 김현은 이내 웃음이 나왔다. 재치 있는 대답이었다.

달은 중천을 벗어나 서쪽으로 천천히 기울어가고 있었다. 산새 소리도 들리지 않고 오로지 두 사람의 목소리와 간간이 들리는 낮은 웃음 소리만이 잠든 솔숲의 달빛을 깨우고 있었다.

얘기를 나누는 동안 두 사람은 급격히 서로에게 빠져들었고 이내 손을 잡고 솔숲 사이로 들어갔다. 그곳에서 두 사람은 평생을 함께할 반려자가 되기를 굳게 맹세했다. 처녀는 기다렸다는 듯이 김현을 받아들였고 김현은 처녀의 아름다움에 흠뻑 취했다.

새벽녘에 가까워져서야 두 사람은 솔숲에서 나와 처녀의 집으로 향했다. 처녀는 극구 사양했지만 김현은 평생을 함께할 사람을 무서운 산중에 혼자 가게 둘 수 없다고 고집을 부렸다.

두 사람이 처녀가 사는 오두막집에 도착했을 때 처녀의 어머니인 듯한 늙은 노파가 마당에 나와 처녀가 돌아오기를 기다리고 있었다.

김현은 처녀와 함께 노파를 따라 방으로 들어가 큰절을 올렸다. 노파는 말없이 앉아 있는 처녀의 얼굴에서 모든 것을 읽어낸 것 같았다.

"어찌 되었건 미천한 내 딸을 아내로 받아준다니 고맙구려. 그러나 지금은 그런 인사나 하고 있을 때가 아닌 것 같소. 조금 있으며 저 아이의 오빠들이 올 터이니 오늘은 얼굴을 마주 대하지 않는 게 좋을 것 같소. 그러니 어서 저 벽장 속에 숨으시오. 무슨 일이 있어도 문을 열고 나와서는 아니 될 것이오."

노파의 말에 처녀도 그렇게 하라며 김현의 팔을 잡아 끌었다. 김현은 영문도 모르는 채 벽장 속으로 들어가게 되었다.

그로부터 얼마 지나지 않아 어디선가 허공을 가르는 날카로운 포효가 들리더니 대문 여는 소리가 들려 왔다.

"어머니! 돌아왔습니다. 진지는 드셨습니까?"

듣기에도 우렁찬 목소리가 방안을 쩌렁쩌렁 울렸다.

"네 이놈들! 이제 너희들의 명도 오늘로 끝이다. 내 그렇게 살생을 하지 말라 일렀거늘 오늘도 무고한 생명을 둘씩이나 해하다니!"

노파의 엄한 호령에 방안에는 잠시 무거운 침묵이 흘렀다.

김현은 벽장 문틈으로 소리 나지 않게 밖을 내다보았다. 처녀의 오빠 셋이 앉았는데 모두들 기골이 장대하고 범상치 않은 눈빛을 번득이고 있었다.

"내가 모를 줄 아느냐? 좀 전에 신령님께서 다녀가셨다. 오늘이야말로 너희들을 죽여 더 이상의 살생이 없도록 하시겠다고 엄포를 놓으셨다!"

"어머니 그것이 아니라……."

"천벌은 두려우냐? 인명만은 해치지 말라고 입이 닳도록 이르고 당부했거늘……! 나는 모른다. 너희가 알아서 벌을 받도록 해라!"

김현은 두려움에 온몸이 덜덜 떨렸다. 살생은 무엇이고 천벌은 또 무슨 말인가?

"그만두세요, 어머니. 그 벌은 오빠들을 대신해서 제가 받도록 하겠어요. 오빠들을 한꺼번에 잃으면 어머니께서 어떻게 사실 수 있겠어요?"

처녀의 말에 오빠들의 눈이 금세 휘둥그레졌다.

"오빠들, 어서 이곳을 떠나 멀리 가세요. 그리고 부디 앞으로는 사람을 해치지 않겠다고 약속해 주세요."

처녀의 말에 오빠들은 모두 말없이 고개를 끄덕였다. 다만 노파만이 눈에 눈물이 가득 괸 채로 처녀를 애처롭게 바라보고 있었다.

이윽고 처녀의 오빠들은 일어나 노파에게 큰절을 하더니 밖으로 나갔다. 또다시 엄청나게 커다란 포효가 들렸다.

포효가 사라지자 처녀가 벽장 문을 열고 김현을 밖으로 나오게 했다. 어리둥절한 표정으로 앉아 있는 김현 앞에서 처녀는 울음을 터뜨리며 말했다.

"용서하여 주세요. 들으신 바와 같이 저는 사람이 아니라 짐승입니다. 그러나 오늘 이 같은 일이 없었더라면 때가 되면 모든 것을 고백하고 용서를 빌 생각이었습니다. 오늘 낭을 만나 비록 하룻밤의 짧은 인연을 맺었지만 그래도 낭께서는 저의 하나밖에 없는 지아비입니다. 잘 들으세요, 내일 낮에 도성 안에 호랑이 한 마리가 나타나 사람들을 해하려 들 것입니다. 사람을 해치지는 않는 대신 어느 누구의 손에도 잡히지 않을 것입니다. 그러면 나라에서 그 호랑이를 잡으려 할 것이니 부디 당신께서 그 호랑이를 잡겠다고 하소서. 그리고 성의 북쪽에 있는 숲으로 오세요. 저는 거기에서 당신을 기다리고 있겠습니다."

처녀는 목이 메어 더 이상 말을 잇지 못하고 빗물처럼 눈물만 흘리고 있었다.

멍하니 앉아 처녀의 얘기를 듣고 있던 김현이 말했다.

"무슨 소리를 하는 것이오? 낭자가 짐승이든 사람이든 나는 상관하지 않소. 우리가 오늘 만나 부부의 인연을 맺었으니 이는 죽을 때까지 지켜져야 할 약속이오. 나는 낭자의 말을 따를 수가 없소."

그러나 처녀는 김현의 말을 듣지 않았다. 김현이 아무리 얘기하고 달래어도 김현의 손에 죽고 싶다고 계속 같은 말만 되풀이할 뿐이었다.

그러는 사이 날이 밝았고 김현은 집으로 돌아왔다. 그러나 아무리 생각해도 간밤의 일이 꿈인지 생시인지 잘 분간이 되지 않았다. 그것은 적어도 도성 안에 호랑이가 나타났다는 소리를 듣기 전까지는 그랬다.

훤한 대낮에, 그것도 도성 안에 출몰한 호랑이는 닥치는 대로 사람들을 해치려 하였다. 이름 난 궁사들과 장수들이 그 호랑이를 잡으려 했으나 아무도 당해 내지 못한다는 소문이 삽시간에 온 도성 안을 들끓게 했다.

급기야 원성왕은 그 호랑이를 잡는 이에게는 후한 상금과 벼슬까지 제수한다는 방을 써 붙였다.

김현은 비로소 처녀의 말이 사실임을 깨달았다. 그렇지만 처녀가 호랑이라고는 도저히 믿을 수가 없었다.

망설임을 거듭하던 김현은 마침내 처녀의 말을 제 눈으로 확인하고 싶은 생각이 들어 원성왕 앞에 나아가 호랑이를 잡겠노라고 아뢰었다. 왕은 크게 기뻐하며 김현을 불러 친히 격려했다.

김현은 어깨에 활을 메고 허리에 단검을 찬 다음 호랑이를 잡으러 갔다. 겉으로는 내색하지 않았지만 김현의 가슴은 천만 가지 생각으로 어지러웠다.

'과연 그 호랑이가 어제 만난 그 처녀란 말인가? 만약 그렇다면 어찌 내 손으로 죽일 수 있단 말인가?'

호랑이는 도성의 북문에서 이리저리 뛰어다니며 사람들을 위협하고 있었다. 그러더니 멀리서 김현의 모습을 보고는 성문 밖으로 달아났다.

김현은 곧 호랑이를 쫓아갔다. 호랑이는 마치 김현에게 길 안내라도 하는 것처럼 적당한 거리를 두고 달렸다.

김현이 간밤에 처녀가 말했던 성의 북쪽 숲에 이르렀을 때, 호랑이는 백옥같이 곱고 예쁜 처녀로 변하여 김현을 기다리고 있었다.

김현이 가까이 다가오자 처녀는 무릎을 꿇고 앉으며 말했다.

"오실 줄 알았습니다. 오늘 저에게 물린 사람들은 상처에 흥륜사의 간장을 바른 뒤 절의 나팔 소리를 듣게 하면 나을 것입니다. 이제…… 어제 저와 약속하신 대로 죽여 주세요. 당신의 손에 죽는 것이 제 소원입니다."

김현의 눈에서는 쉴새없이 눈물이 쏟아졌다.

"그럴 수는 없소. 어찌 내가 낭자를 죽인다는 말이오. 그럴 수는……."

김현의 말이 끝나기도 전에 처녀는 피를 낭자하게 토하며 바닥에 쓰러졌다. 김현의 허리에서 단검을 뽑아 제 스스로 목을 찔렀던 것이다.

"낭자!"

김현은 급히 처녀를 안아 제 무릎에 뉘었다. 그러나 이미 가망이 없는 일이었다.

처녀는 마지막으로 김현의 손을 잡으며 말했다.

"제가…… 죽거든…… 절을 하나 지어…… 저의 명복을…… 빌어 주세요."

김현의 손에서 처녀의 손이 스르르 빠져 나가는 순간, 꽃 같은 처녀의 모습은 온데간데없이 사라지고 커다란 호랑이 한 마리가 피를 흘리며 쓰러져 있었다.

김현은 무서워하는 기색도 없이 엎드려 호랑이를 끌어안고 큰소리로 통곡했다. 아직도 호랑이의 몸에 희미하게 남아 있는 온기는 이승에서 다 못한 애절한 사랑을 말해 주는 듯 김현의 마음을 더욱 아프게 했다.

그후 김현은 호랑이가 죽은 자리에 '호원사虎願寺'라는 절을 짓고 처녀로 변해 자신과 사랑을 나누었던 호랑이의 명복을 빌었다.

응렴의 선택

신라 헌안왕 때 응렴이라는 화랑이 있었는데 잘생긴 얼굴도 얼굴이거니와 총명함과 지혜가 남달라 도성에 그 이름이 자자하였다.

도성 안의 모든 처녀들은 응렴의 얼굴이라도 한번 보려고 언제나 응렴의 집 주변을 서성거렸고, 그 소문은 마침내 헌안왕의 귀에까지 들어갔다.

헌안왕에게는 두 명의 공주가 있었는데 둘 다 혼기가 되었으므로 왕은 응렴을 사윗감으로 적당한지 시험하기로 마음먹고 하루는 대궐에서 큰 잔치를 열어 그 자리에 응렴을 불렀다.

왕의 부름을 받은 응렴은 다소곳하지만 기백 있는 자세로 왕 앞에 무릎을 꿇고 앉았다. 과연 응렴은 한눈에 보기에도 훤하게 잘생긴 미남이었다.

내심 마음이 흡족해진 왕은 응렴에게 술잔을 하사하며 물었다.

"내가 듣기로 낭은 총명하고 지혜롭기가 국선 중에 으뜸이라고 들었다."

왕의 말을 들은 응렴은 머리를 조아리며 대답했다.

"당치 않으십니다. 소인은 그저 일개 미미한 존재에 불과하옵니다."

왕은 입가에 미소를 띄우며 말했다.

"낭이 국선이 된 지는 얼마나 되었는가?"

응렴은 다시 머리를 조아리며 대답했다.

"예. 폐하의 은덕을 입어 국선이 된 지 두 해가 되옵니다."

응렴의 대답에 왕이 재차 물었다.

"그 두 해 동안 무엇을 배우고 깨달았는가?"

응렴은 주저하지 않고 큰소리로 대답했다.

"예, 폐하! 소인은 세 가지 아름다운 일을 보고 깨달았습니다."

응렴의 대답에 흥미롭다는 듯 헌안왕은 눈을 크게 뜨며 물었다.

"호오, 세 가지 아름다운 일이라? 그래 그것이 무엇인지 내게 말해 줄 수 있겠느냐?"

왕의 말에 응렴은 스스럼없이 아뢰었다.

"예, 폐하! 우선 세 가지 중 첫째는 윗사람인 자가 스스로 자신을 낮추고 겸손히 여겨 남보다 아래쪽에 앉는 것이옵고, 둘째는 재물이 많은 자가 그것을 자랑하지 않고 남보다 검소하고 절약하는 것이옵고, 마지막 세 번째로는 권세를 가진 자가 허세와 위엄을 부리지 않는 것이옵니다."

응렴의 말을 들은 왕의 얼굴에 환한 미소가 떠올랐다. 미소는 점차 호탕한 웃음 소리로 변해 갔고 좌중에 함께한 신하들의 입가에도 미소가 번졌다.

왕은 기분 좋게 술 한잔을 마시고는 응렴에게 말했다.

"듣거라. 내 낭의 말을 듣고 깨달은 바가 크다. 그런즉 낭을 부마로 삼으려 하니 공주 둘 중 한 명을 택하여 수일 내로 내게 간하라."

생각지도 않았던 왕의 말에 응렴은 잠시 정신이 아득해지는 것 같았다. 지금 자신에게 벌어지는 모든 일들이 도무지 꿈만 같았다.

응렴은 왕에게 예를 갖추고 곧 대궐에서 나왔다. 그러고는 서둘러 집으로 돌아가 부모님을 뵙고 대궐에서 있었던 일을 소상하게 말씀 드렸다.

응렴의 부모는 크게 놀라면서도 기쁨에 들뜬 표정을 감추지 못하고 물었다.

"너는 두 공주 가운데 어느 쪽이 마음에 드느냐?"

부모님의 말에 응렴은 잠깐 생각에 잠기다가 솔직하게 말했다.

"소자가 듣기로 첫째 공주는 성격이 냉정하고 언행도 방정하지 못한 데 비해 둘째 공주는 성품도 온순하고 얼굴도 후덕한 미인이라 들었습니다. 그러니 소자의 생각으로는 부모님께서 허락만 하신다면 둘째 공주에게 장가 들고 싶습니다."

응렴의 말에 부모는 순순히 승낙을 하고 곧이어 친척들에게도 그 기쁜 소식을 알려 큰 잔치가 벌어졌다.

그날 저녁, 응렴의 집으로 같은 국선인 범교사가 찾아왔다. 범교사는 평소 응렴과 친밀한 사이로 지혜롭고 총명하기가 응렴에 버금갈 정도였다.

범교사는 응렴에게 일단 축하의 뜻을 표했다.

"여보게, 무어라 축하의 말을 해야 할지 모르겠네. 자네가 이 나라의 부마가 된다니……."

범교사의 말에 응렴은 조금 겸연쩍은 표정으로 대꾸했다.

"이 모두가 대왕의 은덕이시네."

범교사는 곧이어 자신이 찾아온 의중을 내비쳤다.

"자네는 두 분 공주님 중 어느 분을 택할 텐가?"

응렴은 부모님과 상의했던 바를 그대로 얘기하며 둘째 공주를 택할 것이라고 했다.

응렴의 말을 들은 범교사는 이미 짐작하고 있었다는 듯 주저하지 않고 말했다.

"여보게, 내 말 잘 듣게. 나는 오래전부터 자네의 친구로서 누구보다도 자네를 잘 안다고 생각하네. 그래서 지금 내가 하는 말은 자네를 생각하고 아끼는 마음에서 하는 것이니 부디 내 마음을 헤아려 내 뜻을 따라 줄 수 있겠는가?"

범교사의 말에 응렴은 궁금증이 생겼다.

"무슨 말인가? 우선 들어 보기나 하세."

응렴의 눈동자를 천천히 응시하며 범교사가 조심스런 어투로 말했다.

"둘째 공주와 혼인하지 말고 첫째 공주와 혼인을 하게. 그러면 후일 꼭 좋은 일 세 가지가 있을 것이네."

범교사의 말을 들으며 응렴은 깊은 생각에 잠겼다. 평소 범교사와의 우정을 생각하면 그의 말에는 분명 깊은 뜻이 숨어 있을 것이었다.

응렴은 단호한 눈빛으로 범교사에게 말했다.

"알았네. 자네 말대로 하겠네. 나를 생각해 줘서 정말 고맙네."

응렴은 곧 부모님께 자신의 뜻을 말씀 드리고 왕을 찾아뵙고 첫째 공주와 혼인을 하겠다고 허락을 청했다.

이윽고 응렴의 혼인식은 화려하고 장대하게 치러졌다. 혼인식에 참석한 범교사도 진심으로 두 사람의 혼인을 축하해 주었다.

그런데 호사다마라고 했던가? 혼인식을 치른 지 3개월을 넘기지 못하고 헌안왕은 그만 병석에 드러눕게 되었고 그 길로 영영 돌아오지 못할 불귀의 객이 되고 말았다.

헌안왕이 승하하자 아들이 없었던 관계로 당연히 부마인 응렴이 왕위를 물려받았으니 그가 곧 경문왕이다.

응렴이 왕위에 오른 뒤 범교사가 찾아와 이렇게 말했다.

"폐하, 들어 보소서! 소신이 전에 폐하께 세 가지 좋은 일이 있을 것이라고 말씀 드렸던 바, 그 첫째는 선왕의 뒤를 이어 보위에 오르신 것이옵고, 둘째는 마음에 있어 하시던 둘째 공주를 얻으신 것이옵고(경문왕은 등극 후 헌안왕의 둘째 공주도 왕비로 맞아들였다), 그로 인해 만백성이 모두 기뻐하니 그것이 바로 셋째이옵니다."

이에 왕이 크게 기뻐하며 범교사에게 금은 보화를 하사하고 대덕 벼슬을 제수하였다.

원앙의 혼

　　신라 경문왕 때 김수길이라는 유명한 사냥꾼이 있었다. 사냥 실력이 얼마나 뛰어났던지 도성에 사는 사람들 중에 그를 모르는 이가 없었다.

　　사람을 잡아먹는 무서운 호랑이나 몸집이 집채만 한 포악한 멧돼지도 일단 수길의 눈에 띄기만 하면 그 즉시 죽은목숨이나 진배없었다.

　　수길은 뛰어난 활 솜씨와 검술을 갖춘 데다 맹수에 대한 해박한 지식까지 두루 꿰고 있어 그야말로 당대 최고의 사냥꾼이었다.

　　수길은 사시사철 때를 가리지 않고 사냥 길에 올랐는데 그날따라 유독 사냥이 하고 싶은 생각이 들어 아침을 먹자마자 곧장 활과 전동을 챙겨 집을 나섰다.

　　도성을 빠져 나와 산길에 오르자 수길은 사냥감을 찾기 위해 주위를 두리번거리며 두 눈을 번득였다.

　　쉴새없는 긴장감이 숲의 정적과 함께 팽팽하게 이어졌고 화살을 쥔 손바닥에 끈적거리며 식은땀이 배어 나왔다.

　　웬일인지 산속은 쥐죽은 듯이 조용했다. 커다란 맹수는커녕 작은 산토끼 한 마리도 수길의 눈에 잡히지 않았다. 마치 살아 있는 생물이라곤 수길 혼자인 것처럼 산 전체가 깊은 정적에 휩싸여 있었다. 가끔 푸드득거리며 날아가는 산새들의 날갯짓 소리만 숲의 정적을 깨트릴 뿐이었다.

이미 단풍이 든 지도 오래여서 산길에 수북이 쌓인 낙엽을 밟는 수길의 발자국 소리는 조심스러웠다. 산중에 사는 짐승들은 귀가 밝아 아주 작은 소리에도 예민해져서 자신의 은신처에 몸을 숨기거나 아니면 더 깊은 산속으로 달아나 버리기 때문이다.

그날 수길이 해질 무렵까지 사냥감을 찾아 온 산을 헤매 다녔지만 거짓말처럼 단 한 마리의 짐승도 발견할 수가 없었다. 수길이 사냥꾼이 되고 난 후 생전 처음 있는 일이었다. 맹수는 고사하고라도 산토끼 한 마리라도 잡아가야 이름 난 사냥꾼으로서 수길의 체면이 설 판인데 온종일 산짐승의 그림자조차 구경하지 못한 것이다.

수길은 터벅터벅 산을 내려왔다. 화살을 멘 어깨에 턱없이 힘이 빠져 있었다. 그러나 수길의 눈빛만은 여전히 살아 움직였다. 산을 다 내려올 때까지 언제 어디에서 어떤 짐승이 튀어나올지 모르는 상황이 수길의 긴장감을 끝까지 물고 늘어졌다.

산을 내려온 수길은 어둑어둑해지는 들판을 가로질러 갔다. 이미 오늘 사냥은 망친 듯싶었다.

들판이 다 끝나갈 무렵 키를 덮을 만큼 큰 억새가 우거진 연못이 나타났다. 연못에는 철새들이 한가로이 물고기를 잡아 먹으며 노닐고 있었다.

수길은 지는 해를 배경으로 연못 위에 떠 있는 철새들을 멍하니 바라보다가 문득 사냥감을 발견한 맹수처럼 눈을 번득였다. 풀이 우거진 연못 한 기슭에 원앙 두 마리가 다정하게 몸을 기대고 있었던 것이다.

수길은 조용히 어깨에 멘 활을 한 손에 쥐고 다른 손으로 전동에서 화살을 꺼내 들었다. 천천히 시위를 당기며 수길은 온 정신을 한데 모았다. 화살 끝을 정확히 원앙 한 마리의 심장에 겨누고 화살을 놓았다. 바람을 가르며 날아간 화살은 정확히 원앙의 가슴을 관통했다. 화살에 맞은 원앙은 울음소리도 내지 못하고 그자리에 푹 고꾸라졌다.

수길이 속으로 쾌재를 부르며 달려갔을 때 나머지 한 마리는 이미 어디론가 사라지고 보이지 않았다.

수길은 흡족한 마음으로 화살에 맞은 원앙을 집어 들었다. 그런데 이상하게도 죽은 원앙의 머리가 없었다. 날카로운 것에 잘려나간 듯 목 부분엔 아직도 피가 흘러나오고 있었다.

분명 화살은 원앙의 심장을 관통했는데 머리가 없어지다니⋯⋯. 수길은 이상한 생각이 들어 주위를 샅샅이 훑어보았다.

그러나 아무리 찾아보아도 원앙의 머리는 보이지 않았다. 날이 어두워져 컴컴해질 때까지 원앙의 머리를 찾던 수길은 그냥 집으로 돌아올 수밖에 없었다.

집에 돌아와서도 저녁 내내 수길의 마음은 석연치 않았다.

'참으로 괴이한 일이로다⋯⋯.'

찝찝한 기분을 떨쳐 버릴 수 없어 밤이 깊도록 술잔을 기울이던 수길이 깜빡 졸음에 빠졌다. 하지만 어디선가 희미하게 들려 오는 여인의 흐느낌 소리에 곧 잠에서 깨어났다.

눈을 뜬 수길은 흠칫 놀랐다. 자신의 앞에 놓인 술상 맞은편에 아리따운 여인이 앉아 수길을 바라보며 서럽게 흐느끼고 있었다.

"누⋯⋯누구냐?"

그렇게 묻는 수길의 목소리는 가느다랗게 떨렸다.

"흑흑……흑……! 당신은 어찌 그리도 무정하십니까?"

여인은 애처롭게 흐느끼며 수길을 바라보았다.

"무정하다니? 그게 무슨 말이냐?"

여인은 울음 섞인 목소리로 수길에게 말했다.

"저는 오늘 저녁 당신이 쏜 화살에 맞아 죽은 원앙의 아내입니다."

여인의 말을 들은 수길은 귀신에 홀린 것처럼 등골이 오싹했다.

"원앙의 아내라니……? 한낱 미물에 불과한 날짐승이 어찌 사람의 모습으로 나타날 수 있단 말이냐?"

수길의 말에 여인은 여전히 눈물을 흘리며 대답했다.

"한낱 미물일지라도 남편과 저는 행복했습니다. 당신이 나의 남편을 화살로 쏘아 죽이지만 않았더라면 우리는 더 오래오래 행복하게 살 수 있었을 것입니다. 그러나 오늘 저녁 남편은 죽고 저는 혼자가 되고 말았습니다. 제가 이렇게 사람의 모습으로 당신을 찾아온 이유는 저 또한 죽여달라는 말씀을 드리기 위해서입니다. 남편이 없는 세상에 제가 살아야 할 아무런 이유나 까닭이 없습니다. 그러니 내일 날이 밝거든 연못으로 와서 저를 화살로 쏘아 죽여 주세요. 저는 어제 남편이 화살에 맞아 죽은 그자리에 있겠습니다. 제 말이 믿어지지 않으시면 저를 죽인 다음 제 한쪽 날개 밑을 한 번 보세요. 남편이 화살에 맞았을 때 제가 재빨리 남편의 목을 물어뜯어 그 속에 감추어 두었으니까요. 제발 제 소원을 들어주세요."

이야기를 마친 여인은 자리에서 일어나 홀연히 사라졌다. 여인을 붙잡으려고 손을 뻗다가 수길은 잠에서 깨어났다. 술상은 그대로 앞에 놓여 있었고 방에는 자신 외에 아무도 없었다. 수길은 불길한 느낌이 들어 다시 잠을 이룰 수가 없었다.

'어허……! 내가 몸이 허약해졌는가? 이런 황당한 꿈을 꾸다

니……'

그러나 마음 한구석은 어서 아침이 밝기만을 기다리고 있었다.

뜬눈으로 밤을 지샌 수길은 아침도 먹지 않고 화살과 전동을 챙겨 들고 곧장 어제 원앙을 사냥했던 연못으로 갔다.

연못에는 떠오르는 아침 햇살을 받으며 서로 물고기를 많이 잡아먹으려는 물새들의 날개 소리로 부산했다.

수길의 눈길은 자연스럽게 어제 자신이 원앙을 쏘아 죽였던 기슭으로 향했다. 그런데 과연 어젯밤 꿈속에 나타났던 여인의 말처럼 그곳에는 원앙 한 마리가 고개를 푹 숙이고 힘없이 앉아 있었다.

수길은 망설이지 않을 수 없었다.

'그렇다면 그 말이 사실이란 말인가?'

모든 것들이 혼란스러웠고 자신이 지금 연못가에 서 있는 것도 꼭 꿈처럼 느껴졌다. 원앙은 수길을 바라보며 애처롭게 울었다. 울음소리는 마치 어서 죽여달라는 소리로만 들려 수길의 마음을 더욱 아프게 했다.

잠시 후 수길은 천천히 시위를 당겼다. 가느다랗게 떨리는 손끝은 어제의 그것과는 너무나도 달랐다. 화살은 정확히 원앙의 가슴에 꽂혔고 수길은 참담한 심정으로 원앙에게로 걸어갔다. 원앙은 이미 숨이 끊어져 있었다. 수길은 원앙의 한쪽 날개를 들춰 보았다. 여인의 말처럼, 아니 죽은 원앙의 말처럼 날개 속에는 어제 잡은 원앙의 머리가 들어 있었다.

수길의 눈에서 뜨거운 눈물이 흘러내렸다. 수길은 죽은 원앙을 품에 안고 돌아와 어제 잡았던 원앙과 함께 땅에 고이 묻어 주었다.

그후로 수길은 사냥을 그만두고 속세를 떠나 수도의 길을 걸으며 원앙의 영혼과 자신이 사냥한 모든 짐승들의 극락왕생을 빌었다.

신라 진성여왕 때 효종랑이란 화랑이 있었는데 인품이 고매하고 학덕이 높아 그를 따르는 낭도들이 많았다.

어느 해 봄 효종랑이 포석정에서 여러 낭도들과 함께 꽃놀이를 즐기고 있었다. 그때 낭도 두 사람이 눈물을 흘리며 효종랑을 찾아왔다.

낭도들의 눈물을 본 효종랑은 놀라 물었다.

"아니, 무슨 일이오?"

두 사람은 고개를 떨구고 다시 서럽게 울더니 대답했다.

"오는 길에 하도 애처로운 일을 보게 되어서 그만……."

효종랑은 궁금한 표정으로 재차 물었다.

"말해 보시오. 무슨 일을 보았기에 그리 눈물을 흘린단 말이오?"

잠시 후 겨우 눈물을 그친 낭도 한 사람이 입을 열었다.

"저희 둘이서 이곳으로 오는 길에 작은 민가를 지나게 되었는데, 그 집 마당에서 눈먼 어머니와 그 딸이 서로 부둥켜안고 서럽게 울고 있었습니다."

어린 소녀 지은은 병든 아버지와 앞 못 보는 어머니와 함께 살았는데 얼마 전 아버지가 병으로 세상을 떠난 후에는 비록 어린 몸이지만 남의 집에 품을 팔아 눈먼 어머니를 봉양하며 하루하루 어렵게 살아가고 있었다.

아침부터 저녁까지 힘든 일을 마다하지 않고 열심히 했다. 하지만 그 대가는 겨우 어머니와 함께 지어 먹을 수 있는 저녁밥 한끼 정도의 곡식밖에 되지 않았다.

그래도 지은은 어머니께 밥 한끼라도 지어 드릴 수 있다는 생각에 일이 끝나면 기쁜 마음으로 집으로 돌아와 정성을 다해 어머니를 모셨다.

앞을 보지 못해 집밖으로 나갈 수조차 없는 지은의 어머니는 어린 딸이 고생하는 것을 생각하면 밥이 목구멍으로 제대로 넘어가지 않았다. 하지만 자신마저 없으면 지은이 외톨이로 남게 된다는 생각에 눈물을 숨기면서 억지로라도 밥을 먹었다.

그로부터 얼마 후 소녀 지은은 다행히 그들의 사정을 딱하게 여긴 부잣집에서 허드렛일을 할 수가 있었고, 보수도 훨씬 나아져 저녁 한 끼만이 아니라 하루 세끼 밥은 다 먹을 수 있게 되었다.

지은은 아침에 일을 나가면서 꼭 어머니의 아침상을 챙겨 드렸고 점심때에도 잠깐 집에 들러 어머니의 점심상을 보아 드렸다.

그리고 일하는 부잣집에 어쩌다 잔치라도 있어 맛있는 음식을 얻게 되면 자신은 입도 대지 않고 그대로 어머니께 모두 갖다 드렸다.

그렇게 생활이 조금씩 나아지게 되었지만 그럴수록 지은의 어머니의 심사는 더욱 불편했다. 하루 세끼를 먹게 된 것이나 지은이 좋은 음식을 가져오는 날이면 어린것이 얼마나 고생을 했을까 하는 생각에 가슴이 미어지는 것만 같았기 때문이었다.

그런 심정의 지은 어머니였기에 내색은 하지 않고 지냈지만 갈수록 입맛이 없어지고 눈에 띄게 살이 빠졌다.

그날도 지은은 어머니의 점심상을 차리기 위해 잠시 짬을 내어 집으로 돌아왔다. 그때 지은은 마루에서 울고 있는 어머니를 보고 깜짝 놀라지 않을 수 없었다.

　　지은은 급히 어머니에게로 달려가 어머니를 부여안고 물었다.

　　"어머니, 무슨 일이세요? 어디가 편찮으세요?"

　　지은의 어머니는 지은을 붙잡고 여전히 눈물을 흘리며 말했다.

　　"아니다, 아가! 나 때문에 고생하는 어린 네가 너무 가엾고 불쌍해서 그런단다!"

　　지은은 어머니의 무릎에 얼굴을 묻으며 서럽게 흐느꼈다.

　　"어머니, 제 걱정은 마세요. 어머니께서 안 계시면 저 혼자 어찌 살겠어요? 저는 어머니와 이렇게 함께 사는 것만으로도 너무 행복해요. 그러니 어머니 그만 눈물을 거두세요!"

　　그렇게 말하며 서럽게 울자 어머니가 지은의 등을 다독거리며 달랬다.

　　"아가, 울지 마라. 내가 잘못했다. 내가 한 말이 네 마음을 상하게 했다면 이 어미를 용서해다오, 아가."

　　"아니에요, 어머니! 어머니를 바로 모시지 못한 저를 용서해 주세요."

　　지은은 어머니를 껴안고 목놓아 울었다.

　　두 모녀는 서로를 다독거리며 한동안 서럽게 울었다. 울음소리를 듣고 이웃 사람들은 물론 길을 가다가 담 너머로 그 모습을 지켜보고 서 있던 모든 사람들이 애써 넘쳐 흐르는 눈물을 삼켰다.

　　마당 가득 쏟아지는 햇살이 불쌍한 두 모녀의 가느다랗게 떨리는 어깨를 애처롭게 비추고 있었다.

　　이야기를 전해 들은 효종랑의 눈에도 희미한 안개가 서리는 듯했다. 효종랑만이 아니라 주위에서 그 얘기를 듣고 있던 모든 낭도들의 눈에도 뿌연 물안개 같은 것이 어렸다.

효종랑은 곧 눈물을 거두고 말했다.

"나는 불쌍한 그 모녀를 그냥 둘 수가 없소! 세상의 가장 큰 근본은 효행일진대 어린 나이에 앞 못 보는 어머니를 위해 그토록 고생을 하다니 어찌 그냥 보고만 있을 수 있겠소? 나는 쌀 백 섬을 내어 그 모녀를 도울 것이오!"

효종랑의 말이 끝나자마자 그곳에 모인 여러 낭도들은 저마다 옷감을 내겠다, 돈을 내겠다, 곡식을 내겠다 하며 지은을 돕기로 결의했다.

효종랑은 서둘러 집으로 돌아와 아버지에게 지은의 일을 말씀드리고 도움을 청했다. 그 말을 들은 효종랑의 아버지 또한 불쌍한 지은 모녀를 위해 곡식과 옷감을 내놓았다.

그후 지은의 이야기를 들은 진성여왕은 집 한 채와 쌀 5백 섬을 하사하고 군사 둘을 주어 지은의 집 주변을 도둑으로부터 지키게 하니 사람들이 지은이 사는 마을을 일러 효양방이라고 불렀다.

신라 제일의 명궁

매서운 폭풍은 며칠째 수그러들 기미조차 보이지 않았다. 오히려 하루하루가 지날수록 그 기세를 더해 가는 것만 같았다.

신라 진성여왕의 막내 아드님이신 양패공을 모시고 당나라로 사신의 길을 떠나던 일행은 바다에서 만난 이상한 구름의 조화로 벌써 이곳 흑도에 표류한 지 십 며칠을 넘기고 있었다.

그러나 어찌 된 일인지 폭풍은 날로 심해지기만 할 뿐, 좀처럼 가라앉지 않고 있었다. 며칠을 작은 동굴 속에서 날씨가 개기만을 기다리던 일행은 저마다 답답한 마음으로 노심 초사하고 있었다.

양패공을 호위하는 무사들을 제외하고 배에서 가장 우두머리격인 늙은 사공은 배가 흑도에 표류하던 그날부터 묵묵히 저 혼자의 생각에 잠겼다.

어려서부터 바다에서 잔뼈가 굵은 사공은 아무래도 이번 일이 예삿일 같지 않다는 생각이 들었다. 폭풍을 몰고 온 구름의 모양도 이상했거니와 이렇게 며칠이고 비바람이 계속되는 것을 지금껏 본 적이 없었기 때문이다.

늙은 사공은 한참을 망설이는 눈치이더니 조심스럽게 양패공 앞에 나아가 머리를 조아리고 여쭈었다.

"아무래도 이번 폭풍은 다른 폭풍과는 조금 다른 듯합니다."

사공의 말에 양패공이 눈을 크게 뜨며 말했다.

"이상하다니? 뭐가 이상하다는 말이냐?"

사공이 다시 한 번 머리를 조아리며 대답했다.

"소인의 미천한 생각으로는 아마도 이 폭풍은 용신의 재앙이 아닌가 하옵니다."

"용신의 재앙이라? 음……, 그렇다면 어찌해야 한다는 말이냐?"

"송구하오나 양패공께서 친히 용신에게 제사를 드리면 무슨 방도가 있지 않을까 하옵니다."

사공의 말을 들은 양패공은 잠시 생각에 잠겼다. 벌써 며칠째 이렇게 몰아치는 폭풍우라면 언제 배를 띄워 당나라에 도착하겠으며, 또 이 섬에서 마냥 지체하다가는 가져온 식량도 다 떨어질 것이었다.

양패공은 곧 모든 일행들과 함께 내리는 비를 맞으며 경건한 마음으로 용신에게 몸소 제사를 지냈다.

그날 밤 양패공의 꿈속에 흰 수염을 기다랗게 늘어뜨린 노인 한 사람이 나타나더니 양패공을 호위하는 무사 중에서 활 솜씨가 뛰어난 이를 이 섬에 남겨 두고 떠나면 폭풍이 그치고 뱃길 또한 무사할 것이라는 말을 남기고 사라졌다.

이튿날 잠에서 깬 양패공은 곧 모든 일행들을 불러 간밤에 꾸었던 꿈 이야기를 들려주며 자신을 호위하는 무사들에게 나무 패에다 저마다의 이름을 새기도록 명하였다.

무사들이 나무 패에다 각자의 이름을 새기자 양패공은 이 나무 패들을 바다에 던지도록 다시 명했다. 바다에 던져진 나무 패들은 거센 파도 위로 이리저리 떠다니는데 놀랍게도 그 중 하나가 바닷물 속으로 쏙 빨려 들어갔다가 잠시 후 다시 올라왔다.

신하들이 그것을 건져 보니 나무 패의 주인은 '거타지'라는, 무사들 중에서도 활 솜씨가 가장 뛰어나기로 소문난 궁사였다.

양패공은 거타지를 친히 불러 섬에 남을 것을 명하자 기적처럼 하늘이 천천히 개기 시작했다. 일행은 놀라우면서도 두려운 마음에 서둘러 떠날 채비를 마쳤다. 배는 바람을 타고 잔잔한 수면 위로 미끄러지듯 떠나고 거타지는 속수무책으로 바위에 서서 한 손으로 어깨에 멘 커다란 화살만을 만지작거릴 수밖에 없었다.

배가 수평선 너머로 흔적도 없이 사라지자 거타지는 천천히 섬을 둘러보기 시작했다. 섬에는 이렇다 할 맹수도 사람의 자취도 찾아볼 수 없었다. 그저 사위를 짓누르는 듯한 고요만이 거타지의 마음을 활시위처럼 팽팽하게 조여 올 뿐이었다.

그렇게 한참을 돌아다니던 거타지가 제법 큰 연못을 발견하고는 연못가 나무 그늘에 앉아 잠시 몸을 쉬려 할 때였다. 무엇인지 알 수 없는 서늘한 기운이 거타지의 등허리를 빠르게 훑고 내려갔다. 일순 위협을 느낀 거타지는 화살을 잰 시위를 힘껏 잡아당기며 재빠르게 뒤로 몸을 돌렸다.

거타지가 겨누고 있는 활의 끝에는 흰옷을 입고 머리와 수염이 온통 하얀 노인이 서 있었다. 노인의 눈빛은 겁에 질린 것 같기도 했고 무엇인가를 애원하는 눈빛 같기도 했다.

노인은 정중한 목소리로 거타지에게 말했다.

"두려워 마시오. 나는 이 연못에 사는 용신이오."

거타지는 화살을 거두지 않은 채 말을 받았다.

"노인장이 양패공의 꿈에 나타나서 나를 이곳에 남겨 두게 한 그 용신이란 말이오? 도대체 이유가 무엇이오? 나를 잡아먹기라도 하겠다는 말이오?"

거타지의 거침없는 말에 노인은 애원하는 투로 말했다.

"아니오. 내가 궁사에게 부탁할 것이 있어서 그랬소."

노인의 간절한 말투에 거타지는 한동안 머뭇거리다가 겨누었던 화살을 내려놓았다.

"그래, 내게 부탁할 것이 무엇이란 말이오? 어디 들어 보기나 합시다."

노인은 다소 떨리는 목소리로 말을 이었다.

"나는 몇 백년 동안 이 연못에서 일가를 이루며 살고 있었는데 얼마 전부터 동이 틀 무렵이면 어김없이 하늘에서 사미승이 내려와 다라니경을 외우며 연못을 도는데 신기하게도 세 바퀴를 돌고 나면 우리 일가들의 몸이 물 속에서 연못 위로 저절로 떠오르게 되지요. 그러면 사미승은 우리들 중에서 제일 살찐 한 마리를 잡아먹고는 다시 하늘로 올라간답니다. 그러다 보니 이제 우리 일가들은 거의 다 잡아먹히고 우리 늙은 내외와 딸아이 하나만이 남게 되었소. 그래서 이래저래 방도를 궁리하다가 명궁으로 이름 난 그대가 이곳 앞바다를 지나간다는 것을 알고는 폭풍으로 그대가 탄 배를 잡아 이렇게 도움을 청하는 것이오. 부디 남은 우리 일가를 구해 주시오."

말을 마친 노인의 눈에는 희미하게 눈물이 내비쳤다. 거타지는 잠시 생각에 잠겼으나 문득 노인의 말이 사실인지 아닌지 확인해 보고 싶은 생각이 들었다.

"그렇다면 내가 어찌하면 되겠습니까?"

거타지의 말에 노인은 반가운 기색으로 얼른 대답했다.

"어렵지 않소. 내일 아침이면 또 그 사미승이 하늘에서 연못으로 내려올 터이니 그때 화살로 그 사미승을 쏘아 죽여 주시오."

노인의 말에 거타지는 알았노라고 승낙을 하고는 그날 밤을 연못가 풀이 우거진 곳에서 숨어 보냈다.

깜빡 잠이 들었다고 생각했는데 싸늘한 새벽 한기가 온몸을 감싸 거타지는 얼른 잠에서 깨어났다. 먼 동쪽으로 희미하게 여명이 밝아 오고 있었다.

노인의 말이 사실인지 확인하기 위해 거타지는 화살을 활에 잰 채 꼼짝도 않고 풀숲에 숨어 연못 주위를 뚫어지게 바라보고 있었다.

그러나 잠시 후, 노인의 말은 곧 사실로 드러났다. 하늘에서 홀연히 나타난 사미승이 연못 주위를 돌며 다라니경을 외우자 연못 위로 용 세 마리가 그 모습을 드러냈다. 사미승은 입맛을 당기며 그중 한 마리를 연못 밖으로 끌어내려 하고 있었다.

거타지는 그제야 정신을 차리고 활을 겨누었다. 가슴은 터질 듯이 두근거렸지만 정신은 조금씩 또렷해져 활시위에 팽팽하게 힘이 들어갔다.

숨을 잠시 멎은 다음 거타지는 활시위를 놓았다. 시위를 떠난 활은 바람보다 빠르게 날아가 사미승의 가슴에 정통으로 꽂혔다. 사미승은 비명조차 없이 그대로 꼬꾸라졌다.

거타지가 달려갔을 때 이미 사미승은 사지를 부들부들 떨면서 붉은 선혈을 입으로 낭자하게 쏟아내고 있었다. 더욱 놀랍고 기괴한 것은 죽은 사미승이 다름 아닌 늙고 커다란 여우였다는 사실이었다.

거타지가 놀라 그자리에 우뚝 서 있는데 어제의 그 노인이 다시 나타나더니 거타지 앞에 무릎을 꿇었다. 노인은 아내와 딸인 듯한 두 사람과 함께였다.

"고맙소! 무엇으로 이 은혜를 보답하겠소."

거타지는 얼른 노인을 일으켜 세웠다.

"무슨 말씀이십니까? 저렇게 사악한 짐승은 죽어도 마땅합니다."

노인은 아직도 무릎을 꿇고 앉아 있는 딸을 가리키며 말했다.

"아직은 어리고 보잘것없는 아이지만 그대가 거두어만 준다면 평생토록 그대를 하늘처럼 받들고 모실 터이니 그것으로라도 이 은혜를 갚을 수 있도록 하여 주시오. 그렇게만 해준다면 우리 두 늙은 내외 여생을 편하게 살 것 같소."

거타지는 노인의 딸을 찬찬히 바라보았다. 태어나 지금까지 본 적 없는 절색 중의 절색이었다. 눈부시게 떠오르는 아침 햇살에 얼굴을 붉히는 그 모습은 더욱 아름답고 신비하게 느껴졌다. 어느새 신라 제일의 명궁 거타지의 얼굴도 장밋빛으로 물들었다.

이후 무사히 신라로 돌아온 거타지와 딸은 부부의 연을 맺어 한평생 행복하게 살았다고 한다.

부덕이 낳은 기적

박 부자는 참담한 표정으로 자리에 누워 잠든 아들의 얼굴을 내려다보았다. 하나밖에 없는 외아들의 얼굴에는 고름이 잔뜩 밴 종기로 뒤덮여 있어 보기에도 흉측스러웠다.

혼사 날이 며칠 남지 않았는데 아들의 얼굴에 난 종기는 없어지기는커녕 외려 자고 나면 하나둘씩 늘어나기만 했다.

박 부자는 깊은 한숨을 내쉬었다. 어려서부터 영특하고 글재주가 뛰어났던 아들의 몸에 이런 천형天刑 같은 나병이 생긴 것은 장가갈 나이가 된 열일곱 살이 되면서였다.

이제 아들의 나이 열아홉 살, 처음에는 가슴 근처에서 발병한 나균이 이제는 전신으로 퍼져 그 증세가 얼굴에까지 나타났다.

용하다는 의원은 모두 데려다 치료를 받아 보고 좋다는 약은 백방으로 구해 먹여 봤으나 아들의 병세는 호전될 기미를 보이지 않고 날로 나빠져만 갔다.

박 부자의 아들이 몹쓸 병에 걸렸다는 소문은 인근 마을에까지 쫙 퍼졌고 그런 까닭에 어느 누구도 박 부자와 사돈을 맺으려 들지 않았다.

박 부자는 자신의 대에서 후손이 끊어질 것을 생각하면 밤에 잠도 오지 않고 밥 생각도 나지 않았다.

아들의 병이 위중하여 언제 어느때 세상을 뜰지 모르는 판국에 그 안에 혼인을 시켜 어떻게든지 후손을 보아야겠는데 도무지 박 부자의 아들에게 시집 올 처녀가 없으니 그야말로 난감할 뿐이었다.

그도 그럴 것이 아무리 박 부자의 재산이 많다 해도 어느 누가 고이 기른 딸을 나병환자에게 시집 보내려 하겠는가?

박 부자는 인근 마을에서는 며느리를 구할 수 없다는 것을 깨닫고 아주 먼 마을로 매파를 보내 마침내 송씨 성을 가진 처녀와 혼인 날짜를 잡았다.

그런데 혼인 날짜가 일주일도 채 안 남았는데 아들의 얼굴이 저렇게 종기로 짓물러져 있으니 혼사를 치를 수 있을지조차 염려스러웠던 것이다.

박 부자는 아들의 방을 나와 마당에 서서 하늘을 보았다. 산자락을 타고 내려온 소슬바람에 목덜미에 좁쌀만한 소름이 돋았다.

'이를 어찌한단 말인가? 만약 그 집에서 이 사실을 알게 된다면 혼사는 여지없이 깨어지고 말 터인데……'

혼례식 날 아들의 얼굴을 가릴 방법을 밤낮으로 아내와 상의해도 뾰족한 방도는 떠오르지 않았고 결국은 속이 탄 박 부자의 술추렴으로 매번 끝이 났다.

박 부자가 마당에서 하늘을 우러러보며 탄식을 하고 있는데 안채 문이 열리더니 하인을 따라 박 부자의 죽마고우인 김상수의 아들 상하가 들어왔다. 상하는 박 부자의 아들과 연배로 키가 훤칠하고 잘생긴 미남이었다.

박 부자를 따라 방으로 들어간 상하는 큰절을 올린 다음 무릎을 꿇고 앉았다.

"이 밤중에 무슨 일이냐? 집에 무슨 일이라도 생긴 게냐?"

박 부자의 걱정스러운 말에 상하가 머뭇거리며 대답했다.

"늦은 밤에 실례인 줄 아오나 하도 일이 급하게 되어서……."

"음…… 그래 무슨 일이냐?"

박 부자는 일이 급하게 되었다는 상하의 말을 들으며 내심 평소 노름을 즐기는 친구 김상수가 먼젓번에도 밤늦게 자기를 찾아와 노름빚을 갚기 위해 돈을 꾸어 간 일을 떠올렸다.

"어르신께서도 아시겠지만 저희 아버님께서 워낙 노름을 좋아하다 보니 그로 인해 큰일을 내시고 말았습니다. 집에 있는 세간이며 전답을 몽땅 잡히고도 노름을 그만두지 못하시더니 이번에는 몸담고 계시는 관아에서 돈을 빼돌려 노름으로 탕진하고 말았습니다."

박 부자는 묵묵히 입을 다물고만 있었다.

"세간이나 전답은 상관없지만 나랏돈을 빼돌렸으니 그 일이 발각이라도 되는 날에는 아버님은 물론이거니와 저희 식구들의 목숨도 위태롭게 생겼습니다."

상하는 박 부자를 향해 간절한 어조로 말했다.

"그래서…… 염치 불구하고 이렇게 어르신을 찾아뵙게 되었습니다. 면목없는 부탁인 줄 알지만 부디 저희를 살려 주신다 생각하시고 돈을 좀 변통하여 주십시오. 제가 무슨 일이 있어도 꼭 갚아 드리겠습니다."

상하의 말을 듣고 있는 동안 박 부자는 한 가지 꾀를 내었다.

"얼마면 되겠는가?"

박 부자의 말에 상하는 얼굴에 희색을 띠며 대답했다.

"3천 냥이옵니다, 어르신!"

상하의 희색만면한 얼굴을 본 박 부자는 신중한 어조로 말했다.

"그렇다면 내게도 청이 하나 있네. 들어주겠는가?"

"죽은 목숨을 살려 주시는데 무슨 청인들 못 들어 드리겠습니까? 말씀하십시오, 어르신!"

박 부자는 상하를 지긋이 바라보며 입을 열었다.

"내 아들 대신 혼례를 좀 치러 주게. 사흘만 신랑 행세를 하여 며느리를 우리 집에 데려다만 주면 되네. 그 다음 일은 내가 알아서 처리할 테니 아무 걱정 안 해도 될 것이야."

상하는 흠칫 놀랐지만 곰곰이 생각해 보니 박 부자의 청을 거절하기에는 자신의 처지가 너무 다급했다.

"그럼 신방은 어떻게 차린단 말씀이십니까?"

"혼례를 치른 후 갑자기 몸이 아프다고 핑계를 대면 될걸세."

상하는 박 부자의 빈틈 없는 계책에 혀를 내두를 만큼 놀라워하면서도 병든 자식을 둔 부모의 마음을 얼추 헤아릴 수도 있을 것 같아 하는 수 없이 승낙을 하고 말았다.

다음날부터 모든 일은 박 부자의 계획에 따라 일사천리로 진행되었다. 혼례는 당연히 상하가 대신 치렀고 신부 집에 머무는 사흘 동안 몸이 아프다는 핑계로 신부와 합방하지 않고 박 부자의 며느리를 처녀의 몸으로 데려올 수 있었다.

상하는 박 부자의 집에 도착하자마자 신부에게 한마디 말도 없이 서둘러 집으로 돌아갔고 모든 사실을 알게 된 박 부자의 며느리는 하룻밤을 뜬눈으로 꼬박 새우고 새벽 무렵 본가로 돌아가 버렸다.

박 부자는 다시 근심에 싸여 아예 몸져눕고 말았다. 그러나 일은 그것으로 끝나지 않았다.

한때 박 부자의 며느리로 들어왔던 송씨 처녀 집에서는 이미 혼례를 치른 딸을 다른 곳으로 시집 보낼 수 없다며 박 부자에게 혼례를 치른 신랑을 찾아달라고 성화를 부렸다.

박 부자 집 이야기는 삽시간에 온 동네에 소문이 퍼졌고 박 부자의 친구인 김상수의 귀에도 들어갔다. 김상수는 잘못하다가는 아들 상하가 위장 결혼한 죄로 옥살이를 할지도 모른다는 생각에 식구들을 모아 놓고 의논했다.

그러나 전후 사정을 두고 볼 때 방법은 하나밖에 없었다. 비록 상하가 박 부자의 부탁으로 대신 혼례를 치렀다 하더라도 일단 혼례를 치른 이상 모른다고 발뺌할 수는 없는 노릇이었다.

김상수는 한동안 고민에 빠져 있다가 아들 상하에게 말했다.

"어쩔 수 없다. 네가 그리 싫지만 않다면 혼례를 치른 그 처자를 집에 데려와 살도록 해라."

"알겠습니다."

상하는 지금 처한 상황이 그럴 수밖에 없긴 했지만 혼례를 치른 처자가 그리 싫은 것은 아니어서 흔쾌히 대답했다.

"그런데 아버님……."

곁에서 두 사람의 얘기를 듣고 있던 상하의 동생 상아가 조심스럽게 입을 열었다. 두 사람의 시선이 자연스럽게 상아에게로 옮겨갔다.

상아는 근심스러운 표정으로 아버지에게 말했다.

"아버님의 말씀대로 하신다면 박 부자 어른이 너무 가엾지 않습니까? 병든 자식이나마 후대를 생각해서 그리 한 것인데 이제 오라버니가 혼례를 치른 송씨 댁 처자를 집으로 데려온다면 박 부자 어른에게 남은 것이 무엇이겠습니까?"

상아의 말을 듣고 보니 김상수 또한 친구에게 못할 짓을 하는 것 같아 기분이 언짢았다. 상하도 가만히 고개를 숙였다.

"그렇다면 무슨 다른 방도라도 있는 게냐?"

아버지의 물음에 상아는 또렷한 목소리로 대답했다.

"제가 박 부자 어른 댁의 며느리로 가겠습니다."

김상수와 상하는 동시에 놀란 표정으로 상아를 쳐다보았다. 상아는 두 사람의 시선은 아랑곳하지 않고 이미 마음을 굳힌 듯 당당한 표정이었다.

처음에는 안 될 일이라고 펄쩍 뛰던 김상수는 상아의 끈질긴 설득과 고집에 조금씩 마음이 기울어져 갔다. 아들 상하는 그에 대해 아무 말도 하지 못하고 가만히 앉아만 있었다.

박 부자와 죽마고우인 김상수 자신도 생각해 보니 박 부자에게 해준 것이라곤 무엇 하나 내세울 만한 게 없었다. 언제나 노름빚을 꾸어다 썼을 뿐 박 부자의 아들이 나병에 걸렸다는 소식을 접하고도 변변한 약재 한번 가져다 준 적이 없었던 것이다.

김상수는 새벽녘까지 노심초사하다가 결국 상아의 말대로 하기로 결정했다. 상아의 뜻도 뜻이려니와 박 부자를 위해 친구로서 자신이 할 수 있는 가장 큰 우정의 답례이기도 했다.

그렇게 해서 상아는 박 부자의 아들과 혼례를 치르게 되었다. 박 부자는 김상수가 모든 사실을 알고 있으면서도 하나뿐인 딸 상아를 며느리로 준 것이 너무도 고마웠고, 며느리인 상아에 대해서도 눈물겹도록 고마워했다.

혼례를 치른 다음날부터 상아는 혼자 남편의 병 수발을 들었다. 하인들조차 들어가기 꺼려하는 남편의 방에서 같이 먹고 자면서 온갖 궂은일을 도맡아 했다.

남편의 전신에 번진 종기에서 피고름을 닦아내고 목욕을 시켰으며 냄새 나는 빨래도 서슴지 않고 혼자 해냈다.

그러나 한 해가 가고 두 해가 가도록 남편의 병세는 호전될 기미를 보이지 않았다. 갈수록 종기는 커져만 갔고 얼굴에 난 종기가 입술에까지 번져 그나마 간신히 하던 말도 이제는 할 수 없게 되었다.

　　그 무렵 상아는 조금씩 지쳐 갔다. 시아버지인 박 부자의 사랑과 자애가 극진했지만 시어머니는 또 달랐다. 처음에는 딸처럼 잘해 주더니 해가 바뀔수록 손자 타령을 하며 그것을 병든 아들보다는 며느리 탓으로 돌리기 일쑤였다.

　　또한 병든 남편을 건사하는 일은 보통 사람이 혼자 몸으로 할 수 있는 일이 아니었다. 게다가 집안일까지 신경을 써야 하니 상아의 몸은 갈수록 야위어만 갔다.

　　상아가 시집 온 지 3년째 되던 가을 어느 날이었다.

　　고된 하루를 보내고 방으로 들어온 상아는 불을 끄고 자리에 누웠다. 음력 9월 보름날이라서 그런지 불을 꺼도 달빛이 비쳐 든 방 안은 대낮처럼 환했다.

　　상아는 잠든 남편의 얼굴을 무심히 바라보다 왈칵 눈물을 쏟고 말았다. 시집 온 지 3년이 지나도록 단 한번도 상아를 품에 안은 적이 없는 남편과 남편 품에 단 한번도 안겨본 적 없는 자신이 불쌍하고 가련하게 느껴졌던 것이다.

　　상아의 볼을 타고 흐르던 눈물은 금세 베개를 흥건히 적셨다. 상아는 자리에서 일어나 남편의 얼굴을 가만히 만져 보았다. 남편의 얼굴은 이제 사람의 형상으로도 보이지 않을 만큼 온통 종기로 뒤덮여 있었다.

　　'불쌍한 사람…….'

　　상아는 더 이상 살아갈 의미가 없다고 느꼈다. 남편 또한 언제 죽을지 모를 운명이었고 이제 그만 고된 삶을 끝내고 싶었다.

상아는 장롱 속에서 비상砒霜을 꺼내 대접에다 털어 넣고 물을 부었다. 그것은 시집 올 때 만일을 위해 준비해 온 것이다.

상아는 일어서서 부모님이 계신 곳을 향해 마지막으로 큰절을 올렸다. 자식된 도리를 다하지 못하고 부모님 가슴에 지울 수 없는 상처를 남긴다고 생각하니 상아는 설움이 복받쳐 절을 한 상태에서 일어서지 못하고 한동안 소리 없이 흐느껴 울었다.

그런데 그 순간 상아의 남편은 잠결에 목이 말랐던지 머리맡에 놓인 자리끼를 찾다가 대접이 손에 닿자 그 물을 벌컥벌컥 단숨에 들이켜 버렸다.

흐느끼던 상아는 남편이 물 마시는 소리에 놀라 얼른 대접을 빼앗으려 하였으나 남편은 대접의 물을 한 방울도 남기지 않고 모두 마신 뒤였다.

"여, 여보!"

상아는 갑작스레 벌어진 일에 놀라 저절로 손으로 입을 가렸다. 남편은 갈증이 심했던지 상아에게 물을 더 달라고 손짓을 했다. 상아는 놀란 가슴을 가까스로 가라앉히고 주전자를 들어 대접에 물을 따라 주었다.

그런데 물을 마시던 남편은 갑자기 물을 방바닥에 쏟아 부으며 좀 전에 자신이 마셨던 물을 달라는 시늉을 했다.

상아가 자꾸만 주전자의 물을 따르자 남편은 화를 내며 대접을 집어 던져 버렸다. 대접은 벽에 부딪혀 산산조각이 났고 놀란 상아의 비명이 뒤를 이었다.

안방에서 그 소리를 들은 박 부자가 황급히 달려와 방문을 열었다.

"무슨 일이냐?"

"……."

상아는 말을 잃고 멍청히 서 있었다. 박 부자는 아들이 물을 달라는 시늉을 금방 알아차리곤 하인을 시켜 냉수를 가져오게 했다.

그러나 물맛을 본 아들은 자꾸만 물을 방바닥에 쏟아 부으며 그 물이 아니라는 시늉만 했다.

몇 번이고 그 일이 반복되자 박 부자는 무슨 사연이 있음을 눈치채고 상아에게 자초지종을 물었다.

상아는 눈물을 쏟으며 그 밤에 일어난 일을 시아버지 앞에 낱낱이 고했다. 그 말을 들은 박 부자의 눈시울도 촉촉이 젖었다.

'어린것이 얼마나 마음고생이 심했으면 죽을 마음을 먹었을꼬…….'

며느리의 말을 듣자니 박 부자의 마음도 찢어질 듯 아팠다. 박 부자는 아들의 모습을 처연하게 내려다보았다.

아들은 이제 아예 스스로 옷을 쥐어뜯으며 비상 탄 물을 달라고 야단이었고 찢어진 옷 사이로 드러난 몸에서는 종기가 터져 악취가 진동했다. 아무리 아들이었지만 박 부자가 보기에도 끔찍한 모습이었다. 모두들 얼굴을 돌리며 그 모습을 외면했다.

박 부자는 하인을 시켜 비상을 가져오게 했다. 상아는 눈물을 흘리며 말렸지만 박 부자는 하나뿐인 아들을 짐승의 모습이 아닌 인간의 모습으로 죽게 하고 싶었다.

박 부자는 직접 물에다 비상을 타서 아들에게 주었다. 물맛을 본 아들은 허겁지겁 그 물을 들이켰다. 아들은 비상 탄 물을 한 주전자나 마시고서야 겨우 갈증이 가신 듯 잠에 곯아떨어졌다.

박 부자는 하인을 시켜 장례 준비를 시켰다. 상아는 남편 곁에 앉아 뜬눈으로 밤을 지샜다. 얼마나 울었던지 제대로 눈을 뜰 수가 없었다.

희미한 여명이 동쪽 하늘을 비추더니 이내 선홍빛 햇귀가 은은히 타올랐다. 이어 창문으로 부신 햇살이 쏟아져 들어왔다.

상아는 남편의 죽음을 차마 두 눈으로 확인할 수가 없어 고개를 돌린 채 앉아 있었다. 그런데 죽은 줄로만 알았던 남편의 입에서 가느다란 숨소리가 새어 나오는 것이 아닌가.

상아는 얼른 고개를 돌려 남편을 쳐다보았다. 남편은 죽은 것이 아니었다. 그뿐만이 아니라 놀라운 기적이 일어났다.

눈부신 햇살에 비친 남편의 얼굴은 어젯밤보다 몰라보게 달라져 있었다. 종기에 고였던 피고름이 깨끗하게 없어지고 그 위에 딱지가 붙어 있었다.

상아는 너무나 놀라 큰소리로 박 부자를 불렀다. 아들의 얼굴을 본 박 부자는 자신의 눈을 의심했다. 이내 박 부자와 상아의 눈에는 기쁨의 눈물이 흘러 넘쳤다.

그로부터 10여 일이 지난 후 박 부자의 아들은 예전처럼 정상의 몸으로 돌아왔다. 이를 두고 사람들은 상아의 정성이 하늘에 닿아 남편을 살렸다며 두고두고 칭찬하였다.

　기원전 108년 삼한 시대, 중국의 한 무제漢 武帝는 우리나라를 침략하여 사군四郡을 설치하고 한반도 전역을 지배하려 했다.

　그러나 남쪽의 여러 부족들은 끝까지 한 무제에게 항거하며 각기 나름대로의 영토를 구축하고 집단 생활을 했다.

　이러한 부족들은 마한, 변한, 진한을 비롯해 남쪽의 여러 지방에 걸쳐 대략 60여 개나 되었는데, 이들은 장수長帥나 신지臣智라고 불리는 우두머리를 두고 농사 짓고 누에를 치며 자치적인 생활을 하는 일종의 부족국가 형태를 이루었다.

　산하는 이러한 부족국가의 하나인 큰뫼의 우두머리 큰뫼 장수의 아들이었다.

　산하는 아버지인 큰뫼 장수의 뒤를 이어 부족을 다스리려면 용맹과 지혜를 두루 갖추어 부족민들로부터 인정받고 존경받아야 했다. 단지 자신이 큰뫼 장수의 아들이라는 이유만으로는 부족민을 다스리는 장수의 자리에 오를 수 없었다.

　오늘 산하가 부족을 떠나 이곳 지리산 반대쪽까지 사냥을 나선 것도 자신의 용맹스러움을 과시하고 인정받기 위함이었다.

　산하는 다행히 커다란 곰 한 마리를 사냥해서 살코기와 가죽을 벗겨 가지고 다시 부족이 있는 곳으로 돌아가는 길이었다.

그런데 화창하던 날이 어둑어둑해질 무렵에 갑자기 검은 먹구름이 몰려오더니 비가 억수같이 퍼부었다.

산하는 어깨에 둘러멘 곰 가죽을 우산처럼 받쳐들고 비를 피해 뛰다가 호젓한 골짜기에 민가인 듯한 집 서너 채가 옹기종기 모여 있는 것을 발견하곤 무작정 그 중 한 집으로 뛰어들었다.

마당에 들어선 산하는 큰소리로 주인장을 불렀다.

"계십니까? 아무도 안 계십니까?"

산하의 다급한 말투가 연이어 이어지자 부엌에서 한 여인이 걸어 나왔다.

"누구를 찾으시는지요?"

여인의 얼굴을 본 산하는 잠시 넋을 잃고 서 있었다. 여인은 보통의 여염집 아낙들과는 달리 미모가 출중했다. 반달 같은 두 눈에 선이 부드러운 콧날, 산수유 열매처럼 작고 붉은 입술이 산하의 정신을 아뜩하게 만들었다.

"저……, 사냥을 나갔다가 돌아가는 길에 갑자기 비를 만나 이렇게……."

산하가 말끝을 흐리며 얼굴을 붉히자 여인은 생긋 미소를 띄우며 말했다.

"지금 집에 저 혼자뿐입니다만…… 어쩌겠어요, 비 때문인걸. 그렇게 비를 맞고 서 계시지 마시고 어서 안으로 들어가세요."

여인은 산하의 팔을 잡아 끌다시피 하여 그를 방으로 데리고 들어갔다. 산하는 여인에게 이끌려 방으로 들어가면서 숨이 멎는 듯한 황홀감에 빠져 전신에 맥이 풀리는 것만 같았다.

"잠시만 기다리시면 곧 저녁을 지어 올리겠습니다."

그렇게 말하며 여인은 다시 부엌으로 나갔다.

산하는 생전 처음으로 자신이 남자라는 사실과 가슴속에서 들끓어 오르는 남성의 본능적인 욕구를 느끼게 되었다. 이제 산하의 나이 갓 스물이었다. 아직 혼인을 올리지 않았으니 여자를 품에 안은 경험이 있을 리 만무했다.

산하는 뛰는 가슴을 진정시키고 방안을 둘러보았다. 벽에 걸린 남자의 옷가지들로 보아 여인은 처녀가 아님이 분명했다.

'그렇다면 남편은 어디 간 것일까? 괜히 남편도 없이 아녀자 혼자 있는 집에 들어와 경을 치르게 되는 건 아닐까?'

산하는 짐짓 불안한 마음이 들었다. 얼른 저녁이나 얻어먹고 길을 떠나야겠다고 속내를 다지는데 방문이 열리며 여인이 밥상을 받쳐들고 들어왔다.

"외딴 산중이라 반찬이 시원치 않습니다. 그냥 허기나 때우세요."

"무슨 별 말씀을……. 고맙게 먹겠습니다."

여인의 말과는 달리 밥상은 사시사철 산에서 나는 나물을 비롯해 이것저것 정갈하게 잘 차려져 있었다.

종일 굶었던 산하는 허겁지겁 밥술을 떠다 말고 여인에게 물었다.

"남편께서는 사냥이라도 나가신 것입니까?"

"아닙니다. 재 너머에 계신 시아버님이 편찮으셔서 병구완을 갔습니다. 돌아오려면 한 사나흘쯤 더 걸릴 겁니다."

여인은 산하가 물어 보지 않은 시일까지 말하며 생긋 웃었다. 산하는 또다시 가슴이 두방망이질 쳐서 얼른 시선을 아래로 내리깔고 수저를 쥔 손에 힘을 주었다.

산하가 밥 한 그릇을 모두 비우고 나자 여인은 다시 술상을 차려 내왔다. 자리에서 일어나려던 산하는 도로 자리에 앉아 여인이 내미는 술잔을 받았다.

"비가 그치려면 좀더 있어야 될 것 같습니다. 먼 길 가시려면 추우실 테니 약주로 몸을 좀 녹이시는 게 좋을 것입니다."

"이렇게 후히 대접해 주셔서 무엇으로 감사해야 할지 모르겠습니다."

산하의 말에 여인은 또 생긋 웃으며 비어 있는 술잔에 술을 따랐다. 어느새 술 한 병을 다 비운 산하가 낮에 사냥한 곰의 살코기와 가죽을 내놓으며 말했다.

"변변치 않습니다만 드릴 게 이것밖에 없습니다. 받아 주십시오."

"……."

산하가 활과 칼을 들고 자리에서 일어나려는 순간, 말없이 앉아 있던 여인이 산하의 다리를 잡고 늘어졌다.

"잠시만 더 계시다 가십시오. 산중이라 저 혼자서는 무섭습니다."

"부인, 이러시면……."

여인의 팔에서 다리를 빼려던 산하는 중심을 잃고 방바닥에 넘어졌고 이내 여인의 가쁜 숨소리가 산하의 귓전을 간질거렸다. 산하는 더 이상 흥분을 참지 못하고 여인의 등을 끌어안고 한 손으로 거칠게 여인의 옷을 벗기기 시작했다.

그렇게 방안의 두 남녀가 열에 들떠 서로를 탐하느라 정신이 없는 사이 들창 밖에서 조용히 귀를 기울이고 있던 검은 그림자 하나가 황급히 마당을 빠져 나와 재 너머로 달려가기 시작했다.

정기는 친구의 말을 듣고 황급히 집으로 돌아왔다. 밤이 깊지 않았는데 집의 불이 꺼져 있는 걸로 보아 친구의 말이 사실인 것 같았다.

집으로 들어가기 전, 정기는 친구를 돌려보냈다.

"고맙네. 이렇게 연락을 해주어서……. 그렇지만 사람의 일은 모르는 것이 아닌가? 혹 자네가 오해한 것이라면 자네도 그렇고 내 아내도 그렇고 얼마나 서로 무안하겠는가? 그러니 내가 사실을 확인하고 자네를 찾아가겠네. 그러니 집으로 돌아가 있게나."

"알았네. 그럼 이따가 봄세."

친구를 돌려보낸 정기는 발소리를 죽여 들창 밑으로 가 귀를 기울였다. 아니나다를까 방안에서는 남녀의 거친 숨소리가 신음 소리와 함께 흘러나왔다.

정기는 피가 거꾸로 솟는 것 같았지만 마음을 다잡았다. 방안에 있는 남자가 누군지는 모르지만 필시 아내의 꾐에 넘어간 것이 분명한 까닭이었다.

정기의 아내는 미모가 뛰어난 대신 정조 관념이 별로 없는 여자였다. 홀아버지를 모시고 살던 정기가 나이 서른이 넘어서야 뒤늦게 이 마을에 사는 지금의 아내와 혼인을 했는데 첫날밤을 치르고 보니 아내는 처녀가 아니었다. 당시의 풍습으로는 있을 수 없는 일이었지만 정기는 아무 내색도 하지 않고 아내를 대했다.

그러나 아내는 천성적으로 음탕함을 타고났는지 정기의 친구들 중에 얼굴이 반반한 이가 집으로 찾아오면 괜히 방을 들락거리며 실없이 웃음을 흘리고 다녔다.

아내의 그런 성질을 잘 아는 정기로서는 재 너머 아버지의 병구완을 가면서 옆집에 사는 친구에게 미리 아내의 행실을 살펴달라는 부탁을 해두었던 것이다.

그러나 지금 당장 방으로 들어가 난리를 피운다면 몇 가구도 되지 않는 동네에 소문이 날 것이고 그렇다면 얼굴을 들고 다닐 수 없기는 정기의 아내뿐만 아니라 정기 역시 마찬가지일 터였다.

생각이 거기까지 미친 정기는 어험 하고 헛기침을 한 번 하고는 마당에서 잠시 지체했다. 이윽고 방안에 불이 켜지더니 서둘러 옷을 챙겨 입느라 그러는지 부산스런 소리가 밖에까지 들렸다.

정기는 잠시 후 방문을 열고 방안으로 들어갔다. 아내의 얼굴은 사색이 되어 있었고 아내와 정을 통한 젊은이는 지은 죄를 아는지 무릎을 꿇고 앉아 있었다.

"네 이놈! 대체 누구기에 남편 있는 아녀자를 희롱하고 통정까지 했단 말이냐?"

정기의 목소리는 낮았지만 분노가 깃들여 있었다.

"죽을죄를 지었습니다. 부디 저를 죽여 주십시오!"

산하는 한 순간의 욕정을 참지 못하고 이런 일을 벌인 수치심에 얼굴이 확확 달아올랐다.

"죽을죄를 지었다는 걸 알긴 아느냐?"

"여기 칼이 있습니다. 부디 이 칼로 제 목을 쳐주십시오."

정기는 산하가 내놓은 칼을 보았다. 정교한 칼집의 문양과 귀한 돌이 박혀 있는 걸로 보아 필시 지체 높은 자임이 분명했다.

"누군지 이름을 말해 보라!"

"……."

산하는 입을 열 수가 없었다. 자신의 이름을 밝힌다면 그것은 산하 자신만이 아니라 아버지인 큰뫼 장수를 비롯한 부족 전체의 명예를 더럽히는 일이었기 때문이다.

"이름이 무엇이냐?"

"그것만은 묻지 말아 주십시오. 어서 이 칼로 제 목을 쳐주십시오!"

정기는 칼로 목을 쳐야 한다면 그것은 앞에 무릎을 꿇고 앉아 있는 젊은이가 아니라 음탕한 자신의 아내라고 마음속으로 고통스럽게 되뇌었다.

　정기는 칼집에서 천천히 칼을 꺼내 들었다. 흐린 불빛에 날카롭게 날이 선 칼날에서 금속성의 차가운 빛이 번득였다.

　정기는 칼등으로 산하의 목덜미를 슬슬 문지르며 말했다.

　"죽음이 두렵지 않다는 게냐?"

　"죽음이 두렵지 않은 사람이 세상에 어디 있겠습니까? 하지만 지금 제가 지은 죄는 죽음으로도 씻지 못할 대죄입니다."

　정기는 산하의 목에 대었던 칼을 아내의 얼굴을 향해 겨누었다. 정기의 아내는 사색이 되어 벌벌 떨고만 있었다.

　정기는 방 한쪽에 놓인 술상을 쳐다보며 아내에게 말했다.

　"술을 가져오라!"

　정기의 아내는 방바닥을 기다시피 하여 부엌으로 나갔다 술병을 들고 다시 들어왔다.

　"따라라!"

　정기는 한 손에 칼을 쥐고 남은 손으로 술잔을 들었다. 정기의 아내는 떨리는 손으로 술을 따랐다.

　연거푸 술 몇 잔을 단숨에 들이켠 정기는 술잔을 산하에게 건넸다.

　"죽을 때 죽더라도 술 한잔은 받아라!"

　산하는 정기가 건넨 술잔을 받아 마셨다. 그러자 정기는 칼끝으로 안주를 집어 정기의 입에 갖다 대었다.

　"먹어라!"

　산하는 묵묵히 입을 벌리고 칼끝에 꽂힌 안주를 받아먹었다.

　"보기보다 간담이 꽤 큰놈이구나!"

　정기는 술 한 병을 다 비우도록 말이 없었다. 정기의 아내는 벌벌 떨고만 있었고 산하는 고개를 숙인 채로 얼굴을 들지 못하고 있었다.

정기의 가슴속으로 수많은 생각이 교차했다. 마음 같아서는 둘 다 죽여 가슴속의 분노를 시원하게 씻어 버리고 싶었지만 젊은이의 언행이 예사 사람 같지 않은 데다 아내의 잘못이 더 크다는 생각이 자꾸만 정기의 머릿속을 혼란스럽게 만들었다.

"가거라! 이후 다시는 이 주변에 얼씬도 하지 말아라!"

산하는 자신의 귀를 의심했다. 정기의 아내도 뜻밖이라는 듯 놀란 눈으로 남편의 얼굴을 쳐다보았다.

"알겠느냐? 내 너의 얼굴을 다시 볼 때에는 그냥 두지 않으리라! 그러니 어서 가거라! 내 마음이 변하기 전에……."

정기의 두 눈에 새파란 광채가 일었다가 서서히 꺼졌다.

"살려 주신 은혜 죽을 때까지 잊지 않겠습니다!"

산하는 일어나 황급히 그 집을 빠져 나왔다. 여인의 운명은 어찌 될지 모르지만 자신을 살려 준 것을 보면 필경 죽이지는 않을 것이라는 생각이 설핏 들었다.

산하는 뒤도 돌아보지 않고 어두운 산길을 헤치고 부족에게로 돌아가는 길을 찾았다.

수십 년의 세월이 흘렀다. 아버지인 큰뫼 장수가 세상을 떠나고 산하는 부족민의 천거를 받아 장수의 자리에 올랐다.

산하는 여러 부족들을 통합하여 큰 세력을 이루었고 그런 동안 산하의 머리도 하얗게 세어 갔다. 자식도 여럿 두어 산하는 부족민들의 부러움과 존경을 한 몸에 받았다.

그러던 어느 해 가을, 한 무리의 사람들이 산하 앞으로 오랏줄에 꽁꽁 묶인 한 사람을 끌고 왔다. 장수인 산하에게 직접 재판을 받기 위함이었다.

"무슨 일이냐?"

산하가 엄준한 목소리로 말했다.

"예! 다름이 아니옵고 이 자가 제 아버지를 살해했습니다."

무리 중의 한 사람이 산하 앞에 나서 눈물을 흘리며 아뢰었다.

"자세히 말해 보라!"

"소인은 외돌 마을에 사는 섬돌이라고 하옵니다. 오늘 저희 마을에서 사냥을 나갔는데 이 자가 활을 쏘아 제 아버지를 죽였습니다."

"그래?"

그 당시 풍속으로는 사람을 죽인 자는 똑같이 죽임을 당했다. 산하는 오랏줄에 묶인 사내를 내려다보았다. 사내는 묵묵히 고개를 숙이고 있었다.

산하는 사형을 언도하려고 사내에게서 얼굴을 돌리려다 문득 사내의 허리춤에 꽂힌 칼을 보게 되었다.

산하는 눈을 크게 뜨고 칼을 자세히 보았다. 그 칼은 분명 자신의 칼이었다. 수십 년 전 사냥을 나갔다가 젊은 혈기에 남편이 있는 여인을 범하고 그 집에 두고 온 바로 그 칼이었다.

'그렇다면 그때 나를 살려 준 여인의 남편이 바로⋯⋯.'

산하는 고민에 빠졌다. 이제는 자신이 은혜를 갚을 차례였던 것이다.

산하는 큰소리로 말했다.

"너는 어찌하여 저 자의 아비를 살해했느냐?"

오랏줄에 묶인 사내는 고개도 들지 못하고 대답했다.

"살해한 것이 아닙니다. 화살을 잘못 쏘아 실수로 그리 된 것이옵니다."

"그것이 사실이렸다?"

"어느 안전이라고 거짓을 아뢰겠습니까?"

"알았다! 내일 다시 재판을 할 것이니 죄인은 옥에 가두고 나머지는 모두 물러들 가거라!"

야심한 시각, 산하는 심복인 해소를 은밀히 자신의 침소로 불렀다.

"잘 들어라. 이것은 너와 나 둘만이 아는 비밀이어야 한다."

"예!"

해소의 눈빛이 날카롭게 빛났다.

"오늘 낮에 자기의 아버지를 죽였다고 고소한 섬돌이란 자의 집을 아느냐?"

"예!"

"이유는 알 것 없고, 지금 당장 그 집으로 가서 관에서 시체를 꺼내어 산속 깊이 갖다 버려라. 그리고 관 속에다 커다란 개 한 마리를 집어넣어 두어라. 이 일은 어느 누구에게도 들켜서는 안 될 것이야. 알겠느냐?"

산하의 명을 받은 해소는 시키는 대로 아무도 모르게 모든 일을 해치우고 산하에게 보고를 했다.

다음날 오후 산하는 현장 검증을 핑계로 섬돌의 집으로 향했다. 그러고는 다짜고짜 관을 열라고 명했다.

죽은 사람의 관을 연다는 일은 있을 수 없는 일이었지만 장수의 명이니 어쩔 수 없는 노릇이었다.

천천히 관이 열리고 관 속을 들여다본 사람들은 믿어지지 않는 표정으로 짧은 비명을 질렀다. 시체는 온데간데없고 죽은 개 한 마리가 들어 있었던 것이다.

산하는 화를 내며 큰소리로 섬돌을 심문했다.

"어찌 된 일이야? 죽은 아비의 시체는 어디 있다는 말이냐?"

그러나 영문을 알 수 없는 섬돌은 어찌할 바를 몰라 할말을 잃었다.

"네 놈이 장수인 나를 능멸하려 드느냐? 바른 대로 말하라! 어째서 무고한 사람을 살인범으로 몰아 죽이려 했느냐?"

"그것이 아니라…… 소인의 아비는 분명 그 자의 화살에 맞아 죽었습니다."

"네 이놈! 아직도 정신을 못 차리고 망령된 소리를 하는구나! 여봐라! 이 놈을 당장 옥에 가두어라!"

산하는 그 즉시 옥에 갇힌 정기를 방면하였다. 집으로 돌아온 정기는 아내로부터 전후 사정을 듣고는 일이 어떻게 돌아가는지 알 수가 없어 걱정으로 쉬이 잠을 이루지 못했다.

그날 밤 산하는 정기를 조용히 침소로 불러들였다. 술상을 앞에 놓고 산하는 먼저 정기의 잔에 술을 따랐다. 정기는 떨리는 마음을 억누르며 술잔을 받아 들었다.

"자, 드세요. 이제야 지난날의 은혜를 갚게 되었습니다."

산하의 말에 정기는 놀라 고개를 들었다.

"기억하시겠습니까? 젊은 혈기에 죽을죄를 지었던 것을 넓은 아량으로 용서해 주셨지요?"

정기는 휘둥그레진 눈으로 믿을 수 없다는 듯 산하의 얼굴을 바라보았다.

"그렇다면 장수께서는 그때 제 아내를 범한……?"

산하는 지그시 고개를 끄덕였다. 술잔을 거머쥔 정기의 손이 가느다랗게 떨리고 있었다.

"어서 드세요. 이제야 그때의 은혜를 갚게 되었습니다."

산하는 조용히 잔을 들어 정기의 술잔에 가볍게 부딪혔다. 정기의 눈에서는 어느덧 굵은 눈물 방울이 떨어지고 있었다. 술잔을 들이켜는 산하의 눈자위도 촉촉하게 젖어 들었다.

두 사람은 밤새도록 오래전 헤어진 벗을 만난 것처럼 술잔을 나누었다. 반갑고 즐거운지 가끔 희미한 웃음소리도 새어 나왔다.

며칠 후 산하는 옥에 가두었던 섬돌을 특별히 사면시켜 주었고 정기에게는 남몰래 많은 돈과 전답을 하사했다.

하 룻 밤 에 읽 는 삼 국 야 사

고구려

　　고구려 유리왕 22년. 왕은 도성을 졸본성卒本城에서 국내성國內城
으로 천도하고 개국 성지인 졸본성을 그대로 버려 둘 수 없다 하여
둘째 아들 해명解明을 그대로 머무르게 했다.

　　어려서부터 부왕의 극진한 사랑을 받아왔던 해명 태자는 자신만
외톨이마냥 고도古都에 혼자 남게 되자 마음속으로 울분이 치솟았다.

　　곰곰이 헤아려 보면 부왕의 사랑과 총애가 동생 무휼無恤에게로
옮겨간 지는 오래전이었다. 동생 무휼은 해명 태자 못지 않은 무술
실력을 갖춘 데다 두뇌가 명석하여 모두들 무휼의 총명함에 혀를 내
두를 정도였다.

　　자신을 졸본성에 혼자 남겨 두고 무휼과 동생들만을 데려간 것
을 보면 지금 자신이 앉아 있는 태자의 자리가 언제 무휼의 차지가
될지 알 수 없는 일이었다.

　　해명 태자는 우울한 심사에 젖어 며칠을 술에 젖어 지냈다. 그러
나 가슴속 울분은 여전히 씻어지지 않아 해명은 혼자 끙끙거리며 속
을 앓고 있었다. 그때 수족이나 다름없는 심복 재우再牛가 해명 태자
앞에 슬며시 무릎을 꿇고 앉았다.

　　"폐하! 어인 일로 이토록 용안龍眼이 상하셨는지요?"

재우의 말에 해명 태자는 놀란 표정으로 말했다.

"용안이라니? 그 무슨 해괴한 소린가? 대왕 폐하 외에 그 소리를 들을 사람이 이 나라에 누가 있다고 함부로 입을 놀리는가?"

용안이라 함은 임금의 얼굴을 높여 부르는 말로서 해명 태자는 자신의 얼굴을 들여다보며 그 같은 말을 하는 재우의 불충함에 절로 언성이 높아졌다.

"폐하! 고정하옵소서! 이곳 졸본성을 떠나 국내성으로 도읍을 옮기신 유리왕께서 대왕大王이시라면 그 아드님이신 태자 마마께서는 당연히 소왕小王이 아니십니까? 그러니 폐하의 안색을 살필 때 용안이라고 하는 것이 지당한 줄로 아옵니다."

"소왕이라니? 지금 나를 놀리는 게냐?"

그렇게 말하는 해명 태자의 말투가 조금 누그러진 걸로 보아 재우의 말에 서서히 현혹되어 가고 있었다.

"더군다나 폐하께서는 장차 이 나라를 이으실 태자가 아니십니까? 그러니 이제부터라도 천천히 그에 대한 준비를 하셔야 할 것이옵니다."

"준비라니?"

"폐하의 걱정과 우려를 어찌 소인이 모르겠사옵니까? 폐하께서 그 우려와 걱정에서 벗어나는 길은 이곳 졸본성을 무휼 왕자가 계신 국내성보다 더 강하게 만드는 것뿐이옵니다."

해명 태자는 재우의 입에서 무휼의 이름이 나오자 재우의 말에 완전히 현혹되었다.

"그렇다면 어쩌면 좋겠느냐?"

"우선 군사를 늘리고 무기를 확충하는 일이 시급하다 할 것입니다."

그날부터 해명 태자는 재우의 말대로 군사력을 증강하고 무기를 제조했다. 도성민들 사이에는 곧 전쟁이 날 것이라는 흉흉한 소문이 나돌았고, 마침내 그 말은 유리왕의 귀에까지 들어갔다.

어느 날, 유리왕은 국조國祖인 주몽 때부터 정사를 맡아 온 협부를 불렀다.

"들리는 소문에 의하면 졸본성에 있는 태자가 군사를 징집하고 무기를 제조하여 성안의 백성들이 곧 전쟁이 날 것이라 하여 불안에 떨고 있다고 하오."

"소신도 그 소문을 듣고 폐하께 상의를 드리려던 참이었습니다."

"공의 생각은 어떠하시오? 혹 태자가 무슨 일을 꾸미는 게 아닌지 심히 불안하구려."

"폐하! 소신이 졸본성을 찾아가 직접 태자 마마를 뵙고 오겠습니다."

"그리하도록 하오. 공이 직접 간다니 안심이 되는구려."

협부는 해명 태자를 졸본성에 그대로 머무르게 하자고 유리왕께 간한 장본인으로 졸본성에서 지금 일어나는 일이 그것과 무관하지 않을지도 모른다는 생각을 했다.

그는 다음날 일찍 졸본성을 향해 길을 떠났다. 다른 신하도 아닌 노신老臣 협부가 직접 온다는 말을 듣고 해명 태자는 은근히 걱정이 되었다. 자칫 잘못했다간 자신의 본심이 드러날지도 모를 까닭이었다.

해명 태자는 재우를 불러 사태를 의논했다. 재우는 밤늦도록 해명 태자의 방에서 나올 줄을 몰랐다. 다만 소곤거리는 낮은 말소리 사이로 두 사람의 웃음 소리만이 간간이 문밖으로 새어 나왔다.

졸본성에 당도한 협부는 우선 주위의 동정을 살폈다. 성안 곳곳에 군사들이 배치되어 있고 경비는 사뭇 삼엄하게 느껴졌다.

협부는 해명 태자를 알현하고 문안 인사를 올렸다. 해명 태자는 협부의 인사를 받는 동안 슬픈 표정으로 한마디 말이 없었다.

이윽고 협부가 무릎을 꿇고 앉자 느닷없이 눈물을 흘리며 유리왕의 안부를 물었다.

"대왕 폐하께옵서는 안녕하시오?"

"예, 폐하!"

협부의 대답에 해명 태자는 아예 흐느끼며 말을 잇지 못하다가 다시 물었다.

"무휼도 잘 있소?"

"예, 폐하!"

협부는 해명 태자가 눈물을 흘리는 모습을 바라보며 마음속으로 애처로운 생각이 들었다.

"폐하! 눈물을 거두옵소서."

협부는 해명 태자가 부왕을 그리워하고 동생을 생각하는 정이 사무쳐 눈물을 흘린다고 생각하니 그 마음이 갸륵하고 어여뻤다.

그러나 협부의 생각과는 달리 해명 태자는 재우의 잔꾀에 따라 연극을 하고 있었다. 그런 줄을 까맣게 모르는 협부는 그저 해명 태자가 불쌍하다고만 여겨 자신이 졸본성에 온 까닭에 대해서는 한마디 말도 꺼내지 못했다.

그러나 해명 태자의 연극은 그것으로 끝나지 않았다.

그날 저녁 협부를 위한 연회가 한창일 무렵, 갑자기 도성 안에 북소리가 요란하더니 이어 요란한 말발굽 소리가 대궐을 울렸다.

"무슨 일이냐?"

해명 태자가 문밖을 향해 큰소리로 묻자 재우가 들어오더니 다급하게 아뢰었다.

"폐하! 큰일 났사옵니다! 지금 황룡국 군사들이 또 국경을 넘어 왔사옵니다!"

"뭐라? 저런 죽일 놈들이 또……?"

해명 태자의 말이 끝나기가 무섭게 연회에 참석했던 신하들은 우르르 떼를 지어 밖으로 나갔다.

해명 태자는 놀라 서 있는 협부에게 말했다.

"안심하고 자리에 앉으시구려. 요즘 들어 황룡국 군사들의 침입이 잦아 한시도 마음 편한 날이 없소. 그래서 내 그 동안 새로이 군사를 징집하고 무기를 만들어 적의 침략에 대비하고 있으니 그리 크게 걱정하지 않아도 될 것이오."

"폐하의 고생이 이만저만이 아니십니다."

협부는 해명 태자가 든든하게 느껴졌다. 뿐만 아니라 소문이 사실이 아니라고 여기며 해명 태자를 믿어 의심치 않았다.

다음날 협부는 국내성으로 돌아가 유리왕께 자신이 보고 겪은 모든 일들을 상세하게 아뢰었다. 유리왕은 해명 태자를 기특하게 여겨 큰 상을 내려 격려했다.

해명 태자와 재우는 자신들의 속임수에 넘어간 협부를 비웃으며 이제는 아예 내놓고 군사력을 증강시키고 무기를 만들었다.

한편 졸본성의 기세가 갈수록 강해지자 불안감을 느낀 황룡국의 국왕은 신하들과 나라의 앞일을 두고 근심에 잠겼다.

"졸본성의 위세가 갈수록 강해지니 장차 이를 어찌하면 좋단 말이오?"

황룡국 왕의 탄식에 한 신하가 나서 아뢰었다.

"소신이 졸본성으로 가서 해명 태자의 의중을 한번 떠보겠사옵니다."

"그렇게 하는 것이 좋겠소."

황룡국 왕은 신하에게 왕실 대대로 내려오는 보물인 큰 활을 건네주었다. 국왕의 명을 받은 신하는 곧 졸본성으로 향했다.

졸본성에 도착한 황룡국의 신하는 성 곳곳에서 심상치 않은 기운을 느꼈다. 건장한 남자들은 모두 전쟁터의 군사처럼 무장을 하고 있었고 늙은이와 아녀자들은 성을 축조하고 무기를 만드느라 비지땀을 흘리고 있었다.

해명 태자를 알현한 황룡국 신하는 국왕의 예물인 활을 바치면서 말했다.

"태자 마마! 소국小國의 왕께서 드리는 선물이옵니다."

해명 태자는 황룡국에서 사람이 온다는 것을 알고 미리 재우와 대책을 마련해 놓았다. 간교한 재우는 황룡국을 쳐서 자신들의 힘을 한번 시험해 보자고 해명 태자를 부추겼다. 이기면 해명 태자의 명성이 드높아질 것이요, 만약 전세가 불리할 경우에는 국내성의 유리왕에게 원군을 요청하면 될 것이니 황룡국의 신하에게 겁을 줘서 되돌려 보내라고 감언이설을 늘어놓았다.

해명 태자는 대뜸 언성을 높였다.

"감히 여기가 어느 안전이라고 이따위 불충한 짓거리를 하느냐? 네 나라의 왕이란 자가 내게 활을 보낸 속셈이 무엇이냐? 이까짓 활로 나를 겁주려는 게냐?"

해명 태자는 두 손으로 활을 들어 뚝 하고 부러뜨려 버렸다. 그 모습을 본 황룡국의 신하는 두려움에 벌벌 떨며 서둘러 되돌아갔다.

신하에게서 졸본성에서의 일을 낱낱이 고해 들은 황룡국 왕의 얼굴에는 당황하는 빛이 역력했다.

"폐하!"

나이가 지긋한 노신老臣이 국왕 앞에 나서 아뢰었다.

"해명 태자를 저대로 두었다가는 장차 어떤 화를 입을지 예측할 수 없사옵니다. 그렇다고 우리가 나서 해명 태자를 상대하기는 어렵사오니 해명 태자의 방자함을 부왕인 유리왕에게 알려 부자지간이 해결토록 하는 것이 좋을 것이옵니다."

황룡국 국왕은 신하의 말을 받아들여 국내성으로 사신을 보내 유리왕에게 그간의 일들을 모두 아뢰었다.

처음에는 황룡국 사신의 말을 곧이듣지 않던 유리왕은 해명 태자를 시험해 볼 요량으로 세 명의 신하를 각기 다른 날에 졸본성으로 보내어 황룡국 사신의 말의 진위 여부를 염탐해 보았다. 그러나 모든 것은 사실이었다.

유리왕은 대노하여 자신의 보검을 황룡국 사신에게 주며 해명 태자를 죽이라고 명했다. 황룡국 사신은 보검을 가지고 부랴부랴 자신의 나라로 돌아와 왕을 알현하고 유리왕의 명을 전했다.

황룡국의 국왕은 이번에도 입장이 난처하게 되었다. 해명 태자를 죽이려 했다가 자칫 잘못하여 실패하는 날에는 대번에 군사를 일으켜 황룡국을 치려 할 것이고, 만약 성공했다 해도 일국의 태자를 죽였다고 나중에 고구려가 어떤 꼬투리를 잡을지 알 수 없는 일이었다.

황룡국이 이런 고민에 빠져 있을 무렵 졸본성에서는 해명 태자의 진노가 불같이 일고 있었다.

"뭐라? 대왕 폐하께서 나를 죽이라 하셨다는 게냐?"

"그러하옵니다."

"이럴 수가……!"

해명 태자는 분노로 온몸을 사시나무 떨듯 떨었다.

"폐하! 소신의 말을 귀담아 들으옵소서."

이렇게 간하고 나선 이는 재우였다.

"일이 이렇게 된 이상 국내성을 칠 수밖에 없는 상황입니다. 더이상 지체하셨다간 폐하께서 오히려 불리하실 것이옵니다. 용단을 내리옵소서!"

재우의 말을 들은 해명 태자의 표정은 차가운 얼음장처럼 변했다.

'대왕 폐하께서 자식인 나를 죽이려 한 이상 이제 핏줄의 정은 끊어졌다!'

해명 태자는 군사들을 전투 태세에 임하게 하고 국경의 경비를 더욱 철통같이 했다. 황룡국을 드나드는 자들은 남녀노소를 막론하고 잡아 들이라 명했다.

그러던 어느 날, 황룡국 대신의 딸인 옥무玉舞가 산에 제를 지내러 가기 위해 국경을 넘다가 해명 태자 앞에 잡혀 오게 되었다.

옥무의 아리따운 미모에 반한 해명 태자는 넋을 잃을 지경이었으나 황룡국 대신의 딸이라 함부로 범할 수는 없는 노릇이었다. 해명 태자는 옥무를 별당에 가두고 기쁜 마음으로 신하들과 술잔치를 벌였다. 내심 옥무에 대한 마음이 사뭇 뜨거웠던 것이다.

잔치가 한창일 때 국내성에서 유리왕이 보낸 신하가 당도했다. 신하는 유리왕의 어명이 적힌 칙서를 해명 태자 앞에서 큰소리로 읽었다.

무릎을 꿇고 앉아 어명을 받드는 해명 태자의 이마에 땀이 비오듯 흘렀다. 이윽고 유리왕의 칙서가 끝나자 해명 태자는 자리에서 일어나 국내성이 있는 곳을 향해 큰절을 올렸다.

"말을 대령하라!"

해명 태자의 말에 군사들 중 한 명이 태자의 말을 끌고 왔다. 말 위에 탄 해명 태자는 창을 휘두르며 말을 달렸다.

그러기를 몇 번…….

해명 태자는 어느 순간 땅에 창을 거꾸로 꽂더니 말을 달리다 순식간에 그 창 위로 몸을 날렸다. 해명 태자의 나이 꽃다운 스물한 살이었다.

유리왕이 내린 칙서에는 해명 태자 스스로 목숨을 끊으라고 적혀 있었던 것이다. 역사의 준엄한 판단 앞에 이미 혈육의 정이란 거추장스러운 걸림돌에 불과했다.

무휼의 구국 지략

고구려 제 2대 유리왕 32년에 동부여의 대소왕은 양국의 화친을 조건으로 고구려 왕자를 볼모로 데려가려 했으나 고구려가 이를 거절하자 다시 사신을 보내 이 일을 따지려 하였다.

유리왕은 대소왕이 이 일을 빌미로 쳐들어올지도 모른다는 생각에 걱정이 태산 같았다. 나라를 세운 지 일천하여 힘이 부족할 뿐 뾰족한 수가 없었기 때문이다.

근심에 싸여 식욕도 잃고 침울한 얼굴로 초조하게 사신을 기다리고 있는 유리왕에게 셋째 왕자인 무휼無恤이 찾아왔다.

무휼은 유리왕의 셋째 아들이지만 큰형 도절은 그가 태어나기 3년 전에 병사하였고, 둘째형 해명이 6살 때 자결하여 어린 나이지만 태자 승계자인 셈이었다.

무휼은 유리왕 앞에 무릎을 꿇고 앉아 말했다.

"대왕 폐하! 소자가 동부여 사신을 만나겠습니다."

그 말을 들은 유리왕은 놀란 눈으로 무휼을 바라보았다.

이제 무휼의 나이 열 살. 세상일을 알기에는 턱없이 어린 나이인데 무슨 생각으로 저런 말을 하는가 싶어 유리왕은 어이가 없었다.

"대왕 폐하! 제발 소자를 동부여 사신과 만나게 해주십시오."

무휼이 재차 말하자 유리왕이 물었다.

"그게 무슨 말이냐? 이제 네 나이 겨우 열 살밖에 되지 않았거늘 무슨 일로 동부여 사신을 만나려 하느냐?"

짐짓 꾸짖는 듯한 유리왕의 말에 무휼이 큰소리로 대답했다.

"소자가 동부여 사신을 만나 이번 일을 해결하고 앞으로는 두 번 다시 이런 일이 생기지 않도록 조치를 취하겠습니다."

유리왕은 어이가 없어하면서도 어린아이답지 않은 무휼의 언행에 마음의 동요를 느꼈다.

유리왕은 국왕인 자신이 동부여 사신을 맞는 것보다 왕자가 먼저 예를 갖추는 것도 좋을 듯하여 무휼에게 그렇게 하라고 허락했다.

유리왕의 허락을 받아 낸 무휼은 그 길로 동부여 사신이 거처하고 있는 숙소를 찾아가 사신을 만났다.

무휼은 사신에게 먼저 정중하게 예를 갖춘 다음 당당하게 말했다.

"이번에는 또 무슨 일로 저희 나라에 오셨습니까?"

사신은 아무리 고구려의 왕자라고는 하나 열 살밖에 안 된 어린 아이가 그렇게 말을 걸어 오니 황당하여 우습기까지 했다.

동부여 사신은 빙그레 미소를 띠우며 농담 섞인 말투로 대답했다.

"왕자께서도 알고 계시겠지만 양국의 화친을 위해 고구려의 왕자 한 분을 우리나라에 모시려 하는데 이를 거절하시니 화친을 원치 않으신다는 뜻인지 따지러 왔소이다."

동부여 사신의 말에 무휼은 더욱 당당한 어조로 말했다.

"도대체 저희 형제가 귀국貴國에 가야 할 까닭이 무엇입니까? 제가 듣기로 저희 고구려의 시조始祖께서 이곳에 나라를 건국한 이래 끊임없이 귀국으로부터 시달림을 받아왔는데 도대체 무슨 연유로 그러시는 것입니까? 돌아가시어 귀국의 왕께 전하십시오. 지금부터는 여러 개의 알을 포개어 놓을 것이니 귀국에서 그 알을 허물지 않으면 따를 것이요, 만약 그 알을 허물어뜨린다면 더 이상 따르지 않을 것입니다."

어리지만 당찬 무휼의 말에 동부여 사신은 속으로 놀라움을 금치 못했다. 그러나 한편으로는 동부여 사신인 자신에게 코흘리개 왕자를 보내어 이런 말을 한다는 게 괘씸하기도 했다.

동부여 사신은 정작 유리왕을 만나 보지도 못하고 다시 돌아갈 수밖에 없었다. 동부여로 돌아간 사신은 대소왕을 알현하고 고구려에서의 일을 낱낱이 아뢰었다.

사신의 말을 들은 대소왕은 흥분하여 길길이 날뛰었다.

"뭐라? 유리왕을 만나 보지도 못하고 코흘리개 어린 왕자에게 그런 수모를 당하고 왔다는 말이냐?"

"고정하옵소서, 폐하! 그런데 그 왕자의 말 중에 지금부터는 여러 개의 알을 포개어 놓을 것이니 귀국에서 그 알을 허물지 않으면 따를 것이요, 만약 그 알들을 허물어뜨린다면 더 이상 따르지 않을 것이라는 말은 과연 무슨 뜻인지 소신이 아무리 헤아려 봐도 알 수가 없습니다."

대소왕 역시 곰곰이 그 말뜻을 헤아려 보았지만 도무지 속뜻을 알 수 없었다. 대소왕은 여러 신하들을 불러모아 놓고 그 말뜻을 물었으나 신하들 중에도 아는 이가 한 사람도 없었다.

대소왕은 전국에 방을 돌려 그 말뜻을 풀이할 이를 찾았으나 좀처럼 나서는 이가 없었다. 그러던 중 한 노파의 풀이에 대소왕의 표정은 형편없이 일그러지고 말았다.

"여러 개의 알을 포개어 놓은 것을 허물지 말라는 것은 가만히 내버려두라는 뜻이며 만약 그 알들을 허물어뜨린다면 더 이상 따르지 않겠다는 말은 가만히 내버려두지 않고 계속 상관을 하면 가만히 있지 않겠다는 뜻입니다. 그러니 이 말은 더 이상 고구려를 귀찮게 하지 말라는 뜻인 줄로 압니다."

노파의 말이 끝나기가 무섭게 대소왕은 노기 띤 얼굴로 호령했다.

"내 더 이상 고구려의 방자함을 그냥 두지 않으리라! 여봐라, 어서 군사를 풀어 고구려를 치도록 하라!"

그리하여 동부여의 대군은 고구려를 치기 위해 출정했고 그 소식을 들은 유리왕은 안절부절못했다. 괜히 어린 아들의 말만 듣고 경솔하게 행동했다고 후회를 했지만 상황은 이미 엎질러진 물과 같았다.

유리왕이 후회를 하며 불안에 떨고 있을 때 무휼이 다시 유리왕을 찾아왔다.

"대왕 폐하! 소자에게 군사 3백 명만 주십시오. 그러면 소자가 나서서 적군을 섬멸하고 오겠나이다."

유리왕은 아무런 말도 못하고 어린 아들의 얼굴만 멍청하게 쳐다보았다.

"대왕 폐하! 제발 소자의 말을 흘려듣지 마시고 믿어 주십시오. 소자 비록 나이가 어리기는 하나 나라를 생각하는 충정은 어느 누구 못지않사옵니다. 그러니 부디 군사 3백만 주옵소서. 반드시 적군을 무찌르고 위기에 빠진 이 나라를 구하겠습니다!"

유리왕은 나이답지 않게 눈물을 흘리며 간언하는 무휼의 태도에 사뭇 감동이 되었다. 그러나 어린 아들에게 나라의 운명을 맡길 수는 없는 노릇이었다.

유리왕은 고개를 돌리며 무휼에게 말했다.

"물러가라! 더 이상 어린 너에게 나라의 운명을 맡길 수는 없다.

물러가라!"

그러나 무휼은 자세를 단정히 하여 더욱 다부진 목소리로 간언했다.

"대왕 폐하! 한 번만 더 소자의 말을 믿어 주십시오. 저로 인해 생긴 일이니 소자가 해결하겠습니다. 군사 3백 명만 주시면 동부여군을 꼭 물리치고 오겠습니다!"

무휼의 진심 어린 간청에 점차 유리왕의 마음이 흔들렸다. 유리왕은 하룻밤을 꼬박 고민하다가 마지못해 무휼의 간청을 들어주었다.

"알았다. 내 너를 믿어 보마! 군사 3백을 줄 터이니 가서 적군을 무찌르고 오라! 그 전에 한 가지 약속할 것이 있다. 만약 적군에게 패하면 네 목숨 또한 그곳에 묻어야 할 것이다. 알겠느냐?"

"예. 대왕 폐하! 꼭 승전고를 울리도록 하겠습니다."

서릿발 같은 유리왕의 말에 무휼은 큰절을 올리고 내전을 나왔다.

왕자 무휼은 군사 3백을 데리고 전장으로 향했다. 군사들은 처음에는 어리둥절해했으나 점차 무휼의 당당함과 나이답지 않은 기백에 감명을 받아 일사불란하게 움직였다.

무휼이 지휘하는 고구려군은 마침내 병정甁井에 당도했다. 병정은 지리적으로 산골짜기의 입구는 좁고 안으로 들어가면 넓어지다가 다시 골짜기가 끝나는 지점은 입구와 같이 좁아져 적군을 유인하여 기습작전을 펴기에는 아주 유리한 지형이었다.

무휼은 병정에다 군사들 중 절반을 숨겨 놓고 나머지 군사들에게 명령했다.

"잘 들어라! 지금부터 동부여군과 전투를 벌일 것이다. 그러나 한 가지, 멀리 동부여군의 진지가 보이면 징을 요란하게 울리고 큰 소리로 함성을 질러라! 그러다가 동부여군이 진격해 오면 재빨리 뒤로 물러나 보이지 않게 몸을 숨기도록 하라. 그렇게 해서 동부여 군을 이곳 병정까지 유인하여 나의 다음 명령을 기다리도록 하라!"

나이 어린 왕자이긴 했지만 모두들 그 지략에 감탄하여 무휼의 얼굴을 다시금 우러러보았다.

고구려군은 무휼의 지시대로 동부여군의 진지 근처에서 징을 울리고 함성을 지르다가 동부여군이 진격할 기미를 보이면 뒤로 물러나 재빠르게 몸을 숨겼다.

그렇게 하기를 닷새가 되는 날, 드디어 고구려군은 동부여군을 작전 장소인 병정까지 유인해 올 수 있었다.

처음에는 고구려군의 행동이 이상하다고 여겼던 동부여군은 며칠이 지나도록 고구려군이 공격할 태세를 보이지 않고 뒤로 물러나기만 하자 그들이 지레 겁을 먹고 도망간다고만 생각했다.

동부여군이 화난 맹수처럼 기세 등등하게 병정의 골짜기 안으로 모두 들어왔을 때 왕자 무휼은 고구려군에게 공격 명령을 내렸다.

피하고 숨기만 하던 고구려군들은 말고삐를 돌려 칼과 창을 앞세우고 함성을 지르며 진격했다. 그와 동시에 미리 매복해 있던 절반의 군사들이 동부여군의 퇴로를 차단하고 뒤에서 맹공격을 퍼부었다.

순식간에 앞뒤에서 한꺼번에 공격을 받은 동부여군은 갈팡질팡하며 도망치기에 급급했다. 동부여 군사들의 목은 말 그대로 추풍 낙엽처럼 떨어졌다. 살아 남아 동부여로 돌아간 군사는 몇 십 명도 채되지 않았다. 왕자 무휼의 지략에 따른 고구려군의 혁혁한 승리였다.

유리왕은 손수 왕자 무휼을 맞이하여 감격의 눈물을 흘렸다.

이렇게 동부여군을 무찌르고 조국 고구려를 구한 열 살의 어린 왕자 무휼은 후일 대무신왕에 즉위하여 즉위 5년에 동부여 대소왕의 목을 베었다.

부여에서 온 붉은 새

"참으로 이상하게 생긴 새로구나."

부여扶餘의 대소왕帶素王은 한 사냥꾼이 받친 조롱 속의 새를 보면서 고개를 갸웃거렸다.

그도 그럴 것이 조롱 속의 새는 생전 처음 보는 것으로 모양새나 색깔 또한 여느 새들과는 사뭇 달랐다.

생긴 것은 까마귀와 비슷한데 전신이 핏빛이었고 더욱 해괴한 것은 머리는 하나인데 몸이 둘이라는 것이었다.

대소왕은 일관日官을 불러 그 새를 보여 주며 의견을 물었다.

"네가 보기엔 어떠하냐?"

일관은 유심히 새를 관찰하더니 이렇게 아뢰었다.

"소신이 보기에 새의 깃털이 붉은 것은 피를 뜻하고 머리가 하나인데 몸이 둘인 것은 두 나라가 합쳐진다는 뜻이오니, 이는 대왕께서 북쪽의 고구려를 쳐서 우리 부여 땅으로 만든다는 경사스러운 징조입니다."

대소왕은 기쁨을 감추지 못하고 즉시 일관의 말을 그대로 옮겨 적은 편지와 함께 조롱 속의 새를 북쪽 고구려왕인 대무신왕에게 보냈다.

부여의 사신이 가져온 괴상하게 생긴 새와 함께 편지를 받아 본 대무신왕은 신하들을 불러 편지와 함께 새를 보여 주며 의견을 물었다.

모두들 괴상하게 생긴 새를 보며 인상을 찌푸린 채 아무 말이 없는데 나이가 가장 많은 노신老臣이 나서 왕께 아뢰었다.

"폐하! 경하 드리옵니다. 새의 깃털이 붉은 것은 남쪽을 뜻하니 이는 우리 고구려에서 보자면 남쪽이란 바로 부여를 가리키는 것이고, 두 몸이 하나의 머리로 합쳐지는 형상은 곧 두 나라가 하나가 된다는 뜻이옵니다. 그리고 원래 붉은 새는 길조라 하여 함부로 다루지 아니하였는데 부여의 대소왕이 그것을 모르고 우리 고구려로 보냈으니 장차 나라에 큰 경사가 있을 징조이옵니다."

노 신하의 말을 들은 대무신왕은 그와 같은 내용의 글을 적어 부여의 대소왕에게 보내면서 조롱 속의 새는 선물로 알고 감사히 받겠다며 돌려보내지 않았다.

대무신왕의 편지를 받은 대소왕은 뒤늦게 후회했지만 이미 새는 돌려받을 수 없었다.

부여의 대소왕으로부터 뜻하지 않게 길조를 선물 받은 대무신왕은 곧 군사를 일으켜 부여를 치기로 했다.

국조國祖인 주몽〔동명왕〕이 부여에서 도망쳐 나와 고구려를 세운 후에도 부여의 대소왕은 틈만 나면 동명왕을 시해하려 들었고 선대왕인 유리왕 때에도 이런저런 핑계를 대며 고구려의 국정을 간섭하려 들었다.

대무신왕은 어려서부터 부여의 대소왕을 원수로 알고 장차 자신이 보위에 오르면 대소왕의 목을 직접 베리라 굳은 결심을 하고 있었다.

대무신왕이 직접 지휘하는 고구려군이 부여 땅을 향해 진군하다가 이물림利勿林이라는 곳에 이르러 군막을 치고 하룻밤을 보내게 되었다.

밤이 깊어 군사들이 모두 깊은 잠에 빠졌는데 어디선가 희미하게 들리는 쇳소리에 대무신왕은 잠에서 깨어났다.

'야심한 시각에 웬 쇳소리란 말인가?'

대무신왕은 혹시 부여군이 쳐들어온 게 아닐까 하는 의구심에 자리에서 일어나 부하 장수들을 깨워 대동하고 쇳소리가 나는 곳으로 조용히 발길을 돌렸다.

쇳소리는 어둠을 뚫고 야산 기슭에서 은은히 들려 왔다. 대무신왕을 비롯한 부하 장수들은 긴장감을 늦추지 않고 소리 나는 곳으로 천천히 다가갔다.

쇳소리는 야산 기슭의 작은 동굴에서 울려 나오고 있었는데, 대무신왕이 직접 동굴로 들어가 보니 그곳에는 칼과 창이 엄청나게 많이 쌓여 있었다. 쇳소리는 바로 바람이 불 때마다 칼과 창이 서로 부딪치는 소리였다.

대무신왕은, 이는 부여를 치라는 하늘의 뜻이라고 여겨 군사들로 하여금 동굴 속의 칼과 창을 거두게 하고 다시 부여 땅을 향해 진군했다.

대무신왕이 거느린 고구려 군사가 부여 땅에 가까이 갔을 무렵, 키가 아홉 척이나 되는 거구의 사내가 대무신왕을 뵙기를 청하였다.

"대왕 폐하! 소인은 북명北溟에 사는 괴유怪由라고 하옵니다. 대왕 폐하께서 친히 부여를 치러 가신다기에 여기서 기다리고 있었사옵니다!"

대무신왕 앞에 무릎을 꿇은 그 사내는 다짜고짜 그렇게 말하며 큰절을 올렸다.

보아하니 장신의 몸에다 부리부리한 눈매, 거기에다 눈에서 뿜어져 나오는 광채가 예사로운 인물 같지는 않았다.

"무술에는 능한가?"

대무신왕의 말이 떨어지기가 무섭게 괴유는 칼과 창을 들고 날렵하게 몸을 움직여 보였다. 보는 이마다 입을 쩍 벌릴 정도로 괴유의 무술 실력은 뛰어났다.

대무신왕은 즉시 괴유를 선봉장으로 삼았다.

괴유를 선봉장으로 앞세운 고구려군은 마침내 부여 땅의 남쪽 국경을 넘었다. 대무신왕은 우선 지형을 살피어 구릉이 낮은 곳을 일부러 비워 두고 높은 언덕에다 진을 치고 부여군을 기다렸다.

한편 대소왕은 대무신왕이 지휘하는 고구려 군사가 남쪽 국경을 넘어 진을 쳤다는 소식을 접하고 불같이 화를 내었다.

"이제 갓 왕위에 오른 어린놈이 무얼 안다고 군사를 일으켜 우리 부여를 친다는 말이더냐? 오냐, 이놈! 오늘이 바로 네 제삿날이 될 줄 알아라!"

그리하여 대소왕은 군사를 이끌고 고구려군 진영을 향해 말을 몰았다. 고구려군이 진을 친 곳에 도착한 대소왕은 코웃음을 치며 대무신왕을 두고 비아냥거렸다.

"낮은 구릉을 피해 언덕 위에 진을 친 것을 보니 병법이라곤 하나도 모르는 무식한 놈이로구나! 구릉을 끼고 적을 맞아야 적의 퇴로를 차단하여 섬멸할 수 있는 법이거늘……."

대소왕은 곧장 군사들에게 명령하여 구릉 쪽으로 내려가게 했다. 왕의 명령을 받은 군사들은 개미떼처럼 창과 칼을 들고 일제히 언덕 아래 구릉으로 내달렸다.

그런데 이게 웬일인가? 구릉은 진흙투성이여서 제대로 몸을 가누기조차 힘들었다. 몸이 반쯤 진흙에 잠긴 부여 군사들은 중심도 잡지 못하고 허우적거렸다.

그때를 놓치지 않고 대무신왕의 공격 명령이 떨어졌다. 언덕 위에서 함성을 지르며 구릉을 에워싸고 있는 고구려 군사들은 갈팡질팡하는 부여군을 손쉽게 무찌를 수 있었다.

대소왕은 말을 돌려 부여군의 진영으로 돌아가려 했으나 장검을 휘두르며 괴유가 그 앞을 가로막으며 큰소리로 외쳤다.

"어리석은 대소는 내 칼을 받아라!"

대소왕은 괴유의 말에 더욱 기세등등하게 맞받았다.

"젖비린내 나는 어린놈이 못하는 말이 없구나! 그렇게 죽기가 소원이거든 네 원대로 해주마!"

대소왕은 말이 끝나자마자 큰 창을 휘두르며 괴유를 향해 말을 달렸다. 괴유도 소리를 지르며 대소왕을 향해 칼을 휘두르며 달려들었다.

두 사람은 서로 으르렁거리는 호랑이와 표범처럼 싸워댔다. 괴유가 젊고 용맹스러워 힘에서 앞선다면 대소왕은 비록 늙은 몸이지만 백전노장이라 할 수 있었다.

누가 먼저랄 것도 없이 칼과 창을 주고받으니 두 사람의 싸움은 좀처럼 승패를 가리기 힘들 정도로 오래 지속되었다.

그러던 어느 순간 말을 타고 달려오며 괴유의 심장을 향해 창을 겨누던 대소왕의 머리가 툭 하니 땅바닥에 떨어져 나뒹구는 것이 아닌가. 괴유가 창을 피하며 몸을 뒤로 돌려 스쳐 지나가는 대소왕의 목을 뒤에서 내리쳤던 것이다.

고구려군의 함성이 언덕 저편까지 메아리쳤다. 대무신왕은 자리에서 벌떡 일어나 두 주먹을 불끈 쥐었다. 마침내 선왕들의 원수를 갚은 것이다.

괴유는 칼끝에 대소왕의 목을 꽂은 채 고구려 진영으로 돌아왔다. 대무신왕은 친히 괴유의 손을 잡고 감격의 눈물을 흘렸다.

"그대가 뼛속까지 사무친 내 원한을 풀었다!"

대무신왕의 그 말 한마디에는 그 동안 고구려가 부여에 당한 모든 수모와 원한이 알알이 서려 있었다.

대무신왕이 대소왕의 목을 벤 괴유의 손을 붙잡고 감격의 눈물을 흘리고 있는 사이, 졸지에 왕을 잃은 부여군은 말할 수 없는 비통함에 격분하고 있었다.

부여군은 일개 소국小國에 불과한 고구려가 부여를 침략한 것도 어이가 없는데 대소왕의 목숨까지 앗아 가자 고구려왕의 목을 베어 원수를 갚자는 소리가 드세어 갔다.

군사를 재정비한 부여군은 다음날 아침 대대적인 공격을 감행해 왔다. 수적으로 열세인 고구려군은 죽기를 각오하고 싸웠지만 조금씩 뒤로 밀리기 시작했다.

대무신왕은 일단 철수하기로 마음을 굳혔지만 진지를 에워싼 부여군의 숫자가 워낙 많아 쉽사리 포위망을 뚫을 수가 없었다.

하루하루가 지날수록 고구려군은 불리한 입장에 놓였다. 가져온 군량미는 바닥을 보이고 있었고 군사들도 조금씩 지쳐 갔다. 퇴로를 차단당한 상태라 되돌아갈 수도 없는 노릇이었다.

대무신왕은 하늘을 우러러 탄식을 했다.

"하늘이시여! 이렇게 저희 고구려를 버리십니까? 차라리 제 목숨을 거둬 가시고 죄 없는 군사들은 살아서 돌려보내 주옵소서!"

그런 왕을 바라보는 괴유의 마음도 쓰라리고 안타까웠다. 대장부가 싸움터에서 죽을 양이면 전사했다는 소리를 들어야지 군량미가 떨어져 굶어 죽었다는 소리를 듣는다는 것은 치욕스러운 일이었다.

대무신왕과 괴유가 가슴을 졸이며 애를 태우고 있는데 난데없이 안개가 끼어 자욱하게 진지를 에워싸기 시작했다. 안개는 점차 짙어져 얼마 지나지 않아 한치 앞이 안 보일 정도로 짙어 갔다.

대무신왕은 급히 괴유를 불러 말했다.

"이 안개는 하늘이 우리를 돕기 위해 내리신 것이다. 이 기회를 놓치지 말고 고구려로 돌아가야겠는데 무슨 방도가 없겠는가?"

괴유는 곰곰이 생각에 잠기더니 왕께 아뢰었다.

"폐하! 염려치 마옵소서. 소신이 알아서 처리하겠습니다."

대무신왕 앞을 물러난 괴유는 군사들을 시켜 나무와 짚으로 허수아비를 만들게 했다. 군사들 한 명당 하나씩을 만들게 했으니 그 수가 군사들의 수와 일치했다.

그런 다음 칼이며 창을 허수아비의 손에 묶어 군사들이 정렬한 것처럼 땅 위에 일렬로 세워 놓았다.

밤이 되기를 기다려 괴유는 대무신왕을 모시고 먼저 앞장섰다. 그리고 그 뒤로 군사들을 몇 개 조로 나누어서 띄엄띄엄 뒤따르게 했다. 밤인 데다 한치 앞도 볼 수 없는 안개 속이라 부여군들은 전혀 눈치 채지 못했다.

대무신왕을 비롯한 고구려군은 그렇게 해서 무사히 고구려 땅으로 돌아올 수 있었다.

안개는 일주일이나 계속되었고 고구려군이 도망친 다음에도 부여군은 안개 속에 희미하게 창과 칼을 들고 서 있는 허수아비를 고구려군으로 착각하여 언제나 전투 태세를 갖추고 안개가 걷히기만을 기다리고 있었다.

마침내 안개가 걷히고 부여군이 총공격을 개시하려는 순간 고구려군의 진영에는 무수한 허수아비만이 부여군을 비웃는 듯 서 있었다.

그제야 고구려군이 달아났음을 알아차린 부여군은 즉각 추격전을 벌였으나 그 시각 고구려의 대궐에서는 이미 대무신왕을 비롯한 신하들이 모여 대소왕의 목을 베고 무사히 돌아온 것을 기념하는 큰 잔치가 벌어지고 있었다.

고구려군을 추격하던 부여군은 국경에 이르러서야 그 사실을 알고 울분을 삭이며 훗날을 기약한 채 말을 돌려 부여 땅으로 되돌아갔다.

대무신왕은 괴유에게 큰 상을 내리고 전쟁에서 죽은 군사들의 유가족에게는 쌀과 옷감을 내려 그 슬픔을 위로하였다.

악명 높은 왕

고구려 제5대 왕인 모본왕은 대무신왕의 아들로서 이름은 해우 解憂다. 해우는 이복형인 호동 왕자가 자결한 후 태자에 책봉되었다.

그러나 대무신왕이 승하한 후 해우 태자의 나이가 너무 어리다 는 이유로 숙부인 해색주解色朱가 왕위를 이으니 그가 곧 고구려 제4 대 왕인 민중왕이다.

민중왕은 착하고 어진 성군이었으나 늘 해우 태자를 둘러싼 무 리들의 위협을 받아야 했다. 결국 민중왕은 재위 5년 만에 몹쓸 병 을 얻어 세상을 떠났다.

민중왕이 승하하자 해우 태자는 때를 기다렸다는 듯이 왕위에 올랐는데 그가 바로 고구려 최초로 신하에게 암살당한 모본왕이다.

모본왕은 태자 시절부터 성질이 포악하고 행실 또한 극악무도하 기로 온 나라 안에 소문이 자자했다. 여색을 좋아하여 어떤 여자든 마음에 들면 겁탈을 일삼았고 욕심이 많아 진기한 물건을 보면 닥치 는 대로 빼앗았다. 태자라는 신분 때문에 일언반구도 할 수 없었던 백성들은 그저 태자가 나타났다는 소리만 들리면 문을 걸어 잠그고 바깥출입을 일체 금했다.

그런 태자가 왕위에 올랐으니 그 흉포함과 악행은 이루 말할 수조차 없었다.

하루는 모본왕의 행동을 보다못한 노老 신하가 왕을 알현하고 직언을 했다.

"폐하! 부디 선대왕의 위업을 이어받아 나라를 바로 세우고 백성들에게 선정을 베푸시도록 하옵소서!"

모본왕은 노 신하의 말을 한쪽 귀로 흘려 들으면서 짐짓 신중한 척 말을 받았다.

"공의 말은 과인이 실정失政을 한단 말이오?"

"……."

왕의 말에 노 신하는 차마 입을 열 수가 없었다. 마음 같아서는 그렇다 말하고 싶었지만 그랬다가는 무슨 후환을 당할지 아무도 모를 일이었다.

모본왕은 재차 말했다.

"그렇다는 말이오, 아니라는 말이오?"

"통촉하여 주옵소서, 폐하!"

할말을 잃은 노 신하는 그자리에 엎드리며 눈물을 쏟았다.

"알았소! 공의 말을 따를 것이니 눈물을 거두시오."

노 신하는 자신의 귀를 의심했다. 그뿐만 아니라 어전에 있던 모든 신하들이 왕의 말을 듣고 깜짝 놀랐다.

모본왕의 평소 행동 대로라면 지금쯤 직언을 한 노 신하의 목을 치라는 엄명이 떨어졌을 것이다.

"돌아가오. 과인이 신중히 생각해 보겠소."

"황공하옵니다, 폐하!"

노 신하는 감읍하며 큰절을 올리고 어전에서 물러났다.

모본왕은 노 신하가 어전에서 물러나자마자 곧바로 활을 가져오라고 명하더니 밖으로 나가 대궐 마당을 가로질러 가는 그의 등에 화살을 꽂았다.

노 신하는 외마디 비명을 지르며 그자리에서 고꾸라졌고 다른 신하들은 사색이 되어 벌벌 떨며 보고만 있을 따름이었다.

모본왕은 싸늘한 눈초리로 신하들을 둘러보았다. 독기가 잔뜩 서린 뱀 같은 눈빛이었다. 그 눈빛은 마치 어느 누구를 막론하고 노 신하와 같은 말을 하면 죽임을 당하리라는 일종의 본보기이기도 했다.

신하들은 몸을 잔뜩 움츠리고 모본왕의 눈치만 살피고 있었다. 그렇게 살기 띤 눈초리로 신하들을 둘러보던 모본왕은 화살을 대궐 마당에 내팽개치고 씩씩거리며 어전으로 들어갔다.

그제야 신하들은 막혔던 숨통이 풀린 듯 크게 숨을 몰아쉬며 누가 먼저랄 것도 없이 우르르 대궐 문 밖으로 꽁무니를 뺐다.

다만 두로杜魯라는 신하만이 모본왕의 화살에 맞고 쓰러진 노신에게 달려가 그 시체를 껴안고 소리 없이 통곡할 뿐이었다.

모본왕의 흉악함은 날로 더해져 나중에는 정사는 안중에 두지도 않고 오로지 신하들을 비롯해 주위 사람들을 괴롭히고 못살게 구는 일에만 재미를 붙였다.

모본왕은 어전에 앉지도 않고 아예 바닥에 드러누워 신하들을 맞이하곤 했는데 보료나 요를 깔지 않고 신하들의 몸을 베개삼아 깔고 눕기를 즐겼다.

젊은 신하들은 그래도 다행이었지만 늙은 신하들은 영 죽을 맛이었다. 자신의 몸을 베고 누운 모본왕이 낮잠이라도 잘 요량이면 미동은커녕 처음의 그 자세로 꼼짝도 할 수 없이 왕이 잠에서 깨어나기만을 기다려야 했다. 그러다 보면 전신이 쑤시고 결려 나중에는 숨이 턱턱 막힐 노릇이었다. 만약 그 신하가 조금이라도 움직이면 모본왕은 인상을 찌푸리며 타박을 했다.

"공은 과인이 편히 쉬는 게 싫은 것이오? 왜 그리 몸을 움직이시오?"

그것뿐만이 아니었다. 연로한 신하를 베고 누워서는,

"공은 너무 늙은 것 같소! 살가죽이 없고 뼈만 남아 과인의 머리가 다 아플 지경이오."

하며 신경질을 부렸고, 살찐 신하를 베고 누워서는,

"공은 정사는 돌보지 않고 날마다 놀고 먹으며 국록國祿만 축내는가 보구려." 하고 비아냥거렸다.

모본왕의 행실이 나아지기는커녕 갈수록 악행이 더욱 심해지자 두로는 비장한 결심을 하고 왕을 찾았다.

두로가 어전에 들어서는 것을 본 모본왕은 반가운 기색을 하며 두로를 가까이 불렀다.

"어서 오시오, 두로! 그렇지 않아도 낮잠을 잘까 했는데 마침 잘됐구려. 이리 와서 피곤한 과인의 몸을 좀 보필해 주시오."

"예, 폐하!"

두로는 웃음 띤 얼굴로 모본왕 곁에 다가가 기꺼이 베개가 되어 주었다.

"과연 두로만큼 편안한 이가 없지……."

두로의 몸을 베고 누운 모본왕은 깊은 잠에 곯아떨어졌다. 간밤에도 밤새 술을 마셨는지 모본왕이 숨을 쉴 때마다 술내가 진동했다.

두로는 모본왕이 잠든 것을 확인하고는 품속에서 비수를 꺼내 들었다. 두로는 한 손으로 왕의 입을 틀어막은 다음 칼을 쥔 손을 힘껏 왕의 가슴에 내리꽂았다.

모본왕은 비명도 지르지 못하고 즉사했다. 눈썹을 움찔했지만 이내 맥없이 두 눈동자가 풀어졌다.

모본왕의 죽음에 대해 어느 누구도 시해라고 말하지 않았다. 그저 쉬쉬하며 공공연한 죽음으로만 받아들일 뿐이었다.

유사 이래 최초로 신하에게 암살당한 임금이 된 모본왕은 모본 벌에 묻혔고 태자 익翊이 있었으나 조정에서는 제3대 대무신왕의 동생인 재사再思의 아들 궁宮을 왕으로 추대했다.

고구려 제6대 임금인 태조대왕의 동생 수성遂成은 사냥하기를 즐겨 대궐에 있는 날보다 궐 밖으로 나가 사냥을 다니는 날이 더 많았다.

찌는 듯한 무더위가 기승을 부리는 한여름에도 날씨에 아랑곳하지 않고 왜산倭山으로 사냥을 나간 수성은 더위가 한풀 꺾인 저녁이 되자 심복들을 좌우에 거느리고 앉아 낮에 사냥한 고기를 푸짐하게 구워 먹으며 술판을 벌였다.

"나리!"

모두들 술이 얼큰하게 올랐을 무렵 부하 한 명이 목소리를 낮춰 수성을 불렀다.

"무슨 일이냐?"

수성이 술에 취한 목소리로 호기롭게 대답했다.

"지난날 모본왕께서 승하하셨을 때, 태자의 나이가 어리다는 이유로 선대왕의 왕자이시자 나리의 아버님이신 재사공으로 하여금 보위를 잇게 하려 했으나, 재사공께서 자신이 노쇠한 것을 들어 아들이신 지금의 태조대왕께 왕위를 물려주지 않았습니까?"

그 말에 흥청거리던 술자리는 금세 엄숙하게 바뀌었다.

"그게 어떻다는 말이냐?"

"그러한 전례로 볼 때 왕위를 동생에게 물려주지 말라는 법도 없지 않겠습니까?"

"그러하옵니다. 당연히 있을 수 있는 일이옵니다."

이번에는 다른 부하가 그 말에 맞장구를 치고 나섰다.

"나리! 지금의 대왕께서 왕좌에 앉으신 지 어언 80년이 다 되어 갑니다. 이제 대왕께서는 너무 연로하시어 국정을 제대로 돌보시기도 어렵사옵니다."

부하들의 말에 수성은 말없이 술잔을 입으로 가져갔다.

"그렇긴 하다만 대왕 슬하에 태자가 없다면 몰라도 태자가 둘씩이나 되는데 내 어찌 감히 왕좌를 엿보겠는가?"

"아니옵니다, 나리. 태자가 있다고는 하나 세상 물정을 모르는 어린아이와 같사옵니다. 그런 태자에게 왕위를 잇게 하기보다는 세상사를 두루 섭렵하신 나리 같은 분이 마땅히 보위를 이어야 할 것이옵니다."

부하들은 너도나도 달콤한 말로써 수성을 부추겼다. 처음에는 술 취한 부하들의 주정쯤으로 여기던 수성의 마음은 조금씩 그 말들에 현혹되어 갔다.

사냥에서 돌아온 수성은 사람이 달라져 있었다. 갈수록 기세 등등해져서 함부로 거친 말과 행동을 일삼았고 마치 자신이 왕이라도 된 양 대궐의 신하들을 수족처럼 부렸다.

이를 보다못한 수성의 아우 백고伯固가 수성을 찾아가 언행을 조심할 것을 간했으나 수성은 백고의 말을 한마디로 일축해 버리고 날로 방자해져만 갔다.

그로부터 10년이 지난 어느 날 태조대왕은 꿈을 꾸었는데, 꿈속에 호랑이와 표범이 서로 맹렬한 기세로 싸우다가 표범이 날렵하게 몸을 날려 호랑이의 꼬리를 잘라 버리는 것이었다.

꿈에서 깨어난 왕은 참으로 희한한 꿈이라 여겨 일관을 불러 해몽을 시켰다.

"예로부터 호랑이는 백수의 왕으로 일컫는데 표범에게 꼬리가 잘렸다 함은 상서롭지 못한 징조이옵니다. 즉, 대왕께서 이 같은 꿈을 꾸신 것은 신하들 중에 역모를 꾀하는 자가 있으니 조심하라는 하늘의 계시라 할 것이옵니다."

일관의 말을 듣고 있던 신하 근신이 왕께 아뢰었다.

"대왕 폐하! 호랑이와 표범은 생김새는 달라도 같은 종이 아니옵니까? 하오니 역모를 꾀하는 자는 분명 왕실 가운데 있는 것으로 아옵니다."

근신이 왕실이라고 한 것은 태조대왕의 동생 수성을 두고 한 말이었다. 그러나 태조대왕은 천천히 머리를 가로 저었다. 근신의 말은 알아들었으되 그럴 리가 없다는 뜻이었다.

"대왕 폐하!"

곁에서 잠자코 있던 우보右輔 고복장高福章이 아뢰었다.

"성현의 말씀 중에 '내가 화로써 남을 대하지 않으면 남도 나를 함부로 대하지 못한다'고 하였사옵니다. 하오니 부디 대왕께서는 성은을 베푸시어 왕실의 화친을 도모하시고 백성들을 자애로 다스리시옵소서."

그 말에 태조대왕은 비로소 흡족한 미소를 지었다.

그러나 불행하게도 우보 고복장은 수성의 음모를 아직 알아차리지 못하고 있었다.

다시 4년의 세월이 흘렀다.

수성은 점차 자신의 세력을 키워 나갔고 사냥을 핑계로 궐 밖으로 나가면 심복들을 모아 놓고 왕을 없앨 계책을 마련하느라 고심했다.

처음에는 근신의 말을 믿지 않던 고복장도 수성의 거동이 심상치 않다는 것을 눈치 채고 태조대왕을 알현하여 수성의 일을 아뢰었다.

"대왕 폐하! 아무래도 왕제王弟의 행적이 심상치 않사옵니다."

"왕제라 함은 수성을 말함이오?"

"그러하옵니다."

태조대왕의 용안에 어두운 빛이 서렸다.

"과인이 일일간에 말하려 하였던 바, 이제 과인은 보위를 수성에게 물려주고 편히 쉴까 하오."

"대왕 폐하! 당치 않은 말씀이시옵니다."

고복장은 놀란 표정으로 아뢰었다.

"아니오. 과인은 이미 노쇠하여 국사를 돌볼 기력이 없소. 그러나 수성은 이제 이른 여섯이니 아직 젊다 할 것이오. 그러니 수성으로 하여금 보위를 잇게 하면 국사에 대한 과인의 시름이 덜어질 것이오."

태조대왕이 아우인 수성에게 보위를 물려준다는 말을 듣고 근신이 어전으로 달려왔다.

"대왕 폐하! 명을 거두옵소서! 왕제이신 수성은 언행이 난폭하고 성품이 어질지 못해 만백성의 어버이 될 인물이 아니옵니다. 더군다나 두 분 왕자님의 안위를 생각하신다면 더욱 그럴 수 없는 노릇입니다. 하오니 부디 명을 거두시고 보위를 지키옵소서, 대왕 폐하!"

그러나 태조대왕은 명을 거두지 않았다. 그해 12월 그는 수성에게 보위를 물려주고 자신은 별궁으로 물러나 칩거했다.

드디어 그토록 갈망하던 왕좌에 오른 수성은 스스로를 차대왕이라 칭하고 서서히 그 본심을 드러내기 시작했다. 우선 자신의 왕위 계승을 반대하던 고복장과 근신의 목을 베고 그자리에 자신의 심복들을 앉혔다.

　차대왕의 그 같은 처사에 다른 신하들은 관직을 버리고 낙향하거나 산속에 은둔하여 은자로 살았다. 차대왕의 동생 백고 또한 왕의 눈을 피해 어디론가 자취를 감추었다.

　차대왕의 만행은 이에 그치지 않았다. 전왕인 태조대왕의 두 아들인 막근莫勤과 막덕莫德이 살아 있으니 그야말로 눈엣가시였던 것이다.

　차대왕은 심복 중에 무술이 뛰어난 자를 불러 두 왕자를 살해하도록 명을 내렸다. 왕명을 받은 심복은 한밤중에 태자궁으로 몰래 들어가 막근을 무자비하게 난자했다.

　막근의 비명 소리를 듣고 달려온 궁인들에게 들켜 자객이 도망을 치는 바람에 다행히 동생 막덕은 목숨을 건졌지만 언제 죽을지 모를 자신의 운명을 비관한 나머지 스스로 목을 매어 자살하고 말았다.

　이로써 태조대왕의 두 아들이 한꺼번에 목숨을 잃으니 언젠가 근신이 태조대왕의 왕위 계승을 반대하며 간한 우려가 현실로 나타난 셈이 되었다.

　차대왕은 자신을 탐탁지 않게 여기는 신하들과 눈엣가시였던 두 왕자를 제거하자 만사가 자신이 원하는 대로 된 것을 기뻐하며 심복들과 어울려 날마다 사냥터에서 시간을 보냈다.

　차대왕이 왕위에 오른 지 3년째 되던 해 7월이었다.

　여느 날과 다름없이 차대왕은 심복들을 데리고 평유원平儒原으로 사냥을 나갔는데 괴상하게도 흰여우 한 마리가 차대왕의 행렬 뒤를 졸졸 따르는 것이었다.

차대왕은 화를 내며 궁사들을 시켜 흰여우를 활을 쏘아 죽이라고 명했다. 그런데 흰여우는 화살을 이리저리 날렵하게 피하며 계속해서 수성의 행렬을 뒤따라 다녔다.

화가 머리끝까지 치민 차대왕은 자신이 직접 활을 들고 흰여우를 향해 화살을 날렸다. 여전히 날렵하게 화살을 피하던 흰여우는 차대왕을 놀리는 듯이 숲속으로 달아나더니 이내 종적을 감추었다.

기분이 상한 차대왕은 사냥을 그만두고 대궐로 돌아와 일관을 불러 낮에 있었던 일을 이야기하고 그와 같은 일이 일어난 뜻을 물었다.

"여우는 본시 요망한 짐승으로서 대왕의 뒤를 따랐다면 상서롭지 못한 징조입니다. 더군다나 그 빛깔이 흰빛이라 함은 더더욱 흉조입니다. 하오니 대왕께서는 이제부터라도 몸가짐을 조심하시고 마음을 정결하게 하시어 덕을 쌓으시는 것이 좋을 것입니다."

"그렇다면 지금 과인이 부덕하다는 말이더냐?"

"그것이 아니옵고……."

"괘씸한 놈 같으니! 여봐라! 저놈의 목을 베어 엄히 다스려라!"

"대왕 폐하! 폐하!"

일관은 차대왕을 애타게 부르다가 한 칼에 목이 잘리고 말았다.

백성들의 안위와는 상관없이 날마다 사냥만 일삼는 차대왕에 대한 백성들의 원망은 날로 높아갔고 하늘도 이변으로써 차대왕에게 무언의 경고를 하였다.

차대왕이 즉위한 지 4년째 되는 해 4월 그믐에는 대낮에 일식이 일어나 천지가 온통 암흑에 휩싸였고, 5월에는 천체의 오성五星, 즉 금성, 목성, 수성, 화성, 토성이 동방으로 모였으며, 겨울이 되어도 얼음이 얼지 않았다.

그 후에도 이변은 끊이지 않았는데, 차대왕 즉위 8년 6월에는 갑자기 서리가 내려 농작물이 모두 얼어 죽었고, 12월에는 여름에나 있을 법한 천둥 소리가 하늘을 울렸다. 신하들은 그저 차대왕을 칭송하기에 급급할 뿐 백성들의 원망이나 민심의 동요는 입에 담지도 않았다.

차대왕 즉위 20년, 별궁에 칩거하던 태조대왕이 마침내 승하했다. 차대왕은 오히려 잘된 일이라며 태조대왕의 빈소에 들르지도 않았다.

그러나 운명은 알 수 없는 것이었다. 태조대왕이 승하한 그해 12월, 차대왕은 조의皀衣하는 하급관리직에 있던 명림답부明臨答夫의 손에 의해 무참히 시해되었다.

민심을 업고 일어선 명림답부는 차대왕의 후대로 왕제王弟 백고를 내세웠다.

국상이 된 농부

왕실의 외척인 어비류와 좌가려의 반란을 진압한 고국천왕은 정사를 더 이상 왕실의 일가 친척들 손에 맡겨서는 안 된다고 생각하고 전국에 영을 내려 백성들로부터 직접 어질고 훌륭한 인재를 천거받았다.

그렇게 해서 동부와 서부, 남부와 북부의 모든 백성들이 각자 여러 인물들을 천거했는데, 그 중에서 동부에 사는 안유晏留라는 인물이 가장 많은 백성들로부터 천거되었다.

고국천왕은 안유를 불러들여 사람됨을 살펴 보니 과연 많은 백성들이 천거한 사람답게 학덕이 높고 인품이 고매했다.

고국천왕이 기쁜 마음으로 안유를 등용시켜 정사를 모두 맡기려하자 안유는 왕 앞에 나아가 이렇게 말했다.

"대왕 폐하! 소신은 나라의 정사를 맡을 만한 인물이 못 되옵니다. 황공하오나 소신 대신 을파소乙巴素를 데려다 그 일을 맡기시는 것이 합당할 것이옵니다."

안유의 말에 고국천왕이 물었다.

"을파소라는 자는 대체 어떤 인물인가?"

"을파소는 선대의 왕이신 유리명왕 때 대신大臣을 지낸 을소乙素

의 손자이옵니다."

"대신 을소의 손자라……."

고국천왕이 잠시 머뭇거리자 안유가 다시 한 번 을파소를 천거했다.

"대왕 폐하! 을파소는 성품이 강직하고 재주 또한 비범하여 그를 아는 사람들은 누구든지 그의 말을 믿고 따릅니다. 또한 지혜롭고 영특하기가 이루 말할 수가 없으며 큰 기상을 품고 있어 나라일을 돌보는데 적임자이옵니다."

"그렇다면 왜 백성들이 그 자를 천거하지 않았느냐?"

"본래 사람들 앞에 나서기를 꺼려하며 스스로 자신을 낮추기를 잘하니 겸손의 덕 또한 크다고 할 것입니다."

고국천왕은 백성들로부터 천거받은 안유가 그토록 내세우는 인물이라면 분명 큰 인물일 듯싶었다.

"그렇다면 을파소를 데려오라! 내 친히 그 인물됨을 알아보리라."

그런 다음 고국천왕은 많은 예물을 수레에 싣게 하고 을파소를 중외대부에 제수한다는 칙서까지 친히 써서 신하를 을파소의 집으로 보냈다.

그러나 왕의 칙서를 받은 을파소는 중외대부의 자리에 올라서는 정사를 제대로 돌보지 못할 것을 알고 예물을 실은 수레와 함께 사양한다는 뜻을 적은 상소를 올렸다.

을파소의 상소문을 받은 고국천왕은 그 필체가 물 흐르듯이 유려하고 문장 또한 범인의 것이 아닌 것을 알고 을파소를 국상에 임명한다는 명을 내렸다.

일이 이렇게 되자 을파소도 더 이상 왕의 명을 거역할 수가 없었다. 그리고 국상의 자리라면 자신의 뜻을 바로 펼 수도 있을 것 같아 마지못해 벼슬길에 올랐다.

하루아침에 농부에서 한 나라의 국상이 된 을파소를 두고 왕실을 비롯한 모든 백성들이 놀라움을 금치 못하며 우려를 표명했지만 정작 고국천왕만은 안유의 말을 철석같이 믿었기에 태평스럽게 나날을 보냈다.

그러던 어느 날 고국천왕이 사냥을 나섰다가 돌아오는데 허름한 민가에서 통곡 소리가 들려 신하로 하여금 그 사연을 알아보게 했다.

잠시 후 통곡 소리가 그치고 민가에서 신하와 함께 한 청년이 나와 고국천왕 앞에 무릎을 꿇었다.

"네 무슨 일로 그리 서럽게 우느냐?"

고국천왕의 말에 청년은 얼굴도 들지 못하고 떨리는 목소리로 아뢰었다.

"대왕 폐하! 소인은 남의 집에 품을 팔아 늙으신 홀어머니를 봉양하며 사는 하찮은 백성이옵니다. 그런데 올해는 흉년이 들어 품을 팔기가 쉽지 않아 늙으신 어머니께 사흘이 넘도록 곡기 한 알 대접하지 못해 안타까운 마음에 그만……."

청년은 또다시 흐느꼈다. 그의 행색을 자세히 들여다본 고국천왕은 가슴이 미어지는 것 같았다.

때묻은 옷 밖으로 드러난 청년의 두 팔과 다리는 뼈만 앙상하게 남아 있었고 자신 앞에 조아린 목덜미는 마른 나뭇가지처럼 금방이라도 꺾일 것만 같았다.

고국천왕은 신하를 시켜 청년의 집에 쌀 몇 섬을 들여준 뒤 대궐로 돌아와 국상 을파소와 의논을 하여 백성들 중에 연로한 홀아비와 홀어머, 자식 없는 노인과 부모 없는 어린아이는 나라에서 구제하도록 했다.

을파소는 더 나아가 백성들의 굶주림을 원천적으로 해결해야 된다고 생각했다. 그래서 먹을 것이 바닥나는 춘궁기에 나라에서 백성들에게 곡식을 빌려 주고 가을이 되어 추수가 끝난 다음에 약간의 이자를 보태어 갚도록 하는 제도를 실행했는데, 이것이 바로 진대법이다.

을파소는 백성들의 생활에도 관심을 가져 도적을 소탕하고 예의범절을 숭상했으며 포악한 자가 있으면 엄한 벌로 다스리고 백성의 고혈을 착취하는 관리는 지위 고하를 막론하고 벼슬을 박탈하고 옥에 가두었다.

또 한편으로는 뛰어난 인재가 있다면 일개 평민일지라도 관직에 등용시켰으며 학업을 널리 펴서 백성들의 무지함을 일깨우는 데 힘썼다.

그리하여 을파소가 국상의 자리에 오른 지 몇 년이 채 되지 않아 고구려는 태평성대를 맞이했고, 백성들은 을파소를 성인聖人처럼 우러러보고 받들었다.

득래의 예언

고구려 동천왕은 혈기가 왕성하고 기상이 높고 진취적이라 30대 젊은 나이에 위나라를 침략하여 서안평을 함락시켰다. 이에 기세 등등해진 동천왕은 위나라의 군사력이 별것 아니라고 여겨 전쟁을 그만둘 기미를 보이지 않고 계속 전쟁 준비에 전념했다.

그러나 고구려군의 대장 득래는 동천왕의 욕심이 과하다는 것을 알아채고 왕을 알현하고 아뢰었다.

"폐하! 이만하면 위나라에서도 우리 고구려의 위력을 알았을 것이옵니다. 그러니 이제 전쟁을 그만두시고 백성들의 안위에 힘쓰옵소서!"

득래의 말을 들은 동천왕은 마뜩잖은 표정으로 말했다.

"이제 겨우 서안평을 함락한 것뿐인데 여기서 물러날 수는 없는 노릇이오!"

득래는 다시 한 번 충심으로 아뢰었다.

"폐하! 저들의 힘을 쉽게 보아서는 안 됩니다. 비록 지금은 저들이 서안평을 내어주었다고는 하나 언제 군사를 정비하여 대군을 이끌고 다시 쳐들어올지 모릅니다. 하오니……."

"듣기 싫소! 이제 보았더니 공은 일개 겁쟁이에 불과하구려! 물러가시오!"

동천왕은 화를 버럭 내며 큰소리로 득래를 책망했다.

득래는 더 이상 자신의 말이 왕의 욕심을 꺾을 수 없다는 것을 알고는 그 즉시 관직을 사직하고 집으로 돌아갔다.

'이를 어쩔 것인가? 왕의 지나친 욕심으로 장차 이곳 환도성에는 풀과 나무만 무성하여 이름 없는 새들만이 예전의 영화榮華를 구슬피 애도하겠구나!'

득래는 속으로 그렇게 탄식했다. 그뒤 그는 자신의 집에서 칩거한 채 식음을 전폐하며 오로지 나라일을 걱정하다 결국 굶어 죽고 말았다.

그러나 동천왕은 그런 득래의 죽음에는 아랑곳하지 않고 백성들을 동원하여 날마다 전쟁 준비를 하느라 여념이 없었다.

득래가 죽은 지 얼마 지나지 않아 위나라 장수 관구검이 대군을 거느리고 고구려를 쳐들어왔다.

동천왕은 친히 군사 2만 명을 이끌고 관구검과 대적하러 나갔다. 동천왕은 비록 2만의 군사였지만 지형을 이용한 공격과 뛰어난 용병술로 위나라 군사들을 두 차례에 걸쳐 대파했다.

동천왕은 위나라 장수 관구검도 별것 아니라는 자만심과 두 차례의 승리감에 도취되어 세 번째 싸움에서는 앞서 썼던 지형을 이용한 공격이나 용병술을 쓰지 않고 정공법을 써서 공격해 들어갔다.

그러나 결과는 한마디로 고구려의 대패였다. 위나라 장수 관구검은 두 차례나 패전당한 모멸감을 일시에 씻으려는 듯 파죽지세로 몰려왔고 이미 기울어진 전세를 파악한 고구려군은 동분서주하며 달아나기에 바빴다.

동천왕은 도성인 환도성을 버리고 압록강 남쪽으로 달아났다.

환도성을 함락한 위나라 장수 관구검은 군사를 풀어 동천왕을 뒤쫓았다.

위나라 군의 맹렬한 추격을 받으며 쫓기던 동천왕은 점차 지쳐 갔다. 위나라 군은 바로 등뒤에까지 칼을 들이대며 쫓아온 상황이었다.

그때 동천왕을 따르던 장수 밀우가 앞에 나서 왕에게 아뢰었다.

"폐하! 이대로는 적군에게 잡힐 것이 자명합니다. 그러니 제가 결사대를 만들어 적들과 교전을 벌일 터이니 그사이 어서 몸을 피하시어 옥체를 보존하옵소서!"

동천왕은 다른 방도가 없었기에 밀우의 말을 따를 수밖에 없었다.

밀우는 곧 결사대를 조직하여 말을 돌려 쫓아오는 위나라 군을 향해 돌진해 갔다. 그러나 말 그대로 달걀로 바위 치기였다.

밀우를 비롯한 결사대는 동천왕이 안전한 곳으로 피할 때까지 있는 힘을 다해 위나라 군사를 맞아 혈투를 벌였으나 결과는 불을 보듯 뻔했다.

결사대의 목숨을 건 항전으로 안전한 곳으로 피신한 동천왕은 밀우의 충정을 생각하여 그를 그대로 죽게 할 수는 없는 노릇이라고 여겼다.

이에 장수 유옥구가 자처하고 나서 밀우를 구해 왔는데 유옥구의 등에 업혀 온 밀우는 피투성이가 되어 거의 죽음 직전에 이른 처참한 모습이었다.

동천왕은 친히 밀우의 손을 잡고 눈물을 글썽이며 노고를 치하했다. 다행히 밀우는 치명상을 입은 것은 아니어서 목숨을 건질 수 있었다.

위나라 군에게 쫓겨 동천왕은 다시 남옥저까지 내려갔지만 더는 갈 곳이 없었다. 동천왕은 득래의 말을 떠올리며 자신의 부주의함을 탓했지만 돌이킬 수 없는 현실 앞에 그런 후회는 아무 소용이 없었다.

그렇게 동천왕이 고심하고 있을 때 장수 유유가 왕을 찾아와 말했다.

"폐하! 제게 한 가지 계책이 있사옵니다."

계책이라는 말에 동천왕은 귀가 번쩍 트이는 것 같았다.

"계책이라니……? 어서 말해 보오!"

유유는 침착한 어조로 차분하게 자신의 계책을 이야기했다.

"다름 아니라 내일 날이 밝으면 소장이 적장을 찾아가 폐하께서 항복하시겠다고 거짓말하겠습니다. 그리고 음식을 마련하여 항복의 뜻으로 폐하께서 친히 보내셨다고 적장에게 전할 것이옵니다."

"그래서……?"

동천왕이 눈을 빛내며 유유의 다음 말을 재촉했다.

"저는 그 음식 속에 단도를 숨겨 두었다가 적장이 방심한 틈을 타 그 자의 목을 치겠습니다. 그러면 일대 혼란이 일어날 것이니 그때를 놓치지 말고 적을 치소서."

유유의 계책을 들은 동천왕은 기쁘면서도 기뻐할 수가 없었다. 유유의 계책대로 만사가 이루어진다고 해도 적지에서 적장의 목을 벤 유유의 목숨 또한 살아 남기 어려울 것이기 때문이었다.

동천왕의 근심스러운 표정에서 그의 마음을 읽은 유유는 일어나 큰절을 올린 다음 말했다.

"폐하! 소장의 죽음을 심려치 마옵소서. 오로지 옥체를 보존하시어 이 나라의 장래를 기약하옵소서. 소장은 그것 외에는 아무 바람이 없사옵니다."

그리하여 다음날 유유는 단도를 숨긴 음식을 마련하여 위나라 장수를 만났다.

"우리 대왕께옵서 귀국에 항복하시겠다고 하오니 부디 너그럽게 받아들여 주시기 바랍니다."

위나라 장수는 크게 기뻐하며 안심하고 유유를 자신의 군막으로 맞아들였다.

위나라 장수와 마주앉은 유유는 들고 온 음식을 내놓으며 말했다.

"이 음식은 우리 대왕께서 장군께 보내는 선물이오니 부디 맛있게 드시기를 바랍니다."

위나라 장수가 항복을 받아들이며 유유가 가져온 기름진 음식을 받으려 할 때였다.

유유는 순식간에 음식에 숨겨 둔 단도를 꺼내 적장의 목을 베었다.

유유가 적장의 목을 베었다는 소식은 삽시간에 고구려군 진영에도 퍼졌고 이어서 유유가 죽었다는 비보도 전해졌다.

유유의 죽음으로 비분강개한 고구려 군사들은 적장을 잃고 어찌할 바를 몰라 우왕좌왕하는 위나라 군사들을 향해 창과 칼을 들었다.

동천왕은 고구려군을 선두에서 지휘하며 고군분투한 끝에 가까스로 위나라 군사들을 무찌를 수 있었다. 그러나 환도성으로 돌아가기에는 남아 있는 군사의 수가 너무 적어 동천왕은 눈물을 삼키며 환도성을 버리고 돌아갈 수밖에 없었다.

한편 환도성을 함락한 위나라 군사들은 마음껏 노략질을 하다가 동천왕이 환도성을 버리고 떠나자 이를 크게 비웃으며 되돌아갔다.

득래의 예언대로 결국 고구려 환도성에는 풀과 나무만이 무성하게 자랐고 가끔 이름 모를 새들만이 그 옛날의 영화를 그리워하듯 구슬프게 울 뿐이었다.

결국 동천왕은 그 이듬해에 평양성으로 천도하여 환도성은 역사 속에 옛 영화를 묻고 말았다.

수장된 여인

중천왕은 왕비의 얼굴을 바라보다가 이내 얼굴을 찡그리고 말았다. 왕비가 무슨 말을 하려는지 이미 다 알고 있었기 때문이었다.

"폐하!"

왕비는 중천왕의 표정과는 달리 웃음 띤 얼굴로 말했다.

"폐하, 지금 위나라 조정에서 머리 긴 여인을 구한다고 하옵니다."

중천왕은 왕비의 입에서 위나라 얘기가 나오자 자신도 모르게 몸을 움찔했다.

위나라로 말하자면 선왕인 동천왕 때 고구려로 쳐들어와 환도성을 함락하고 온 나라를 노략질한 철천지원수가 아닌가?

그런 까닭에 중천왕은 선왕이 죽고 왕위에 등극한 뒤부터 위나라를 쳐서 그날의 원수를 갚을 기회만 호시탐탐 노리고 있는데 갑자기 왕비의 입에서 위나라 얘기가 나오자 자신도 모르는 사이에 기분이 언짢아졌다.

"그래서…… 그게 어쨌다는 말이오?"

중천왕의 말에 왕비는 한결 부드럽게 말했다.

"폐하께서도 아시다시피 위나라는 우리의 적국이 아니옵니까? 하지만 지금의 상황으로 보아서는 아직 국력이 미약하여 위나라를 칠 수 없사오니 먼저 위나라에서 구한다는 머리 긴 여자를 보내어 위나라 조정의 환심을 사십시오."

"……."

중천왕이 아무 말이 없자 왕비는 더욱 간드러진 목소리로 말했다.

"그렇게 해서 일단 위나라를 안심시킨 다음 적당한 기회를 보아 치심이 옳은 줄 아옵니다."

그러나 중천왕은 왕비의 말에 뭐라 대답하지 않았다. 왕비가 말하는 머리 긴 여자는 분명 관나 부인을 일컫는 게 분명한 까닭이었다.

"알았으니 물러가 계시오."

중천왕은 그렇게 말하며 불편한 심사를 숨기지 않았다.

중천왕이 관나 부인을 만난 것은 왕위에 오르기 전인 태자 시절이었다.

사냥을 나갔다가 돌아오는 길에 중천왕은 관나부 근처에서 우연히 물동이를 이고 가는 한 처녀를 보았는데 다른 여인과는 달리 허리까지 길게 늘어진 머리에는 윤기가 자르르 흘렀다.

처녀의 뒷모습에 반한 중천왕은 일부러 물 한 모금을 청했고 다소곳하게 눈을 아래로 내리깔고 물 한 바가지를 건네주는 처녀의 얼굴은 뒷모습 못지않게 아름다웠다.

관나 부인에게 한눈에 반한 중천왕은 한시라도 빨리 그녀를 대궐로 데려와 곁에 두고 싶었으나 지금의 왕비인 태자비 연씨와 이미 혼인한 후였기에 어쩔 수가 없었다.

그러다가 선왕이 승하하고 자신이 왕위를 물려받았을 때에야 비로소 관나 부인을 대궐로 데려와 후궁으로 입적시킬 수 있었다.

그러나 문제는 왕비의 질투심이었다. 관나 부인이 대궐에 들어오는 것을 쌍심지를 켜고 못마땅해하던 왕비는 그녀가 들어오자 아예 불편한 심기를 노골적으로 드러내었다.

오늘 중천왕을 찾아와 위나라에서 머리 긴 여자를 구한다는 말 또한 관나 부인을 위로 보내자는 말을 은근 슬쩍 돌려서 한 것이었다.

관나 부인 또한 마찬가지였다. 처음에는 왕비가 무슨 험담을 해도 묵묵히 참아내는가 싶더니 어느때부터 그녀의 입에서도 왕비를 헐뜯는 말들이 하나둘 튀어나오기 시작했다.

중천왕은 두 여자 사이에서 갈팡질팡하는 자신의 모습이 우스꽝스러웠다. 그리고 점차 왕비나 관나 부인 모두에게 환멸을 느끼기 시작했다.

그러나 오늘 왕비의 말은 생각할수록 괘씸했다. 아무리 미워한다지만 그래도 왕이 아끼고 총애하는 후궁을 적국인 위나라로 보내자니……

중천왕은 울화가 치밀고 만사가 귀찮아져서 곧바로 신하들을 대동하고 사냥 길에 나섰다.

사냥은 내리 사흘 동안 계속되었다. 산짐승을 향해 활을 쏘고 창을 날리며 중천왕은 조금씩 가슴이 후련해짐을 느꼈다. 그리고 밤이면 낮에 사냥한 짐승들을 불에 구워 신하들과 어울려 한바탕 술판을 벌이면서 왕비와 관나 부인에 대한 미움과 원망을 달랬다.

사흘째 되는 날, 중천왕은 신하를 불러 엄명을 내렸다.

"지금 당장 대궐로 돌아가 왕비와 관나 부인에게 전하라! 앞으로 두 번 다시 투기하지 말지니 만약 그런 일이 있으면 어느 누구를 막론하고 엄벌로 다스리겠노라고 전하라!"

명령을 받은 신하가 대궐로 달려간 뒤 중천왕은 말을 몰고 다시 사냥에 나섰다. 중천왕은 도망가는 짐승들을 향해 날렵하게 활을 쏘았다. 마치 왕비와 관나 부인에 대한 미움과 원망을 화살에 실어 날려 버리려는 것처럼 쉴새없이 화살을 쏘고 또 쏘았다.

다음날 중천왕은 마침내 대궐로 돌아왔다. 먼 여행을 다녀온 사람처럼 그의 마음은 가뿐하고 한결 평온해졌다.

중천왕의 발길은 저절로 관나 부인의 처소로 향했다. 며칠 보지 못한 사이 그리운 마음이 중천왕을 그리로 이끌었던 것이다.

'그녀가 무슨 잘못이 있겠는가? 이번 일도 다 왕비 때문에 생긴 게지……'

생각이 거기에까지 미치자 중천왕은 한편으로 관나 부인이 측은하게 여겨져 발길을 재촉했다. 그렇게 그녀가 기거하는 처소에 당도했을 때 중천왕은 깜짝 놀라 그자리에 우뚝 멈춰서고 말았다.

탐스럽고 긴 머리를 휘날리며 자신을 맞이할 줄 알았던 관나 부인의 모습은 보기에도 끔찍할 정도로 달라져 있었다. 풀어 헤쳐진 머리는 헝클어지고 옷은 아무렇게나 걸쳐 입고 있었다. 신발도 신지 않은 맨발에다 두 손에 커다란 가죽 부대를 들고 있었다.

그 모습을 본 중천왕은 놀라 묻기부터 했다.

"이게 도대체 무슨 일이냐?"

관나 부인은 중천왕 앞에 힘없이 쓰러지며 말했다.

"폐하! 소녀를 집으로 돌려보내 주옵소서!"

"그게 무슨 말이냐?"

중천왕의 말에 그녀는 서럽게 흐느끼며 대답했다.

"왕비 마마께서 허구한 날 소녀를 일러 시골 계집이라 천대하고 박대하니 어찌 이곳에서 폐하를 모시고 살아갈 수 있겠습니까? 차라리 소녀를 집으로 돌려보내어 단 하루라도 마음 편히 살아갈 수 있도록 은혜를 베풀어 주옵소서!"

관나 부인의 말을 들은 중천왕의 얼굴은 무참하게 일그러졌다.

사냥터에서 돌아올 때의 가뿐한 기분도 순식간에 사라지고 마음은 다시 예전처럼 천근 만근이나 무거워졌다.

중천왕의 그런 기분과는 상관없이 관나 부인은 계속 눈물을 흘리며 말했다.

"폐하께서 사냥을 나가신 후 왕비 마마께서 이 가죽 부대에 소녀를 담아 바닷물에 수장시키려 하셨사옵니다. 그러니 소녀가 살길은 오직 집으로 돌아가는 것뿐입니다. 부디 소녀의 청을 들어주옵소서!"

중천왕의 얼굴은 점점 무표정하게 변해 갔다.

'내 사냥터에서 사람을 보내 그토록 투기하지 말라고 단단히 일렀거늘……'

"폐하! 제발 소녀를……."

관나 부인의 울부짖음이 계속 이어지자 중천왕이 단호하게 물었다.

"왕비가 너를 그 가죽 부대에 담아 수장시키려 한 것을 어찌 알았느냐?"

"……."

중천왕의 물음에 관나 부인은 대답을 못하고 머뭇거리는 눈치였다.

"그리고 너를 담아 수장시키려 한 가죽 부대가 왕비의 손에 있지 않고 어찌하여 네가 가지고 있단 말이냐?"

"……."

중천왕의 목소리가 커지면 커질수록 관나 부인은 묵묵부답이었다. 그저 벌벌 떨면서 눈물만 흘릴 따름이었다.

중천왕은 그녀에게로 향했던 마음이 구름 걷히듯 일시에 사라짐을 느꼈다.

'내 그토록 저를 어여삐 여겼거늘⋯⋯. 과연 여자의 마음은 어쩔 수가 없구나!'

중천왕은 큰소리로 신하를 불렀다.

"여봐라! 관나 부인을 저 가죽 부대에 담아 동쪽 바다에 버리고 오라!"

왕의 추상 같은 명령에 관나 부인은 그자리에서 기절하고 말았다. 중천왕은 더는 꼴도 보기 싫다는 듯이 뒤도 돌아보지 않고 그곳을 떠났다.

중천왕의 명을 받은 신하는 비록 사람의 인정으로는 그럴 수 없는 일이라 해도 왕의 지엄한 명을 거역할 수는 없는 노릇이었다.

중천왕의 후궁인 관나 부인은 그렇게 가죽 부대에 담겨져 바다에 산 채로 수장되었고, 그 소식을 들은 왕비는 이전보다 더욱 몸가짐을 조심하게 되었다.

중천왕은 한동안 왕비의 처소에는 얼씬도 하지 않았다. 가끔 관나 부인이 그리운 적도 있었지만 여자의 투기심을 생각하면 두 번 다시 보고 싶지 않은 얼굴이기도 했다.

소금장수 을불

해가 진 지도 한참이나 되어서인지 사위는 깊은 어둠에 묻힌 것은 물론 길에는 지나가는 인적도 끊어진 지 오래였다.

어느 집에선가 늦은 저녁밥을 짓는지 구수한 밥 냄새가 허기진 속을 더욱 아리게 했다. 오늘도 하루 종일 굶었던 것이다.

사내는 밥 냄새가 풍기는 집 쪽을 한참 바라보다가 이내 발걸음을 돌렸다. 어차피 동냥질도 하기 어려운 세상이라는 걸 사내는 누구보다도 잘 알고 있는 터였다.

골목을 벗어난 사내는 느릿느릿 동구 밖 주막으로 향했다. 주막에 들어서기 전 사내는 허리춤을 더듬으며 돈의 액수를 확인한다. 그 정도의 돈으로는 밥은커녕 술 한 병도 먹기 어려웠다.

사내는 잠깐 망설이다가 주막으로 들어가 평상에 걸터앉았다. 손님이 들어서는 것을 본 주모는 얼른 사내 앞으로 다가와 뭘 드시겠냐고 말보다 먼저 웃음을 흘렸다.

사내는 주저하지 않고 막걸리 한 사발을 시켰다. 한 병도 아닌 한 사발이라는 말을 듣고 주모의 얼굴은 금세 흥미를 잃은 어린아이 마냥 웃음기를 거두고 사내의 행색을 살피며 부엌으로 들어갔다. 그리고 신 김치 쪼가리 하나에다 막걸리 한 사발이 놓인 개다리소반을 사내 앞에 소리나게 내려놓고 다시 들어갔다.

사내는 막걸리 한 사발을 쭉 들이켜고는 한숨을 쉬며 밤하늘을 쳐다보았다. 숱한 잔별들이 무리 지어 떠 있는 게 보였다.

'저 별처럼 찬란하고 아름다운 나날들이 내게도 있었던가? 꿈은 아니었던가?'

사내는 다시 한숨을 쉬며 주모를 불러 술값을 치르곤 이 마을에서 제일 부잣집이 어디냐고 물었다. 주모는 또 한 번 사내의 행색을 훑어보더니 마을 끝자락에 위치한 큰 기와집을 손짓으로만 가리키고는 사내가 고맙다는 인사치레를 하기도 전에 휑 하니 등을 돌렸다.

사내는 주모가 가르쳐 준 부잣집을 찾아가 주인을 만나 부디 자신을 머슴으로 받아달라고 청했다. 주인은 귀찮은 표정을 지으며 사내를 힐끗 쳐다보더니 썩 내키지는 않은 듯 허락했다.

그날부터 사내는 그 부잣집의 머슴이 되었다. 일은 고되었다. 동트기 전부터 밤늦도록 사내는 죽어라 일을 했지만 새경이라곤 몇 푼 되지도 않았고 탐욕스러운 주인은 세끼 밥 먹여 주는 것만으로도 감지덕지해야 한다고 귀에 못이 박힐 정도로 잔소리를 늘어놓았다.

그렇게 한 해가 지나고 여름이 되었다. 사내는 여전히 생기 잃은 표정으로 하루 종일 일만 했다. 사내는 거의 말을 하지 않았고 다른 머슴들과 어울리지도 않았다.

여름이 한창일 무렵, 주인은 사내를 부르더니 뒷마당 연못에서 우는 개구리 울음소리 때문에 잠을 잘 수가 없으니 밤새 연못가에 앉아 돌멩이를 던져 개구리 울음소리를 그치게 하라는 명을 내렸다.

사내는 그 말에 웃음조차 나오지 않았다.

'동트기 전부터 밤늦도록 일을 하고 밤에는 잠을 자지 말고 개구리를 쫓으라니……'

다음날 해뜨기 전에 사내는 그 집을 나왔다. 갈 곳이 없어 막막한 것보다도, 세끼 밥을 다 찾아 먹지 못하는 것보다도 단 하루를 살아도 심신 편히 사는 게 나을 것 같았다.

사내는 궁리 끝에 얼마 되지는 않지만 그간 푼푼이 모아둔 새경으로 소금장사를 하기로 결심했다.

사내는 압록강 근처에 있는 한 주막집을 숙소로 정해 놓고 날마다 소금을 팔러 다녔다. 이른 아침에 소금을 팔러 나갔다가 해가 지고 나서야 주막집으로 돌아오면 사내의 몸은 물먹은 솜처럼 무거웠다.

사내는 주모가 차려 주는 저녁밥을 허겁지겁 먹어 치우고는 그 자리에 그대로 쓰러져 코를 곯았다. 고된 나날이었다.

그러던 어느 하루, 그날도 지칠 대로 지친 사내가 저녁밥을 먹고 잠자리에 들려는데 주모가 은근 슬쩍 소금 한 말을 공짜로 줄 수 없냐고 농담처럼 말을 건넸다.

사내는 어이가 없었으나 아녀자의 몸으로 오죽하면 드센 사내들을 상대하는 주막집을 할까 싶어 순순히 소금 한 말을 주었다.

그런데 그것이 화근이었다.

며칠이 지나지 않아 주모는 또 소금 한 말을 달라며 생떼를 쓰다시피 사내를 졸랐다. 그렇게 자꾸 공짜로 주었다간 나중에 밑천이 거덜날지도 모른다는 생각을 한 사내는 이번에는 냉정하게 주모의 청을 거절했다.

그러자 주모는 표독스러운 표정을 지으며 내일 당장 주막을 떠나라고 화를 냈다. 사내 역시 정나미가 떨어져 더 이상 그곳에 머무르고 싶지 않았기에 날이 밝자마자 떠나겠다고 대답했다.

그날 밤, 사내가 정신없이 깊은 잠에 빠져들었을 때 주모는 아무도 몰래 사내의 소금 가마니 속에 자기의 신발 한 짝을 숨겨 두었다.

사내를 도둑으로 몰아 소금을 모두 빼앗을 생각이었던 것이다.

아무 것도 모르는 사내는 다음날 아침 일찍 소금 가마니를 등에 지고 주막을 나섰으나 이내 주모와 작당한 사내들의 손에 끌려 관가에 붙잡혀 가는 신세가 되었다.

영문을 모르는 사내는 결백을 주장했지만 자신의 소금 가마니에서 주모의 신발 한 짝이 나오자 그만 어안이 벙벙해져 이내 모든 것을 체념하고 말았다.

어차피 사내의 인생은 그러했다. 돌아보면 볼수록 뼛속 깊이 한이 서리는 삶이었다.

사내의 이름은 을불.

지금의 왕인 봉상왕은 포악 무도하기가 이를 데 없어 자신의 삼촌인 안국군 달가와 돌고를 죽이고 돌고의 아들인 을불마저 죽이려 하였으나 이를 미리 눈치 챈 을불은 그날로 도망을 쳐서 지금까지 이렇게 정처 없이 떠도는 나그네 신세가 된 것이다.

사내, 아니 을불의 눈에서는 하염없이 눈물이 흘렀다. 그저 지난 날이 모두 한 줄기 꿈만 같을 뿐 지금의 자기 신세를 한탄하기에도 가슴이 벅차고 답답해 스스로 목숨이라도 끊어 버리고픈 심정이었다.

당대의 충신 국상 창조리는 밤이 으슥해지도록 잠을 이루지 못하고 술잔을 기울였다. 아무래도 더 이상은 아니 될 듯싶었다.

봉상왕이 자신의 삼촌들을 죽이고 을불까지 해치려 한 것도 그렇지만 지금 조정에서 벌이는 역사는 자칫 잘못하다가는 나라를 위태롭게 할지도 몰랐다.

더군다나 올해는 천재 지변이 많아 농사를 망친 백성들은 굶기를 밥 먹듯 하며 초목의 껍질과 뿌리로 그나마 나날이 연명하고 있는데, 왕이 무모한 역사를 벌여 전국의 청년들을 죄다 끌고 가자 역사에 동원된 청년보다 고향을 등지고 피신하는 청년의 수가 몇 배나 더 많았다.

며칠 전에도 왕을 알현한 자리에서 무모한 역사를 그만두고 백성들의 안위를 도모해야 한다는 자신의 뜻을 내비쳤다가 오히려 왕의 노여움과 미움만 사지 않았던가?

'음······.'

창조리는 또 한잔의 술을 들이켰다. 이러다간 자신의 생명마저도 위협받을지 모른다는 생각이 어렴풋하게나마 뇌리를 스쳐 지나갔다.

'왕을 폐하는 수밖에 없다!'

창조리는 손에 든 술잔을 꼭 쥐었다. 그것만이 자신이 살길이며 도탄에 빠진 백성들을 구하고 이 나라 사직을 살리는 길이라는 확신이 들었다.

'그렇다면 누구를 다음 왕으로 세워야 하는가?'

자리에서 일어나 방안을 서성이던 창조리의 머릿속으로 한 순간 섬광처럼 스쳐 지나가는 인물이 있었다. 을불이었다. 을불이라면 능히 왕의 재목이 되고도 남을 것이었다.

그러나 그날 이후 을불의 행방은 묘연해졌고 지금은 생사조차 알 수 없는 상황이었다. 한동안 허공을 응시하던 창조리는 단호한 결단을 내린 듯 눈빛이 형형하게 빛났다.

'일단 사람을 풀어 찾아보자! 어딘가에 꼭 살아 계실 것이다!'

창조리는 다음날 아침 일찍 조불과 소우를 불렀다. 그리고 자신의 뜻을 말하고 을불을 찾아올 것을 명했다. 조불과 소우 또한 창조리의 뜻에 따를 것을 맹세하고 곧 을불을 찾으러 길을 떠났다.

두 사람은 전국을 돌며 을불의 생김새와 비슷한 사람을 물색했다. 큰 키에 넓은 이마, 빛나는 눈동자에다 귀가 큰 남자. 이것이 창조리가 두 사람에게 설명해 준 을불의 생김새였다. 그러나 그런 조건을 다 갖춘 사람은 좀처럼 만나기가 어려웠다.

한 군데가 맞으면 두세 군데가 틀렸고 두세 군데가 맞으면 또 한 군데가 부족했다. 두 사람은 지나가는 사람들에게서 한 순간도 눈길을 떼지 않고 한 사람, 한 사람을 민망스러울 정도로 뚫어지게 쳐다보았다.

몇 날 며칠이 흘러 두 사람은 어느 강가에 이르렀다. 그때 뱃사람 중에 유독 한 사람이 둘의 눈길을 끌었다.

두 사람은 동시에 어떤 직감에 이끌려 그 뱃사람 앞으로 걸어가 낮은 목소리로 왕손이 아니냐고 물었다.

그러나 그 사람은 고개를 가로 저으며 단호하게 부인했다. 하지만 두 사람은 더듬거리는 말투로 보나 순간적으로 광채를 띠는 눈빛으로 보아 자신들이 찾고 있는 을불이 틀림없다고 확신했다.

두 사람은 곧 엎드려 예를 갖춘 뒤 자신들의 신분을 밝히고 찾아온 이유를 소상히 이야기했다.

그제서야 을불은 자신의 신분을 밝히고 두 사람을 따라 속히 그곳을 떠났다.

도성에 도착한 세 사람은 창조리의 뜻에 따라 일단 때를 기다리기로 하고 우선 성밖에 있는 오백남의 집에 몸을 숨겼다.

창조리는 하루하루 마음이 조급했다. 어서 때가 와야 하는데 좀처럼 그 때는 오지 않았다. 안타까운 마음에 창조리는 하루가 한 달 같게만 느껴졌다.

그러나 그 안타까움은 다행히 며칠 가지 않았다. 왕이 도성 밖에 있는 후산으로 사냥을 가게 된 것이다.

창조리와 조불, 소우, 이 세 사람은 비장한 각오를 하고 왕과 함께 사냥 길에 올랐다. 오늘의 일이 성공만 한다면 자신들의 뜻이 후대에까지 칭송받을 것이지만 만약 실패하는 날에는 자신들을 비롯한 일가족이 모두 몰살당할 것이기 때문이었다.

사냥터에 도착한 왕은 평소의 포악한 성질대로 짐승들이 눈에 보이는 족족 잡아 죽였다. 그 광경은 옆에서 보기에도 참혹할 정도였다.

한참을 그렇게 짐승들을 쫓아 말을 달리던 왕은 심신이 노곤했던지 잠시 행궁 안으로 들어가 몸을 쉬었다.

왕이 행궁 안으로 들어가자 창조리는 신하들을 불러모은 뒤 소신을 밝히고 뜻을 같이할 이들은 자신의 행동을 따르라고 말했다.

그런 다음 창조리는 주위에 무성히 자란 갈잎 하나를 꺾어 천천히 자신의 머리에 쓴 관에다 꽂았다. 비장한 표정을 한 조불과 소우가 그 뒤를 이어 갈잎을 꽂았다.

모여 있던 신하들은 처음에는 어리둥절하고 놀란 표정이었으나 이미 왕의 부덕함과 포악함에 염증을 느꼈던지라 모두들 차례로 갈잎을 꺾어 관에 꽂았다.

신하들이 모두 갈잎을 관에 꽂자 창조리는 곧바로 군사들을 시켜 왕을 행궁 안에 감금하도록 명령을 내렸다.

밖에서 일어나는 소동의 진의를 눈치 챈 왕은 마침내 자신에게도 때가 왔음을 깨닫고는 행궁 안에서 스스로 목숨을 끊어 버렸다.

이렇게 해서 불행한 반생을 보냈던 을불은 늦게나마 왕위에 오르게 되었고, 그후 고구려의 위세를 만방에 떨쳤으니 그가 바로 제15대 미천왕이다.

광개토대왕의 지혜

광개토대왕은 기백이 높고 용맹스러울 뿐만 아니라 지혜롭기로
도 유명하다. 여기에 소개하는 이 일화는 광개토대왕의 지혜로움을
잘 보여 주고 있다.

어느 해 가을, 광개토대왕이 백성들의 민심도 살필 겸 사는 모습
도 구경할 겸 도성 밖으로 어가를 타고 나갔다.

광개토대왕이 도성 밖 여러 마을을 순시하고 도성으로 돌아오기
위해 어가를 돌려 한 마을을 지나치게 되었는데, 마침 그때 동구 밖
에서 한 무리의 청년들이 두 패로 나뉘어 서로 멱살을 잡고 싸움을
벌이고 있었다.

얼마나 싸움이 거셌는지 청년들은 어가가 마을 앞에 멈춰 서 있
는 것도 몰랐다.

광개토대왕이 군사를 보내어 싸움을 말리자 그제야 어가를 본
청년들은 모두 땅바닥에 무릎을 꿇고 엎드렸다.

광개토대왕은 마을의 촌장을 불렀다.

"무슨 일로 저리 패싸움을 하고 있느냐?"

나이가 지긋한 촌장은 어가 앞에 엎드려 아뢰었다.

"대왕 폐하! 폐하의 행차를 알지 못하고 불충하게도 싸움질을 한

저희의 죄를 용서하여 주옵소서!"

광개토대왕은 거듭 그 연유를 물었다.

"무슨 일로 저리 싸우는지 어서 말하라!"

촌장은 잠시 머뭇거리는 기색이더니 자초지종을 이야기했다.

"소인이 사는 마을은 을갈乙渴이라 하옵고 산너머에 을돌乙돌이라는 마을이 있사온데……."

마을 촌장이 광개토대왕에게 아뢴 사연은 다음과 같았다.

원래 을돌이라는 마을과 을갈이라는 마을은 오래된 앙숙지간으로서 예로부터 무슨 일에 있어서든지 서로 경쟁하고 헐뜯는 사이였다.

을갈 사람들이 멧돼지를 사냥했다고 하면 을돌 사람들은 호랑이를 잡아 그 기세를 눌렀으며, 을돌 사람들이 올해 벼 몇 섬을 수확했다고 하면 을갈 사람들은 이듬해 그보다 몇 배나 더 많은 곡식을 수확하기 위해 밤잠까지 설치며 농사일에 열중했다.

일이 이렇게 되고 보니 두 마을 사람들은 어쩌다 만나면 서로 자랑하고 헐뜯기 일쑤였고 부모를 죽인 원수를 만난 것처럼 으르렁대며 이를 갈았다. 얼마 전에 있었던 전쟁에서도 서로의 공이 크다고 자랑하다가 마을 청년들 사이에 좋지 않은 기색이 역력했다.

그런데 갑자기 어젯밤 을돌에 사는 봉화라는 아리따운 처녀가 행방불명된 것이다.

봉화라는 처녀는 미색이 뛰어나고 행실이 올바르기로 을돌은 물론 이웃 을갈에까지 소문이 자자했기 때문에 평소 을돌 청년들은 물론 원수지간으로 여기는 을갈 마을 청년들조차 은근히 속으로 봉화를 아내로 삼았으면 하고 바랄 정도였다.

을돌 사람들은 봉화의 행방을 찾아 온 마을을 뒤졌지만 그녀의 흔적은 어디에서도 발견되지 않았다.

을돌 사람들은 촌장의 집에 모여 봉화의 행방에 대해 의논을 했다.

"혹시 호랑이에게 물려간 게 아닐까요?"

"그건 아니지. 호랑이가 마을까지 내려왔다면 그 소리가 들렸겠지."

"그렇다면 귀신에게 홀려 깊은 산중으로 들어갔나?"

"그럴 리야 없을 테지만 생각만 해도 소름이 끼치는군!"

그 사람은 어깨를 치떨며 말했다.

"암만 생각해도 제 생각엔 이는 필시 사람의 소행일 것입니다."

그때까지 잠자코 침묵을 지키고 있던 마을 청년 하나가 사람들의 의견을 일시에 잠재우는 말을 꺼냈다.

마을 사람들의 시선이 일제히 그 청년에게로 쏠렸다.

"생각해 보십시오! 봉화는 우리 마을뿐만 아니라 이웃 을갈에까지 어여쁘기로 소문이 자자합니다."

말을 잠시 멈춘 청년은 좌중에 앉은 다른 청년들을 훑어보며 다시 말했다.

"우리 마을 청년들 중에 봉화에게 마음이 없는 이는 한 사람도 없습니다."

청년의 말에 다른 청년들이 고개를 끄덕이며 얼굴을 붉혔다.

"그렇다면 분명 을갈 놈들도 봉화에게 흑심을 품고 있었을 것입니다. 봉화가 우리 마을에 없다면 이는 필시 을갈 놈들이 지난밤 봉화를 보쌈해 간 것이 분명하지 않겠습니까?"

청년의 말이 끝나자 다른 청년들도 그 말이 옳다고 맞장구를 치며 떼를 지어 을갈로 몰려갔다.

을갈에 당도한 을돌 청년들은 다짜고짜 봉화를 내놓으라고 을갈 청년들에게 으름장을 놓았다. 영문을 모르는 을갈 청년들은 화를 내며 무슨 소리냐고 되레 큰소리로 윽박질렀다.

그렇게 해서 두 마을의 청년들은 서로 드잡이를 벌이게 되었던 것이다.

촌장의 말을 모두 들은 광개토대왕은 어가를 호위하는 장군을 불러 명했다.

"여봐라! 봉화라는 처녀가 을갈 마을에 보쌈을 당했다고 말한 청년을 잡아 오라!"

왕명을 받은 장군은 잠시 후 땅바닥에 엎드려 있던 청년들 중에서 키가 작고 눈썹이 위로 치켜 올라간 한 청년을 광개토대왕 앞에 데려와 무릎을 꿇게 했다.

광개토대왕은 엄한 어조로 문책했다.

"네가 을갈 마을 청년들이 봉화를 보쌈해 갔다고 했느냐?"

광개토대왕의 준엄한 말에 청년은 온몸을 사시나무 떨듯 떨며 아뢰었다.

"예…… 예!"

"너는 그것을 어찌 아느냐?"

"소, 소인은 그저 어림짐작으로……."

청년이 몸을 떨며 말을 더듬자 광개토대왕을 호위하는 장군의 호통이 떨어졌다.

"네, 이놈! 바로 아뢰지 못하겠느냐? 네 목숨이 몇 개인 줄 알고 거짓을 아뢰려 하느냐? 대왕 폐하를 기만하고도 네가 살아남을 줄 알았더냐?"

서슬 퍼런 장군의 호통에 청년은 기가 질린 듯 사실을 아뢰었다.

"대왕 폐하! 소인 죽을죄를 지었사옵니다. 봉화를 연모하는 마음에 그만 눈이 멀어……. 제발 목숨만은 살려 주옵소서!"

광개토대왕은 장군을 시켜 봉화를 찾아오라고 일렀다. 청년은 거의 초죽음이 된 표정으로 군사들에 의해 끌려갔다.

봉화는 그 청년의 집 뒤편 토굴 속에서 입에 재갈이 물리고 두 손과 다리가 밧줄에 꽁꽁 묶인 채 발견되었다.

장군은 봉화를 왕 앞으로 데려갔다. 광개토대왕이 보기에도 눈이 번쩍 뜨일 만큼 미모가 출중한 처녀였다.

광개토대왕은 을갈과 을돌 사람들을 한곳에 불러모은 뒤 어명을 내렸다.

"두 번 다시 이런 일이 있어서는 안 될 것이며 앞으로는 두 마을 부락민들이 서로 화해하고 사이좋게 살아갈 것을 명하니 이를 어기는 자는 죽음으로 그 죄과를 치르게 될 것이다!"

광개토대왕을 태운 어가는 다시 대궐로 향했다. 을갈과 을돌 마을 사람들은 멀어져 가는 어가를 향해 몇 번이고 땅바닥에 엎드려 큰절을 올렸다.

당 태종과 양만춘

고구려 보장왕 4년, 당나라 태종은 20만 대군을 이끌고 고구려로 쳐들어왔다.

당 태종은 우선 고구려의 관문과도 같은 안시성安市城을 치기로 하고 군사들로 하여금 성 주위를 겹겹이 둘러싸게 한 다음 공격 명령을 내렸다.

당시 안시성의 성주인 양만춘楊萬春은 성문을 굳게 걸어 잠그고 당나라 군사들에 맞서 용감하게 싸웠다.

성문이 열리지 않자 당나라 군사들은 성벽을 타고 기어올라갔는데 안시성을 지키는 고구려 군사들은 그들을 향해 화살을 비오듯 쏘아댔다. 성안의 백성들도 힘을 합쳐 여자들은 뜨거운 물과 기름을 쏟아 부었고, 남자들은 돌멩이를 굴려 떨어뜨렸다.

안시성의 그와 같은 공격에 성벽을 기어오르던 당나라 군사들은 화살에 맞아 죽는 자, 뜨거운 물과 기름에 데여 죽는 자, 돌멩이에 맞아 죽는 자 등 성벽 아래에는 떨어져 죽은 당나라 군사들의 시체로 아수라장을 이루었다.

당 태종은 의외로 안시성의 함락이 만만치 않자 막료幕僚 장수將帥 이세적李世勣을 불러 닦달했다.

"장군은 20만 대군으로도 저토록 작은 성 하나를 함락하지 못한 단 말이오?"

이세적은 허리를 숙이고 아뢰었다.

"안시성의 성주인 양만춘은 지략이 뛰어나고 성안의 백성들도 기상이 드높아 연개소문이 난을 일으켰을 때도 함락하지 못했습니다."

이세적의 말에 당 태종이 인상을 찌푸리며 말했다.

"그래서 장군도 안시성을 치지 못한다는 말이오?"

"그것이 아니라 일전에 소장이 안시성을 치기 전에 먼저 건안建安을 치라고 말씀 드리지 않았습니까?"

"아니, 그건 또 무슨 말이오?"

이세적의 말에 당 태종이 화를 버럭 내며 되물었다.

"건안은 성도 튼튼하지 못한 데다 군사도 적어 쉽사리 함락할 수 있사옵니다. 그러니 먼저 건안을 함락하여 군사들의 사기를 드높여 그 기세로 안시성을 쳤다면 일이 달라졌을 수도 있었기에 드리는 말씀이옵니다."

"듣기 싫소! 안시성도 함락하지 못하는 장군이 건안이라고 별수 있었겠소?"

당 태종은 이세적의 얼굴을 쏘아보며 언성을 높였다.

"내일부터 안시성을 빙 돌아서 안시성과 똑같은 높이의 성루를 쌓으시오. 성루가 완성되면 사다리를 놓고 건너가면 될 테니까……."

당 태종의 말에 이세적이 덧붙였다.

"역사役事를 일으켜 군사력을 소진시키기보다는 차라리 군량이 떨어져 항복해 오기를 기다리는 게 더 나을 듯하옵니다."

"장군도 답답하시구려. 우리가 고구려를 치러 왔지 이까짓 작은 성 하나를 함락하러 왔소? 그리고 20만 대군이 작은 성 하나를 함락하지 못해 군량이 떨어질 날을 기다리고 있다면 미천한 짐승도 웃고 갈 일이오!"

당 태종은 혀를 끌끌 차며 이세적에게서 얼굴을 돌렸다. 이세적은 아무 대꾸도 못하고 군사들을 시켜 성루를 짓게 했다.

성루가 점차 완성되어 가자 안시성에서도 가만히 있을 수만은 없었다.

"장군! 적들의 성루가 날로 높아지고 있습니다. 이를 어찌하면 좋겠습니까?"

부하들의 말에 양만춘은 태연자약하게 대답했다.

"오히려 잘된 일이잖소? 적군이 사다리를 타고 우리 쪽으로 건너올 양이면 우린 그저 사다리를 들어 성벽 아래로 밀어 떨어뜨리면 될 터이니……."

"장군!"

양만춘의 태연한 말투에 애가 달은 부하들은 속을 태우며 합창하듯 양만춘을 불렀다.

"지금부터 내가 이르는 대로 하시오. 먼저 성안에 있는 솜뭉치와 헝겊을 모두 모으시오. 그런 다음 철사와 기름도 모두 모으고……."

당나라 군사들이 세운 성루가 완성되자 당 태종은 이번에야말로 기필코 안시성을 함락하겠다고 굳은 다짐을 하고 군사들을 출정시켰다.

출정 명령을 받은 당나라 군사들은 사다리를 들고 개미떼처럼 우르르 성루로 올라가 건너편 안시성의 성루에 사다리를 걸쳤다. 일부 군사들은 밧줄을 집어 던지기도 했다.

그런데 웬일이지 안시성에서는 이렇다 할 반격의 기미가 보이지 않았다. 깃발만 성루 위에서 세찬 바람에 휘날릴 뿐 쥐죽은듯이 조용하기만 했다.

그것을 지레 겁을 먹고 항복할 태세라고 판단한 당나라군은 함성을 지르며 사다리를 타고 건너가기 시작했다.

"둥!"

우렁찬 북소리가 한 번 울리자 그때까지 성루 뒤에 몸을 숨기고 있던 고구려 군사들이 시위에 활을 당긴 채 모습을 드러냈다.

"둥!"

또 한 번의 북소리가 울리자 이번에는 횃불을 치켜든 아녀자들이 나타났다.

"둥!"

세 번째 북이 울리자 아녀자들이 화살 끝에 매단 솜뭉치에 불을 붙였다. 기름이 잔뜩 밴 솜뭉치는 세찬 열기로 활활 타올랐고 화살촉은 시뻘겋게 달아올랐다.

"둥둥둥둥둥!"

이어 불붙은 화살이 소나기처럼 쏟아졌다. 사다리를 건너가던 당나라 군사들은 비명을 지르며 아래로 떨어졌다. 함성을 지르며 나타난 아이들이 힘을 합쳐 사다리를 성루 아래로 밀어 떨어뜨렸다.

불화살에 맞아 비명을 지르며 성 아래로 떨어진 당나라 군사들의 몸에 붙었던 불길은 밑에 있던 군사들에게로 금세 옮겨 붙었고, 이어 순식간에 진지 곳곳에서 검붉은 불길이 치솟아 올랐다.

당나라 군사들은 몸에 붙은 불을 끄느라 외마디 비명을 지르며 이리저리 뛰어다녔고 남은 군사들도 비오듯 쏟아지는 불화살을 피하느라 싸움은커녕 도망치기에 급급했다. 당 태종은 고함을 치며 군사들을 지휘했지만 왕의 말을 따르는 군사는 불행하게도 단 한 명도 없었다.

분을 못 이긴 당 태종이 칼을 높이 쳐들고 안시성을 향해 말을 달리려 할 때였다.

"윽!"

날아온 불화살에 한쪽 눈을 정통으로 얻어맞은 당 태종은 그만 말 위에서 푹 고꾸라져 땅바닥으로 떨어져 내렸다.

"폐하!"

이세적은 황급히 말을 몰아 당 태종에게로 달려왔다. 이세적은 말에서 내려 당 태종을 무릎에 누이고 눈에 박힌 화살을 뽑아냈다.

"폐하! 정신 차리옵소서! 폐하! 어의는 어디 있느냐? 어디 있는 게냐?"

이세적이 어의를 찾아 목놓아 부르는 동안, 당나라 군사는 불화살을 피해 도망가기에 급급해 임금의 부상 따위는 안중에도 없었다.

당 태종이 의식을 회복한 것은 다음날 이른 새벽이었다.

"폐하! 이제 정신이 드시옵니까?"

"음……."

"폐하!"

"싸움은 어찌 되었는가?"

이세적은 말을 잃고 침통한 표정으로 고개를 숙였다.

"어제의 전투로 많은 군사들이 죽거나 부상을 당했습니다. 그러니 이제라도 그만 돌아가시는 것이 좋을 듯합니다."

당 태종도 할말을 잃었다. 자신이 고구려를 소국小國이라고 너무 쉽게 생각한 것이 잘못이었다. 화살이 꽂혔던 한쪽 눈이 심한 통증을 일으키며 아려 왔다.

"폐하! 한시 바삐 돌아가셔서 상처부터 치료하시는 것이 급선무라고 사료됩니다."

당 태종은 비통한 표정으로 말했다.

"전군에 회군할 것을 명한다."

이세적은 곧 당 태종의 명령을 전군에 전달했다.

날이 밝자 당 태종을 앞세운 당나라 군사는 처참한 몰골로 되돌아갔다. 한쪽 눈에 붕대를 감은 당 태종과 그 뒤를 따르는 군사의 태반은 화상을 입었거나 부상을 입어 팔다리를 제대로 쓸 수 없었다.

군사들의 행렬이 안시성을 벗어나 시야에서 멀어져 갈 즈음, 안시성의 성주 양만춘이 성루 위에서 큰소리로 당 태종에게 작별을 고했다.

"폐하! 다친 눈이 하루빨리 완쾌되시기를 비옵니다. 안시성은 앞으로도 철통 같은 방책으로 그 어떤 침략에도 굴하지 않고 싸울 것입니다. 부디 가시는 길 편안하시기 바랍니다!"

당 태종은 양만춘의 말을 듣고 나서 호탕하게 웃었다.

"장수 중의 장수인지고! 내 일찍이 그대와 같은 인물은 보지 못했다. 그대와 같은 인물이 고구려에 있는 줄 내 진작 알았더라면 생각을 달리했을 것을……."

당 태종은 그렇게 말한 후 신하를 시켜 비단 백 필을 양만춘에게 보냈다.

안시성의 승리는 고구려의 위세를 당나라에 떨친 것뿐만 아니라 넓은 중원 대륙의 다른 나라에까지 그 명성을 드높이는 결과를 낳았다.

망국의 불씨

고구려 보장왕 25년, 한 시대를 풍미하며 파란 만장한 생애를 보냈던 연개소문이 죽자 큰아들 남생이 아버지의 대를 이어 막리지의 벼슬에 올랐다.

남생은 막리지에 오른 뒤 국내 정세를 살피기 위해 길을 떠나게 되었는데 떠나기 전, 두 동생인 남건과 남산에게 자신이 자리를 비운 동안 뒷일을 부탁했다.

그로부터 며칠이 지났다. 남생이 각처에 있는 성을 돌아다니며 그 지방의 정세를 살피고 있는데 하루는 도성에서 한 사람이 남생을 찾아왔다.

그 사람은 남생을 은밀히 만나기를 청하더니 주위를 살피며 목소리를 낮추어 말했다.

"제가 이렇게 불시에 찾아온 것은 아주 중요한 일 때문입니다. 다름이 아니라……"

그 사람은 다시 한 번 주위를 살피는 눈치이더니 계속 말을 이었다.

"지금 도성에서는 동생 분들이 남생님을 죽이고 자기들이 권력을 차지하려고 역모를 꾸미고 있습니다."

남생은 크게 놀랐지만 그 말을 도저히 믿을 수가 없었다.

'아버님이 살아 계신 동안에 그토록 아끼고 사랑해 주신 동생들이 아니었던가? 그리고 불행하게도 아버님께서 돌아가신 지금에는 내가 아버지를 대신해서 동생들을 친자식처럼 돌보고 있는데……역모라니……. 더군다나 형인 나를 죽이려 한다니……!'

남생은 얼른 머리를 저었다. 그런 생각을 한다는 자체부터가 동생들에게 몹쓸 짓을 하는 것 같았다.

'그러나 도성에서 이렇게 나에게 사람을 보낸 것부터가 이상하지 않은가?'

그 사람이 돌아간 후 날이 밝도록 남생은 잠을 이룰 수가 없었다. 머릿속으로 수많은 상념들이 선을 그으며 지나갔다. 마음은 그야말로 지옥이었다.

한편 형인 남생을 대신해서 성심 성의껏 정사를 돌보던 남건과 남산에게도 어느날 밤 한 사람이 찾아왔다.

그 사람은 남건과 남산에게 남생에게 했던 것과 똑같은 말을 했다.

"지금 형님께서는 도성에 돌아오시는 대로 동생인 두 분을 해치려는 계략을 세우고 계십니다. 그것은 두 분이 살아 계시면 자신의 권력이 위협을 받을 것이기 때문입니다."

남생과 마찬가지로 남건과 남산은 크게 놀라며 그 말을 좀체 믿으려 하지 않았다. 그만큼 형제들의 우애는 돈독했고 서로에 대한 믿음이 철석 같았다.

동생들도 밤을 하얗게 새우기는 형과 마찬가지였다. 아무리 생각해도 그 사람의 말은 자신들을 이간질시키려는 아귀의 속삭임만 같았다.

며칠 후 남생은 혹시나 하는 의구심을 떨쳐 버리려는 마음에 자신의 심복을 도성으로 보냈다. 도성에 있는 동생들의 동태를 살피고 오되 어느 누구에게도 들켜서는 안 된다는 신신당부를 꼬리표처럼 달고서였다.

허름한 옷차림으로 나그네의 행색을 가장한 남생의 심복은 도성에 도착하자마자 즉시 행동을 개시했다. 낮이면 도성 구경을 하는 체하며 사람들의 민심을 살폈고, 밤이면 남건과 남산의 집 주위를 그림자처럼 숨어 다니며 집안의 동태를 살폈다.

그렇게 하기를 며칠이 지나도록 아무런 낌새도 발견하지 못한 심복은 마침내 돌아가기로 마음을 먹고 도성을 빠져 나오다 그만 자신의 얼굴을 아는 남산의 부하에게 들켜 남건과 남산, 두 형제 앞에 끌려가게 되었다.

일이 여기에까지 이르자 두 형제는 형인 남생을 의심하지 않을 수 없었다. 두 형제는 전에 자신들을 찾아왔던 사람과 함께 즉시 왕을 알현하고 모든 일을 고했다.

두 형제의 말을 들은 왕은 크게 노하여 남생을 잡아들이라는 명령을 내렸고, 이어 군사들이 남생이 있는 성으로 말을 달렸다.

왕명으로 자기를 잡으러 군사들이 온다는 말을 들은 남생은 분노로 치를 떨었다. 모든 것이 사실이었던 것이다.

깊은 절망과 배신감에 빠진 남생은 복수를 다짐하며 국내성으로 몸을 피신하였다. 그 소식을 들은 남건 또한 모든 것이 분명한 사실이라 확신하고 스스로 막리지에 올랐다.

남생은 아들을 당나라로 보내어 도움을 청했고 당 고종은 원정군을 보내어 남생을 당나라로 데려왔다.

당나라에 도착한 남생은 당 고종으로부터 막리지의 벼슬을 제수받고 자신을 버린 조국과 동생들에 대한 복수를 맹세했다.

당 고종은 이 일을 하늘이 주신 절호의 기회라고 생각하였다. 그리고 남생으로 하여금 장군 이세적과 함께 많은 군사들을 데리고 고구려를 공격하도록 했다.

그렇게 시작된 싸움은 2년 동안이나 계속되었고 마침내 신라군까지 가세하여 705년간 그 기세를 떨쳤던 고구려는 멸망이라는 비극적인 국운을 맞고 말았다.

결국 남생과 남건, 남산 세 형제의 사소한 오해로 인해 시작된 싸움은 한 나라의 운명까지도 바꿔 버린 것이다.

장수 검모잠의 한

나당 연합군이 삼국을 통일한 후 당나라가 백제와 고구려를 자기 영토로 만들 음모를 꾸미자 이를 눈치 챈 신라는 즉시 당나라와의 전쟁에 들어갔다.

졸지에 나라를 잃은 고구려와 백제 유민들도 잃어버린 나라를 되찾기 위해 곳곳에서 당나라군을 상대로 교전을 벌였다.

그 중 고구려의 대형大兄을 지낸 검모잠은 특히 그 세력이 크고 휘하에 뛰어난 장수들이 많았다.

검모잠은 평양 북쪽에 위치한 궁모성에서 고구려 유민 수백 명을 거느리고 당나라군과 치열한 접전을 벌였으나 성의 규모가 워낙 작아서 당나라군을 막아내기에는 역부족이었다.

그대로 계속 버틸 수 없었던 검모잠은 우선 당나라군을 이 땅에서 몰아내는 게 급선무라고 생각했다. 그래서 부하들과 의논하여 비록 조국을 멸망시킨 원수이긴 해도 동족인 신라군과 힘을 합쳐 당나라군에게 대항하는 것이 훨씬 유리할 것이라는 판단을 내리고 부하들과 백성들을 이끌고 신라로 향했다.

검모잠과 일행은 당나라군의 눈을 피해 넓은 대로를 버리고 험하고 가파른 산길을 택해 이동했다.

그들이 대동강을 건너 남쪽으로 내려가다가 험준한 고개를 하나 넘었을 때였다. 잘 지은 기와집이 50여 호 남짓 되는 작은 마을이 나타났다.

비록 작긴 해도 이런 산중에 기와집이 있는 것을 수상하게 여긴 검모잠은 부하들 중 가장 날쎄고 총명한 금룡을 시켜 마을의 동정을 살피고 오라고 일렀다.

얼마 후 돌아온 금룡은 마을에는 당나라 관리들과 군사들이 살고 있다고 보고했다. 그래서 검모잠 일행은 조심스럽게 마을 뒤쪽 더 깊은 산속으로 몸을 숨겼다.

검모잠 일행이 가파른 산길을 따라 한참을 걸어가노라니 난데없이 생각지도 못했던 큰절이 나타났다.

날은 저무는데 마땅히 쉴 곳을 찾지 못해 속으로 걱정을 하던 검모잠은 만일을 대비하여 일행을 숲속에 남겨 두고 금룡과 단둘이서 절 안으로 들어갔다.

밖에서 본 규모나 크기와는 달리 절에는 젊은 수도승 몇 사람과 나이가 지긋한 주지가 전부였다.

검모잠은 주지를 만나 자신들의 사정을 이야기하고 하룻밤 쉬어 갈 것을 청하자 주지는 흔쾌히 승낙을 하며 말했다.

"소승도 고구려인으로서 나라 잃은 설움이 뼛속까지 사무칩니다."

검모잠은 금룡을 시켜 일행들을 절로 데려오게 하고 주지와 마주앉아 이런저런 담소를 나누며 차를 마셨다.

시간이 지날수록 검모잠은 주지가 호인好人이라는 생각이 들었다. 지식도 해박하고 불심佛心도 깊은 것 같았다. 그리고 무엇보다 감탄한 것은 자기와 일행들을 대하는 그의 태도였다.

주지는 온화한 미소로 그들을 환대했고 젊은 수도승들을 시켜 저녁을 짓게 했다. 일행이 도우려고 나서면 극구 사양하며 피곤할 터이니 걱정 말고 쉬라고만 했다.

검모잠과 부하 장수들의 밥상에는 술도 올랐고 오랜만에 푸짐한 저녁에다 술까지 얻어 마신 검모잠과 일행은 취기에 젖어 얼마 지나지 않아 깊은 잠에 곯아떨어졌다.

밤이 깊어 검모잠을 비롯한 일행은 달콤한 잠 속으로 빠져들었다. 풍경 소리만 간간이 울릴 뿐 절 안은 고요하다 못해 적막하기까지 하였다. 그런데 어디선가 낮지만 단호한 말소리가 또렷하게 들렸다.

"잘 들어라! 검 장군을 비롯한 우리 일행의 목숨은 너희들의 손에 달렸다! 비록 주지가 우리와 같은 동족이라고는 하지만 그래도 앞일은 알 수 없는 것이니 조용히 움직이며 저들의 행동을 살펴라!"

그렇게 말하는 이는 금룡이었다. 그는 검모잠과는 달리 주지의 행동이 아무래도 이상하다는 느낌을 받았다. 그리고 이토록 큰 절에 스님이 열 명 안팎이라는 것도 적이 의심스러웠다.

"두 조로 나뉘어 한 조는 절의 정문을 지키고 다른 조는 뒷문을 지켜라! 개미 새끼 한 마리도 절을 빠져 나가게 해서는 안 된다. 혹 나가는 자가 있거든 즉시 붙잡아 내 앞에 데려오라. 알겠느냐?"

"예!"

금룡의 말에 부하들은 두 눈을 번득이며 대답했다.

부하들이 각각 앞문과 뒷문으로 가 매복하는 것을 확인한 금룡은 법당 마당의 작은 석탑 옆에 몸을 숨겼다.

산중의 밤은 깊은 물 속처럼 조용했다. 하늘엔 쏟아질 듯 수많은 별들이 운성을 이루었고 그 별들을 바라보던 금룡의 입에서는 나지막하게 한숨이 스며 나왔다.

'장차 어찌 될 것인가? 신라의 도움을 받아 망국亡國의 한을 씻

을 수 있을 것인가?'

금룡이 가슴속으로 불안한 미래를 생각하며 탄식하고 있을 때, 뒷문을 지키던 부하들이 젊은 수도승 두 명을 잡아 금룡 앞에 끌고 왔다.

"이놈들이 뒷문을 빠져 나가는 것을 잡아왔습니다."

금룡은 장검을 빼내어 수도승의 목에다 들이대며 말했다.

"말하라! 무슨 일로 이 야심한 밤에 절을 빠져 나가려 했느냐?"

"살려만 주십시오! 소승들은 큰스님의 분부를 따랐을 뿐입니다."

수도승 중 한 명이 벌벌 떨며 대답했다.

"그 분부가 무엇이냐?"

금룡의 다그침에 다른 수도승이 품속에서 네모 반듯하게 접은 편지 한 장을 꺼내어 떨리는 손으로 금룡에게 건넸다.

"이것을 아랫마을에 있는 당나라 장군에게 전하라 하셨습니다."

수도승이 건넨 편지를 읽는 금룡의 두 팔이 부들부들 떨렸다.

'지금 저희 절에 고구려군이 3백 명 가량 주둔해 있으니 내일 날이 밝는 대로 군사 5백 명 정도만 보내시면 섬멸할 수 있을 것 같사옵니다. 그리고 고구려군의 우두머리인 검모잠이란 자는 소승이 알아서 처리할 테니 장군께서는 걱정하지 마십시오.'

편지를 다 읽은 금룡은 젊은 수도승의 목에 들이댄 칼을 더욱 힘주어 잡으며 말했다.

"지금부터 내 말을 새겨 들어라. 만약 내 말을 조금이라도 거역하면 너희들의 목숨은 오늘 밤 안으로 끝이다. 이 편지를 당나라 장군에게 가서 전하되 절대 아무런 내색도 하지 말아라! 내 부하들이 너희들의 뒤를 그림자처럼 따라붙을 것이니 조금이라도 허튼수작을 부렸다간 단칼에 목이 달아날 것이다!"

수도승들은 여전히 부들부들 떨면서 금룡이 내미는 편지를 받았다.

"사실 큰스님은 저희와 같은 고구려 사람이 아니라 당나라 사람입니다. 저희들은 그저 목숨을 부지하고자 잘못된 일인 줄을 알면서도 그만 이렇게……."

수도승들은 어깨를 들썩이며 낮게 흐느꼈다.

"알았다. 너희가 내 말대로만 한다면 목숨만은 살려 주리라. 어서 가거라!"

금룡의 추상 같은 명령에 젊은 수도승들은 편지를 품속에 넣고 절을 빠져 나갔다. 그리고 그 뒤를 금룡의 부하들이 일정한 거리를 두고 소리 없이 뒤따랐다.

금룡은 곧 검모잠을 깨워 전후 사정을 이야기하였다. 놀란 검모잠은 일행들을 조용히 깨워 뒷산으로 급히 피신시켰다.

얼마 후 당나라 장군에게 갔던 수도승들이 답장을 가지고 왔다.

'고맙소! 내일 아침 날이 밝는 대로 군사 5백 명을 대동하고 절을 에워쌀 것이니 걱정하지 말고 몸조심 하시오.'

금룡은 수도승들로 하여금 답장을 주지에게 전하게 하고 심복 둘을 주지의 방문 앞에 매복시켜 놓았다. 그리고 혹 이상한 낌새라도 보이면 그 즉시 목을 쳐도 좋다는 명을 내렸다.

날이 희끄무레하게 밝아오는 새벽 무렵, 검모잠은 고구려군의 숫자가 당나라군에 비해 수적으로 열세인 점을 감안하여 기습 작전을 펴기로 하고 지형을 두루 살펴 군사들을 절 주변의 요소要所마다 배치시켰다.

희뿌연 안개를 헤치고 아침 햇살이 절 마당에 부신 빛을 뿌릴 즈음, 당나라군 5백여 명이 절 주위를 에워싸기 시작했다.

이에 검모잠은 요소마다 배치해 놓은 군사들을 지휘하여 정오가 채 되기 전에 당나라군을 전멸시켰다. 실로 놀라운 일이 아닐 수 없었다.

검모잠이 당나라군 대장의 목을 베고 절로 내려가니 요망스러운 주지의 목 또한 이미 금룡의 심복들 손에 달아나고 없었다.

검모잠은 일행을 정렬하여 다시 길을 떠났다. 멀고도 험한 길이었지만 다행히 신라와 손이 닿아 무기를 비롯한 곡식까지도 원조받을 수 있게 되었다.

그리하여 검모잠은 고구려의 마지막 왕인 보장왕의 서자 안승安勝을 왕으로 추대하고 당나라군과 힘겨운 싸움을 벌였다.

그러나 이미 기울어진 대세를 되돌리기엔 역부족이었던 데다 내분까지 일어나 검모잠은 안승에게 죽임을 당하고 만다. 이로써 힘겨운 고구려 부흥 운동은 완전히 끊어지고 말았다.

고구려를 다시 세워 망국의 한을 풀고자 했던 검모잠과 금룡, 그리고 그들을 따르던 고구려 유민들은 약육강식의 냉엄한 논리에 밀려 역사의 이면 속으로 한 줄기 유성처럼 사라지고 말았다.

백제의 국조國祖인 온조왕은 성품이 온후하고 어질었던 반면 통솔력이 부족하고 매사에 일의 끊고 맺음이 확실하지 않아 건국 초기에는 강력한 나라의 기반을 다지지는 못했다. 그런 까닭에 언제나 주변국들의 침략에 전전긍긍했는데 그 가운데서도 말갈의 위협이 제일 컸다.

온조왕 2년, 우보 을음乙音은 온조왕을 알현하고 앞으로 있을지도 모를 말갈의 침략에 대해 상의했다.

"폐하! 지금 말갈의 국력이 날로 강대해지니 머지않아 분명 우리 백제를 치려 할 것이옵니다."

"과인의 생각도 그러하오. 대체 이를 어찌하면 좋단 말이오?"

온조왕은 예의 걱정스러운 말투로 대답을 할 뿐 한 나라의 군주다운 방안이나 대비책은 강구하지 못했다.

"소신의 생각으로는 군사를 재정비하고 군량을 미리 확보해 두는 것이 최우선이라고 사료되옵니다."

"지금 백성들의 생활도 곤궁하기 이를 데 없거늘……"

온조왕이 말끝을 흐리자 을음이 강력한 어조로 아뢰었다.

"나라의 존망이 달린 일인데 백성의 곤궁함이 문제이겠습니까?

무릇 나라 없는 백성의 설움이 얼마이며 폐하께서는 무엇으로 이 사직을 보존하려 하시옵니까?"

"음……."

온조왕은 말을 잇지 못했다. 을음의 말이 합당했던 것이다.

"폐하! 소신에게 모든 것을 맡겨 주옵소서. 백성들의 원망은 소신 혼자서 달게 받을 것이옵니다!"

"알아서 하오. 과인은 공의 충정을 그대로 따를 것이오."

어전을 물러난 을음은 곧 나라에 포고령을 내려 군사들을 징집하고 백성들의 곳간에 쌓아 둔 곡식들을 강제로 국고에 환수했다.

백성들의 원성은 이루 말할 것도 없거니와 다른 신하들의 반발도 그에 못지않게 강력했다. 백성들은 을음을 나라의 재상이 아닌 도적으로 여겼으며 다른 신하들은 을음이 왕의 눈에 들기 위해 괜한 일을 벌인다고 쑥덕거렸다.

그러나 을음은 그런 소리에 귀를 기울이지 않고 말갈의 침략에 대비하여 만반의 태세를 갖추는 데에만 열중했다.

마침내 이듬해인 온조왕 3년 9월에 을음의 우려대로 말갈은 군사를 일으켜 백제로 쳐들어왔다.

예상하고 있었던 일이라 을음은 침착하게 군사들을 통솔하여 말갈군을 단번에 무찔러 버렸다.

온조왕은 크게 기뻐하며 을음의 노고를 치하했으나 백성들과 다른 신하들은 그렇지 않았다. 일단 을음을 비뚤어 보기 시작한 민심은 을음의 대승을 두고 말이 많았다.

얼마 되지도 않는 오랑캐에게 지레 겁을 먹고 군사를 양성했다느니, 군량을 빌미 삼아 을음이 개인적인 치부를 했다느니 하며 부상자와 전사자가 생긴 집에서는 아예 을음을 일러 원수라고까지 대

놓고 욕을 할 정도였다.

신하들도 마찬가지였다. 을음이 군사들을 이끌고 대궐로 돌아오자 온조왕은 후원後苑에서 성대한 연회를 베풀었는데 신하들은 비아냥거리는 말투로 괜한 날씨 탓을 하거나, 공연히 허튼소리를 해대며 을음에 대한 미움과 질투의 감정을 노골적으로 드러내었다.

그 소리는 온조왕과 마주앉아 술잔을 기울이는 을음의 귀에까지 들렸으나 을음은 말없이 술잔을 비우며 가끔 후원 마당에 때아니게 피어난 복숭아꽃을 바라볼 뿐이었다.

제철도 아닌 가을에 후원 마당에 피어난 복숭아꽃은 마치 을음의 개선을 축하해 주기 위해 하늘이 보낸 화환 같았다. 하지만 개중의 몇몇 신하들은 그것마저도 상서롭지 못한 징조라고 함부로 입을 놀렸다.

다시 세월이 흘러 온조왕 8년에 이르러 말갈은 다시 군사 3천 명을 이끌고 백제로 쳐들어와 도성을 포위했다.

왕을 비롯한 모든 신하들이 어전에 모여 사태를 의논했지만 이렇다 할 방도를 찾지 못해 애를 끓이고 있었다.

"폐하! 불충한 소신에게 다시 한 번 중임을 맡겨 주소서!"

이렇게 간하며 나선 이는 다름 아닌 을음이었다. 온조왕은 물론이거니와 다른 신하들도 은근히 을음이 나서 주기를 고대하고 있던 터였기에 모두들 기다렸다는 듯이 을음에게로 시선이 쏠렸다.

"폐하! 소신에게 한 가지 계책이 있사오니 믿고 맡겨 주옵소서!"

"과인은 공이 그렇게 나올 줄 알고 있었소! 일전에 말갈을 맞아 대승을 올린 것처럼 이번에도 공이 나서 말갈을 물리치고 이 나라를 구할 것을 과인은 굳게 믿으오!"

"황공하옵니다, 폐하!"

을음이 그렇게 아린 뒤 어전을 물러날 때까지 다른 신하들은 한 마디 말도 없이 그저 어전 바닥에 머리만 조아리고 있었다.

하루가 가고 이틀이 지났다. 사흘, 나흘이 지나고 일주일이 되었다. 그런데도 을음은 군사들에게 아무런 명령도 내리지 않고 그저 묵묵히 시간만 보냈다.

말갈의 군사들은 백제군이 도성 문을 굳게 걸어 잠근 채 도무지 싸울 기세를 보이지 않자 조금씩 초조해졌다.

말갈군은 도성을 향해 온갖 욕설을 해대며 싸움을 부추기기도 하고 흥겨운 술판을 벌여 자신들의 방심을 거짓으로 꾸며 백제군이 공격 해 올 것을 유도하기도 했으나 도성 위엔 깃발만 휘날릴 뿐 백제군은 그림자조차 보이지 않았다.

온조왕은 그와 같은 을음의 태도가 미심쩍었지만 그에게 모든 것을 일임한 이상, 자신이 나서 뭐라 말하기도 거북한 상황이었다.

을음이 도성 문을 굳게 닫고 말갈과 대치한 지 열흘째 되는 날이었다. 을음은 날랜 군사 5백 명을 뽑아 별동대를 조직했다.

"너희들은 야음을 타고 도성을 빠져 나가 대부현大斧峴에 매복하고 있다가 내일 아침 적들의 퇴로를 차단하라!"

을음의 말에 부하 장수 한 명이 나섰다.

"그 말은 즉, 우보께서 내일 아침 적들을 공격하시겠다는 뜻이옵니까?"

을음은 그 장수를 바라보며 말했다.

"지금 적진의 소리에 귀기울여 보라. 술에 취해 흥청망청 노래를 부르는 군사들의 합창 소리가 들리지 않느냐? 이는 필시 저들의 군량이 바닥이 나서 내일 아침이면 회군할 것이기에 저렇듯 밤새 마음 놓고 음주 가무를 즐기는 것이다. 그러니 우리가 미리 퇴로를 차단하고 기다렸다가 적들이 회군할 때 앞뒤에서 한꺼번에 공격을 한다면 승세는 분명 우리의 것이 될 것이다!"

을음의 말을 들은 부하 장수들은 고개를 끄덕이며 계책 중의 계책이라며 탄복했다. 별동대는 말갈의 군사들이 술에 취해 잠든 새벽녘에 그림자처럼 도성을 빠져 나갔다.

날이 밝자 말갈군은 을음의 예견대로 회군하기 시작했다. 말갈군이 대부현 근처에 이르렀을 무렵, 을음은 도성 문을 열고 군사를 출정시켰다.

간밤의 주독이 채 가시지 않은 말갈군은 느닷없는 백제군의 공격에 당황하여 일단 후퇴했지만 대부현에 매복해 있던 별동대에게 다시 쫓겨 독 안에 든 쥐 모양 꼼짝없이 갇히고 말았다.

을음은 군사들을 지휘하여 말갈군의 목을 하나도 남김 없이 베라는 명령을 내렸다. 백제군을 겁쟁이라고 욕하고 놀리던 말갈의 군사들은 혼비백산하여 사방으로 흩어졌다.

그러나 물을 만난 물고기처럼 기운이 용솟음 친 백제의 군사들은 도망치는 말갈군을 향해 활을 쏘고 칼을 휘두르며 맹렬히 추격했다.

이 싸움에서 을음 휘하의 백제군은 말갈의 군사 3천 명 가운데 5백 명 이상의 목을 베어 대승하는 혁혁한 전과를 올렸다.

그러나 그러한 대승에도 불구하고 신하들과 백성들은 을음의 구국 충정을 칭찬하기보다는 비꼬거나 멸시하며 전쟁에 미친 자라고 손가락질을 하였다.

말갈의 침략을 물리친 후 을음은 온조왕을 알현하고 허술한 변방의 성들을 개축해야 한다고 아뢰었다. 온조왕은 피폐한 백성들의 생활상과 흉흉한 민심을 이유로 거절했으나 을음의 끈질긴 설득에 결국 그의 말을 따르기로 했다.

을음의 뜻에 따라 대대적인 역사役事가 벌어졌고 전쟁의 고통에서 채 벗어나지 못한 백성들의 원성은 을음을 대역 죄인으로까지 표현하기에 이르렀다. 그러나 을음은 백성들의 그 같은 원망에도 뜻을 굽히지 않고 마침내 변방의 여러 성들을 개축할 수 있었다.

온조왕 13년에 들어서 도성 안에 사는 한 노파가 어느 날 갑자기 남자로 변하는 괴변이 생기더니 대궐에 호랑이 다섯 마리가 뛰어들어 궁녀들을 물고 사라지는 이변이 속출했다.

그러던 중 갑자기 온조왕의 어머니이신 예씨 부인이 별세하자 나라 안은 온통 어수선한 분위기로 변했다.

을음은 그때를 놓치지 않고 온조왕에게 간했다.

"폐하! 나라에 이변이 속출하는 데다 왕실에 크나큰 불운이 닥치니 이는 분명 왕기王氣가 다 되었음을 알리는 하늘의 계시라 할 것이옵니다."

"하늘의 계시라니 그게 무슨 말이오?"

"예, 폐하! 지금 나라에 닥친 여러 흉사凶事들을 볼 때 새로 도읍지를 정해 도성을 옮기라는 뜻으로 아옵니다."

"새로 도읍지를 정해 도성을 옮긴다?"

"그러하옵니다. 지금 도성의 위치는 동편에 치우쳐 말갈의 침범이 잦습니다. 하오니 한수漢水 이남으로 옮기시는 것이 여러모로 합당한 줄로 아옵니다."

온조왕은 곰곰이 생각에 잠겼다. 한수 이남은 자신도 둘러본 바가 있는데 산세가 험해 주변국들의 침략을 막기에 용이하고, 땅이 기름지고 물이 맑아 천혜의 복지福地라고 부러워했었다.

온조왕은 을음의 말을 받아들였다. 을음은 곧 도읍지를 옮기는 일에 착수했다. 먼저 주변국들에 천도를 알리는 사신을 파견하고 한

산漢山 아래에 성책을 세워 백성들을 이주시켰다.

도성의 터전을 닦고 다음해 준공에 이르기까지 을음은 밤낮을 잊고 그 일에 몰두했다. 그리하여 마침내 천도를 하고 나라의 국경을 정하니 동의 주양과 서의 대해, 북의 패하와 남의 웅천까지였다.

천도를 성공리에 마친 을음은 온조왕에게 이제는 주변국들을 흡수하여 영토를 넓히고 나라의 위상을 널리 떨칠 시기라고 간했다.

"그렇다면 공이 보기에 어느 나라가 적합하다고 생각하오?"

"예, 폐하! 소신의 생각으로는 마한의 국력이 갈수록 기울어지니 웅진 쪽에 성을 세워 후일을 도모하심이 좋을 것으로 사료됩니다."

"마한이라…… 한번 생각해 봅시다."

온조왕이 대답을 미루는 데에는 그만한 까닭이 있었다.

처음 온조왕이 백제를 개국할 당시 마한의 왕은 온조왕을 도와 순순히 마한의 땅을 나눠 주었으며 대접도 후히 하였던 것이다. 그런데 이제 와서 마한을 속국으로 만들자는 을음의 주장을 온조왕은 도리상 쉽사리 받아들일 수 없는 노릇이었다.

온조왕에게서 이렇다 할 대답이 없는 사이 을음은 웅진에다 먼저 성책을 축조했다. 그러자 마한에서 곧바로 온조왕에게 사신을 보내어 전날의 일들을 열거하며 성책을 축조하는 것을 책망하고 나섰다.

민망해진 온조왕은 화를 내며 당장 을음에게 성책을 허물어 버리라고 명했다. 을음의 뜻을 처음으로 거절한 것이었다. 을음은 순순히 왕명을 따랐다.

그로부터 얼마 지나지 않아 대궐의 우물물이 넘쳐 물바다를 이루고 도성에 사는 한 농부가 기르던 소가 새끼를 낳았는데 몸뚱이 하나에 머리가 둘 달린 해괴한 송아지가 태어났다. 을음은 이는 하늘이 주신 기회라고 생각하고 대궐의 일관을 은밀히 불러 밀담을 나눈 후, 왕을 찾아뵈었다.

을음이 먼저 온조왕께 앞서 말한 괴이한 일을 아뢰자 왕도 그 말을 이미 듣고 있었던지라 일관을 불러 점괘를 보도록 명했다.

"폐하! 경하 드리옵니다! 대궐의 우물물이 넘치는 것은 곧 나라가 흥하게 됨을 뜻하는 것입니다. 그리고 머리 둘 달린 송아지가 났다는 것은 이제 머지않은 시일에 폐하께서 두 나라를 하나의 나라로 합친다는 뜻이옵니다!"

일관의 말을 잠자코 들으며 을음은 속으로 미소를 지었다. 모든 일이 자신의 뜻대로 되어가고 있는 까닭이었다.

그러나 온조왕은 일관의 말을 되새기는 듯 묵묵부답이었다.

마침내 온조왕 26년, 을음의 계략대로 온조왕은 사냥을 핑계 삼아 친히 군사를 이끌고 도성을 나갔다가 말고삐를 돌려 그 길로 마한을 정복해 버렸다.

나날이 기울어가던 마한의 국력은 하루가 다르게 번창해 가는 백제의 위력을 당해 낼 수 없었던 것이다.

마한을 완전히 정복한 을음은 이제 기력이 쇠해지는 것을 느꼈다. 그도 그럴 것이 온조왕을 도와 국사를 돌본 지 벌써 40여 년. 온조왕을 대신하여 백성들의 원성을 홀로 받으며 백제를 중흥시키는 데에만 온 정열을 쏟았으니 지치고 힘이 들만도 했다.

온조왕도 이제는 태자 다루가 있으니 왕위 계승에는 문제가 없을 것이요, 나랏일도 젊고 유능한 인재가 새로이 많이 등용되었으니 크게 걱정할 바는 없었다.

을음은 온조왕을 찾아뵙고 사직의 뜻을 비쳤다. 온조왕은 처음에는 완강히 거절했으나 늙고 쇠약해진 을음의 몸이 하루가 다르게 병색이 깊어 가는 것을 보고 더는 만류할 수 없었다.

"이 나라 사직이 이만큼 바로 설 수 있었던 것은 모두 공의 덕이오. 과인은 공에게 고맙다는 말밖엔 달리 할말이 없구려……."

온조왕의 말에 을음은 마지막 인사인 듯 간절하게 아뢰었다.

"폐하! 총기를 잃지 마시고 언제나 백성들의 든든한 어버이가 되어 주소서!"

그 말을 끝으로 집으로 돌아온 을음은 자리에 드러누웠다. 평생 제대로 쉬어 본 적이 없는 육신에는 갖은 병마가 누적되어 있다가 한꺼번에 드러나 며칠을 넘기지 못하고 을음은 조용히 눈을 감았다.

온조왕은 눈물을 흘리며 을음의 죽음을 애도했다.

'충신은 충신이로되 백성들의 원성을 한 몸에 받은 가여운 충신.'

온조왕은 흐르는 눈물을 닦으며 을음의 한평생을 그렇게 반추했다.

그러나 온조왕의 그 같은 생각에 을음은 소리 없이 이렇게 간하는 것 같았다.

"폐하! 눈물을 거두소서! 올바른 신하의 길이 바로 그것이옵니다."

지달과 노화

어디선가 들려 오는 독경 소리에 지달知達은 가까스로 눈을 떴다. 여기가 어딘가? 주위를 둘러보는 지달의 눈에 벽에 걸린 장삼과 작은 탁자 위에 놓인 목탁이 들어왔다.

지달은 몸을 일으키려 하였으나 이미 지칠 대로 지친 몸은 생각과는 달리 전혀 움직여질 것 같지 않았다. 지달은 도로 자리에 드러누워 천장을 바라보았다. 방안에 호롱불이 켜져 있는 걸로 보아 밤인 듯했다.

흐릿한 불빛이 가물가물 어리는 천장에 그리운 어머니의 모습과 사랑하는 노화盧花의 얼굴이 둥근 달처럼 떠올랐다. 지달은 버릇처럼 깊은 한숨을 내쉬었다.

'과연 어디 가서 어머니와 노화를 찾는다는 말인가?'

지달은 일어나야 한다는 생각과는 달리 다시 곤한 잠에 빠져 들었다. 지난날이 모두 한 순간의 꿈결처럼 잔잔히 밀려들었다.

지달의 아버지는 본래 왕족이었으나 역모를 꾀했다는 모함을 받아 도성에서 쫓겨나 고구려와의 국경 근처에 살게 되었다.

지달의 아버지는 가혹한 고문의 후유증으로 반신불수의 몸이 되었고, 지달의 어머니는 남의 집 품을 팔아 어린 지달을 키우고 병든 남편을 봉양하며 살았다.

지달의 어머니는 어려운 생활 중에도 지달에게 글을 가르치고 틈틈이 무예도 익히게 했다. 거기에는 언젠가 남편이 누명을 벗고 도성으로 돌아가면 지달을 여느 대갓집 아들들과 비교해도 뒤떨어지지 않도록 키우려는 어머니의 깊은 뜻이 숨어 있었다.

어머니의 간절한 바람 때문인지 어려서부터 지달은 총명하고 무예가 뛰어나 또래의 아이들 중에 지달을 당할 아이가 없었다.

지달이 열일곱 살 되던 해였다. 그 당시 백제에도 지금의 병역의무처럼 국경에서 3년간 나라를 지키는 수자리라는 제도가 있었는데 지달에게도 그 임무가 떨어졌다.

지달은 병든 아버지와 혼자 살림을 꾸리시는 어머니가 제일 큰 걱정이었지만, 또한 남몰래 마음속으로 사모하고 있는 연인 노화도 마음에 걸렸다.

그러나 나라의 명을 받은 이상 거역할 수도 없는 노릇이었다. 지달은 수자리로 가기 전날 밤, 마을 뒷동산에서 노화를 만나 자신의 속마음을 털어놓고 기다려 달라고 말했다.

노화는 사과처럼 얼굴을 붉히며 조용히 고개를 끄덕였다. 지달과 노화는 지달이 수자리를 마치고 돌아오는 대로 혼인식을 치르기로 손을 걸고 약속했다.

그렇게 해서 지달은 수자리를 떠났지만 얼마 후 들려 온 소식은 참담하기만 했다. 고구려군이 지달의 마을을 급습하여 집집마다 불을 지르고 양민들을 학살한 뒤 젊은 처녀만 붙잡아 고구려로 되돌아갔다는 것이었다.

지달은 야음을 틈타 군영을 이탈했다. 군인이 군영을 이탈한다는 것은 곧 죽음을 의미했지만 지달은 도저히 그대로 있을 수가 없었다.

더군다나 지달의 무예 실력이 아무리 높아도 역모를 꾀하고 귀양살이를 하는 처지라는 것을 안 부대원들은 너나할것없이 지달과 친해지기를 꺼리고 멀리하려 했다.

어차피 매사에 흥미를 잃은 지달은 죽을 때 죽더라도 가족의 생사와 사랑하는 노화를 한 번이라도 더 보고 죽는 것이 나을 것이라고 생각했던 것이다.

어렵사리 자신이 살던 마을에 도착한 지달은 땅바닥에 털썩 주저앉고 말았다. 마을은 흔적조차 없이 불태워졌으며 살아 남은 사람이라곤 단 한 명도 없었다.

지달은 아버지와 어머니를 목놓아 부르다가 고구려로 끌려간 노화를 찾아야겠다는 일념으로 몰래 고구려의 국경을 넘었다.

그리하여 노화의 행방을 찾아 여기저기 수소문하며 고구려 땅을 돌아다니다가 오늘 낮에 그만 기진맥진한 상태로 길바닥에 쓰러져 버린 것이다.

생각해 보면 지달이 살아난 것은 거의 기적에 가까웠다. 군영을 이탈한 이후 아무 것도 먹지 못했을 뿐만 아니라 계속하여 돌아다니느라 제대로 잠도 자지 못했던 것이다.

지달이 초죽음이 되어 길가에 쓰러져 있는 것을 암자의 노승이 발견하여 이곳으로 데려온 것이었다.

"이놈, 어서 일어나지 못할까? 젊은 놈이 해가 중천에 뜨도록 자빠져 자면서 이 늙은이를 굶긴단 말이더냐?"

지달은 호령 소리에 놀라 얼른 눈을 뜨고 자리에서 일어났다.

"냉큼 방에서 나오너라, 이놈!"

방문을 활짝 열어 젖히고 지달을 바라보며 호령을 하는 노승은 흰 수염을 길게 휘날리며 두 눈에 광채를 띠고 있었다.

지달은 놀라 쏜살같이 밖으로 튀어나갔다.

"어서 밥을 짓거라! 뱃가죽이 등허리에 붙겠다, 이놈아!"

지달은 얼떨결에 방 옆에 딸린 부엌으로 들어가 아궁이에 불을 지펴 밥을 지었다. 지달은 정성껏 밥을 지어 밥 두 그릇과 수저 두 벌을 차려 개다리소반에 받쳐들고 방으로 들어가 노승 앞에 놓았다.

"이놈! 왜 밥그릇이 두 개냐?"

"예?"

영문을 몰라 가만히 서 있는 지달을 향해 노승은 큰소리로 고함을 질렀다.

"너는 부엌에 가서 누룽지나 먹어라!"

지달은 아무 말도 못하고 부엌으로 나가 솥에 눌은 누룽지를 긁어 먹었다.

며칠이 지나자 지달은 예전처럼 기력을 회복할 수 있었다. 지달은 행장을 꾸려 노승에게 인사를 올렸다.

"스님, 고맙습니다. 이제 웬만큼 기력도 회복했으니 이제 제 갈 길을 갈까 합니다."

"이런 배은망덕한 놈을 보았나. 길거리에서 죽어 가는 놈을 데려다 며칠 동안 먹여 주고 재워 주며 살려 놓았더니 이제 와서 은혜를 무시하고 떠난다는 게냐?"

"스님, 살려 주신 은혜는 백골난망이옵니다만……."

"이놈! 배고프구나! 어서 가서 밥을 지어 오지 못할까?"

지달은 하는 수 없이 행장을 풀고 부엌으로 들어가 밥을 지을 수밖에 없었다.

다시 며칠이 지났다. 지달은 다시 짐을 꾸려 암자를 떠나려 했으나 노승은 지난번처럼 화를 내며 지달의 발목을 붙잡았다.

그럭저럭 3년이 흘렀다. 모든 것을 체념한 지달은 노화에 대한 생각마저도 가물가물해지는 것을 느꼈다.

"지달아! 이놈, 지달아!"

"예, 스님."

지달은 스님의 부름에 답하며 옷매무새를 고치고 방으로 들어갔다.

노승은 지달 앞에 보자기 하나를 내놓으며 말했다.

"이것을 가지고 내일 이곳을 떠나거라."

"예? 스님, 그게 무슨 말씀이신지……."

"이제 너와 나의 인연이 다 되었으니 이곳을 떠날 때가 되었다. 날이 밝는 대로 짐을 꾸려 암자에서 내려가도록 해라."

지달은 묵묵히 앉아 있었다. 노승의 말에는 분명 깊은 뜻이 숨겨져 있는 것 같았다.

"이 보자기에는 말린 밥알과 잣 세 알이 들어 있다. 말린 밥알은 허기질 때 요깃거리로 하면 될 것이고 잣 세 알은 곤경에 부딪힐 때마다 한 알씩 이로 베어 물어라. 그러면 곤경에서 벗어날 수 있을 것이다."

노승은 그렇게 말한 후 돌아앉아 천천히 독경을 외기 시작했다.

다음날 아침, 행장을 꾸린 지달은 노승 앞에 큰절을 올리자, 노승은 마지막으로 내려가는 길을 일러 주었다.

"늘 다니던 길로 가되 산자락을 오른쪽으로 끼고 걸어라. 그러면 귀한 인연을 만날 수 있을 것이다."

지달은 노승의 말대로 산자락을 오른쪽으로 끼고 걸으며 흥얼흥얼 콧노래를 불렀다. 실로 3년 만에 산을 내려오는 것이었다.

산 중턱을 가로질러 내려오다가 지달은 잠시 바위 위에 걸터앉아 땀을 식혔다. 초봄의 다소 쌀쌀한 바람이 이마에 맺힌 땀방울을 훑고 지나갔다.

"음……음, 물…… 물을 좀……."

어디선가 들려 오는 신음 소리에 지달은 반사적으로 바위에서 일어났다. 그 소리는 지달이 앉아 있는 바위 뒤쪽 수풀 속에서 들려 왔다.

지달은 발소리를 죽여 수풀을 헤치고 걸어 들어갔다. 거기에는 놀랍게도 전신이 피투성이가 된 여인이 쓰러져 있었다.

지달은 급히 여인을 안아 부축하여 바로 누인 뒤 황급히 개울가로 달려가 양손으로 물을 떠다 여인의 입가에 가져갔다. 여인은 목이 말랐던지 주는 대로 물을 받아 먹었다.

지달은 노승이 주었던 말린 밥알을 기억하고 품속에서 꺼내어 여인의 입 속으로 집어 넣었다. 여인은 지달이 입 속에 넣어 주는 말린 밥알을 조금씩 씹어 삼켰다.

신기하게도 밥알을 세 개쯤 먹자 여인은 금세 기운을 회복하더니 전신에 난 상처도 아물기 시작했다. 이어 여인은 의식을 회복하고 상처에 흐르는 피는 물론 상처 자국까지도 깨끗하게 아물었다.

여인은 눈을 들어 지달의 얼굴을 바라보더니 낮게 탄성을 질렀다.

"지달님, 살아 계셨군요."

지달은 깜짝 놀라 여인의 얼굴을 바라보았다. 기적이었다. 의식을 잃고 쓰러져 있던 이 여인은 지달이 그토록 찾아 헤매던 노화였던 것이다.

"아니, 이게 어찌된 일이오? 어떻게 당신이 여기에……."

두 사람은 서로 부둥켜안고 기쁨의 눈물을 흘렸다. 지달은 암자를 내려올 때 했던 노승의 말이 떠올랐다.

'그랬었구나. 이렇게 노화를 다시 만나게 하려고 3년 동안이나 나를 암자에 붙잡아 놓고 있었구나. 그리고 오늘 나를 암자에서 내려보낸 것도 스님의 깊은 뜻이었구나.'

한참을 부둥켜안고 울던 두 사람은 누가 먼저랄 것도 없이 지나간 일들을 이야기하기 시작했다.

고구려군의 급습을 받아 고구려로 붙잡혀 온 노화는 갖은 고생 끝에 고구려 장수의 집에 노비로 가게 되었다. 그곳에서 3년 동안 노비로 있다가 오늘 장수의 동생 집으로 첩살이를 가게 되었는데, 마침 이 산을 넘어가다가 산적떼를 만나 일행들은 모두 죽고 자신은 칼에 맞아 수풀 속에 버려졌다는 것이었다.

지달과 노화는 곧 백제로 돌아가기 위해 수풀에서 나와 산길을 걸어 내려갔다. 그런데 이게 웬일인가?

죽은 줄로만 알았던 장수의 동생이 고구려 군사를 이끌고 산적들의 자취를 뒤쫓던 중 지달과 노화를 발견한 것이다. 그는 지달과 노화를 산적과 같은 일당이라고 여겨 관가로 끌고 가 하옥시켰다.

졸지에 옥에 갇히게 된 지달과 노화는 기가 막혀 할말을 잃었다. 천신만고 끝에 만났는데 억울한 누명을 뒤집어쓰고 이렇게 옥에 갇히게 되었으니 그저 난감할 따름이었다.

밤이 깊어 모두가 잠들었을 때 지달은 노승이 준 잣알 세 개를 떠올렸다. 지달은 품속에서 그 중 하나를 꺼내어 입에 넣고 세차게 깨물었다.

순간, 우지직 하는 소리와 함께 옥문이 부서졌다. 그와 때를 같이 하여 밖에서 "불이야!" 하는 소리가 들렸다.

사방이 어수선한 틈을 타서 두 사람은 급히 그곳을 빠져 나와 무작정 어둠 속을 달렸다. 날이 밝을 즈음 작은 마을에 도착한 두 사람은 말린 밥알로 허기를 채우고 지나가는 사람을 붙잡고 물었다.

"대체 예가 어디쯤이오?"

"여기는 고구려와 접한 박기성이란 백제 땅이오."

지달은 비로소 백제 땅에 왔음을 알고 안도의 한숨을 쉬었다. 그렇지만 낯선 사람이 마을에 온 것을 수상히 여긴 마을 사람들이 두 사람을 고구려의 첩자들이 아닌가 의심을 하여 관가에 고발했다.

신고를 받은 백제의 군사들이 지달과 노화의 앞길을 가로막았다.

"너희들은 고구려의 첩자들이 분명하렷다?"

"아니 그게 무슨 말이오?"

"첩자들이 아니라면 여기가 어딘지 왜 묻고 다니느냐?"

"아니오. 우리들은 수년 전에 고구려에 잡혀 갔다가 겨우 살아서 도망쳐 오는 길이오."

"거짓말 하지 마라! 내 그 말에 속아넘어갈 줄 아느냐?"

군사들은 다짜고짜 지달과 노화의 양팔을 잡아 끌었다. 옥신각신 실랑이를 벌이던 중 지달의 품속에 있던 작은 보자기가 땅에 떨어졌다.

"이게 무엇이냐?"

"이리 주시오. 함부로 할 물건이 아니오."

"함부로 할 물건이 아니라니. 더욱 수상하구나."

군사들은 보따리를 풀었다. 지달의 보따리 속에 든 말린 밥알과 잣알을 본 군사들은 코웃음을 치며 말했다.

"이것이 함부로 할 물건이 아니란 게냐?"

군사는 잣알 하나를 집어 냉큼 입 속으로 집어넣었다. 순간 잣알을 삼킨 군사는 비명을 지르며 땅에 쓰러졌다. 다른 군사들이 땅에 쓰러진 군사를 부축하는 동안 지달과 노화는 그곳에서 도망칠 수 있었다.

이제 첩자로 몰리고 군사까지 죽인 셈이 되었으니 두 사람은 백제 땅에서도 살 수가 없게 되었다.

두 사람은 그 길로 깊은 산중으로 들어갔다. 사람의 눈길이 닿지 않는 곳만이 두 사람이 안심하고 살 수 있었다. 그러나 수중에는 말린 밥알 몇 톨과 잣알 하나만이 있을 뿐이었다.

"이제 어떻게 하지요?"

"……."

지달도 막막할 따름이었다. 그들에게는 당장 연명할 곡식은 물론 앞으로 살아가야 할 방편조차 없었다.

그때 노화가 눈을 빛내며 말했다.

"지달님. 스님이 주신 밥알은 보통 밥알과는 다른 것 같아요. 그러니 저 밥알을 땅에 심으면 혹 싹이 날지도 모르잖아요?"

노화의 말에 지달도 맞장구를 치며 씨앗의 영험함을 믿고 더 깊은 산속으로 들어갔다.

두 사람이 커다란 절벽에 면한 계곡에 이르렀을 때였다. 갑자기 등뒤에서 말 울음소리와 함께 군사 한 사람이 말과 함께 절벽 아래로 굴러 떨어졌다.

놀란 두 사람은 급히 군사를 부축하여 말린 밥알을 먹였다. 군사는 잠시 후 신음 소리를 내며 살아났다.

"무슨 일이오?"

"큰일 났소! 나는 고구려에 파견되었던 백제의 첩자로서 며칠 전부터 고구려군의 낌새가 수상하여 은밀히 조사를 하고 있었는데 오늘 아침 고구려군 5백 명이 백제 땅에 몰래 침입을 하였소."

지달과 노화는 놀라 서로의 얼굴을 바라보았다.

"나를 좀 도와 주시오. 한시 바삐 성에 계신 장군님께 이 사실을 알려야 하오."

지달은 남은 밥알을 죽은 말에게 먹였다. 밥알을 먹은 말은 신통하게도 금세 자리에서 일어나 크게 울었다.

군사는 놀라 지달과 노화를 번갈아 쳐다보며 말했다.

"어찌 된 영문인지는 알 수 없으나 살려 주어서 고맙소. 내 이 은혜는 꼭 갚으리다."

군사는 말을 타고 서둘러 성을 향해 달렸다. 그 뒷모습을 바라보고 있던 지달은 마음속으로 뜨겁게 치솟는 어떤 기운을 느꼈다. 그것은 다름 아닌 나라에 대한 충정이었다.

"노화! 나라가 위험한데 이대로 있을 수만은 없소. 나 또한 미력하나마 고구려군을 물리치는 데 목숨을 바치겠소."

"장하십니다. 지달님!"

노화의 눈에 맑은 이슬이 맺혔다. 두 사람은 곧 성으로 향했다. 그러나 이미 성은 고구려군에 의해 포위되어 있었다.

멀리 언덕 위에서 그 모습을 본 지달과 노화는 안타까워 어찌할 바를 몰랐다.

"이제 마지막 잣알을 깨물 때가 온 것 같아요."

그렇게 말하며 노화는 지달의 손을 꼭 잡았다. 지달은 품속에서 마지막 남은 잣알을 꺼내 물었다. 딱 하는 소리와 함께 잣알이 입 속에서 으스러졌다.

다음 순간 우레와 같은 소리와 함께 산 위의 바위들이 한꺼번에 성을 포위하고 있던 고구려 군사들을 향해 쏟아지기 시작했다.

갑작스레 굴러 떨어지는 바위에 맞아 고구려 군사들은 순식간에 전멸했다. 성안에서 원군이 오기만을 기다리고 있던 백제군들은 뜻밖의 일에 놀라 하늘이 백제를 도운 것이라 하면서 기뻐했다.

그러나 장군은 이 일을 이상히 여겨 바위가 굴러 떨어진 산으로 군사들을 보냈다. 군사들은 얼마 지나지 않아 지달과 노화를 데리고 왔다.

장군은 지달과 노화가 보통 사람이 아니라고 여겨 신중하게 물어 보았다.

"산에서 바위가 굴러 떨어진 것이 너희와 관련이 있는 게냐?"

장군 앞에 무릎을 꿇은 지달과 노화는 지금까지의 일을 장군에게 모두 말했다. 지달의 말이 계속되는 동안 노화는 소리 없이 눈물만 흘렸다. 지달의 말을 다 들은 장군은 두 사람을 극진히 대접했다.

얼마 후 지달과 노화의 일은 고이왕에게 보고되었다.

이미 지달의 아버지가 역모를 꾀한 것이 모함이라는 사실이 밝혀진 터였기에 고이왕은 지달을 다시 왕족에 복원시키고 큰 상을 내렸다.

낙랑 태수의 부마인 보육輔育은 신라로 향해 가면서 기어이 군사를 지원받아 백제를 치리라 굳은 결심을 다졌다. 그는 백제군의 기습으로 불에 타 죽은 꽃다운 아내의 얼굴이 아직도 두 눈에 선하게 떠올라 또다시 가슴이 옥죄어 들었다.

보육이 동진東晉에서 현관縣官으로 벼슬이 올랐을 때 누구보다 기뻐한 것은 아내였고, 그 소식을 들은 보육의 장인인 낙랑 태수가 여러 신하들과 변방의 장수들까지 별궁으로 불러모아 큰 잔치를 베풀었었다.

그러나 잔치의 여흥을 다 즐기기도 전에 분서왕이 이끄는 백제군의 기습으로 잔치는 아수라장으로 변했고 별궁은 불에 타 낙랑 태수와 보육을 제외하고는 살아 남은 이가 한 사람도 없었다.

낙랑 태수는 분함을 참지 못해 보육을 신라에 사신으로 보내어 군사를 지원받아 백제를 칠 생각이었다. 보육 또한 죽은 아내의 원수를 갚기 위해서라면 무슨 일이든지 마다하지 않겠다고 한 줌 재가 된 아내의 영정 앞에서 피를 토하며 맹세했다.

보육은 신라왕에게 바칠 예물을 수레에 가득 싣고 신라 도성을 향해 쉬지 않고 말을 달렸다.

신라의 도성에 도착한 보육은 일단 객사客舍에 머무르면서 신라 왕의 명을 기다렸다. 당시 낙랑은 신라에 비하면 소국小國에 불과했으므로 왕을 알현하려면 어명이 있을 때까지 기다려야 했다.

객사에서 쉬고 있던 보육은 신라의 도성을 구경할 겸 나들이를 나갔다. 신라의 도성은 낙랑과는 비교도 안 될 만큼 규모가 컸고 집들도 으리으리했다.

그 중에서도 저잣거리 한 곳에는 유독 많은 사람들이 모여 큰소리로 감탄사를 연발하며 흥을 돋우고 있었다.

"얼씨구! 잘한다!"

"저런, 저런! 거 참 신통한 재주로세!"

보육은 사람들을 헤치고 고개를 쭉 내밀어 무리의 안쪽을 들여다보았다.

한 예닐곱 살이나 되었을까?

어린 사내아이 하나가 칼을 빼어 들고 검무劍舞를 추고 있었는데 그 재주가 보통이 넘어 구경꾼들의 시선을 한 몸에 받고 있었다.

보육도 금방 그 재주에 빨려들어 사내아이에게서 시선을 떼지 못했다. 사내아이는 칼을 마치 제 수족을 놀리듯이 자유자재로 다루며 신기에 가깝도록 검무를 추었다.

사람들이 혀를 내두르며 구경을 하고 있는 동안 초라한 행색의 노파가 조그만 나무 그릇을 들고 다니며 구경꾼들에게 돈을 받았다. 보육은 노파가 내미는 나무 그릇에 엽전 몇 닢을 던져 주고 한참을 더 구경하다가 객사로 돌아왔다.

다음날 보육은 신라왕의 하명을 받고 입궐했다. 보육은 신라왕 앞에 낙랑 태수가 보낸 예물을 진상하고 전후 사정을 아뢴 뒤 백제를 치기 위한 군사 지원을 요청했다.

그런데 신라왕은 일언반구도 없이 다만 물러가라는 손짓만 했다. 속이 탄 보육은 뭐라 더 아뢸 겨를도 없이 쫓기듯 어전에서 물러나왔다.

신라왕을 만나고서도 이렇다 할 성과를 올리지 못한 보육은 객사로 돌아와 심한 허탈감에 빠졌다. 그러나 보육은 이대로는 낙랑으로 되돌아갈 수는 없다고 생각했다. 어떻게 해서든지 신라왕을 다시 만날 계획을 세워야 했다.

보육은 심복인 부수富洙를 불러 고이 간직해 온 패물을 내놓으며 신라왕의 측근을 매수하도록 했다.

며칠 후 신라왕은 다시 보육을 대궐로 불러들였다. 신라왕의 측근들에게 상납한 뇌물 공세가 먹혀 들었던 것이다.

"대왕 폐하! 부디 상국上國의 군사를 내어 주시어 백제군에게 소국小國의 왕가를 멸족당한 원수를 갚게 하옵소서!"

보육이 입에 침이 마르도록 애원하며 간했지만 신라왕은 그다지 관심을 보이는 것 같지 않았다.

"대왕 폐하! 부디 군사를 내어 주소서!"

보육의 말이 어전을 울리는데 마침 궁인이 들어와 아뢰었다.

"대왕 폐하! 황창랑黃昌郎이 왔사옵니다."

"오, 그래? 어서 들라 해라!"

"예! 폐하!"

궁인은 잠시 후 일전에 보육이 저잣거리에서 보았던 어린 사내아이를 데리고 들어왔다.

"네가 황창랑이냐?"

"그러하옵니다, 폐하!"

"네 검무가 그토록 신묘하다고 하니 어디 한번 놀아 보아라!"

"예!"

신라왕은 보육의 말에는 아예 관심이 없었다.

황창랑은 왕 앞에 큰절을 올린 다음 허리에 차고 있던 칼을 뽑아 들고 갖가지 재주를 부리기 시작했다.

신라왕은 연신 벙글거리며 황창랑이 기묘한 재주를 선뵐 때마다 감탄을 했다. 곁에서 그 모습을 지켜보던 보육은 답답함에 속이 터질 것만 같았다. 군사를 내어 준다는 말 한마디 없이 그저 어린아이의 신기한 칼 재주에 넋을 놓고 있는 신라왕의 모습이 한심하게만 여겨졌다.

보육은 고개를 떨구고 앉아 망연히 낙담했다. 낙랑의 힘이 미진한 것에, 그리고 자신의 능력이 부족한 것에 화가 났다.

보육은 신라왕에게 큰절을 올려 예를 표하고 미련 없이 어전에서 물러났다. 그리고 객사로 돌아와 낙랑으로 돌아갈 채비를 했다. 내일이면 빈손으로 돌아가야 한다는 생각에 보육은 쓸쓸한 마음을 달랠 길 없어 객사 마루에 홀로 앉아 술을 마셨다.

늦가을 밤이라 볼을 스치는 바람이 제법 매섭게 느껴졌다. 그러나 가슴속에 불같이 일어나는 분노에 비하면 그런 바람쯤이야 얼마든지 몰아쳐도 상관이 없었다.

보육의 마음속으로 그날따라 죽은 아내의 얼굴이 유난히 떠올랐다.

'여보, 면목이 없구려. 당신의 원수를 갚겠다고 내 사내대장부로서 맹세를 했거늘……!'

객사 마당에 서 있는 오동나무에서 나뭇잎 하나가 떨어져 바닥에 굴렀다. 보육은 물끄러미 그 모양을 지켜보다가 시름에 겨운지 긴 한숨을 내쉬었다.

한잔, 한잔……. 술이 들어갈수록 웬일인지 취기는 조금도 오르지 않고, 오히려 머릿속이 거울처럼 명징해져 왔다.

'이대로 낙랑으로 돌아가 어찌 태수의 얼굴을 대할 수 있으랴!'

백제군의 기습으로 죽임을 당한 사람들의 얼굴이 술잔마다에 달빛처럼 어리었다. 술 한 병을 모두 비운 보육은 심복인 부수를 불러 술을 더 가져오라고 일렀다.

부수는 말없이 고개를 숙이고는 술 한 병을 들고 왔다.

"앉아라! 너도 쉬이 잠이 오지 않을 터이니 술 한잔 받아라."

"나리, 과음하지 마십시오. 몸에 해롭습니다."

"허허! 이제 내가 네게 걱정까지 시키는구나. 허허허!"

보육은 자신의 무능력을 조소하듯 웃으며 부수의 잔에 술을 따라주었다.

"저…… 나리!"

술잔을 입에 가져가려던 부수가 할말이 있는 듯 조심스럽게 입을 열었다.

"왜 그러느냐? 내게 무슨 할말이라도 있는 게냐?"

보육의 말에 부수는 손에 들었던 술잔을 상에 내려놓으며 말했다.

"소인의 짧은 생각입니다만 아까 낮에 보았던 황창랑이란 아이 말입니다."

"황창랑? 아, 검무를 추던 미동 말이구나. 그런데 그 아이가 왜?"

"어차피 신라에서 군사를 파병받을 수 없다면 자객을 써서 백제 왕을 죽이는 것도 좋은 방법일 듯합니다."

"자객이라?"

부수의 말에 보육의 눈은 반짝 빛났다.

'그렇다! 어차피 신라에서 군사를 지원받을 수 없다면 자객을 보

내어 백제왕을 죽이는 것도 원수를 갚는 길이다!'

보육은 부수를 뚫어지게 쳐다보며 말했다.

"그렇다면 네 생각은 어떠하냐?"

"예, 나리! 소인의 생각으로는 그 황창랑을 이용하시는 것이 어떨까 하옵니다."

"그 아이를 이용한다……?"

보육의 머릿속으로 한꺼번에 여러 가지 생각들이 겹쳐 들었다. 황창랑의 신묘한 검무 실력을 이용하여 백제왕에게 접근한 다음, 왕이 방심한 틈을 타 칼로 찌르면 될 것이다.

황창랑의 칼 솜씨가 뛰어난 데다 무엇보다 황창랑이 아직 어린 아이이니 백제왕이 의심을 품지 않을 것이다.

보육은 무릎을 치며 부수의 손을 잡고 의미 심장한 웃음을 지었다. 보육은 부수의 귀에다 대고 뭐라 몇 마디를 소곤거렸다. 부수는 곧 자리에서 일어나 사람들의 눈을 피해 유유히 객사를 빠져 나갔다.

이른 새벽 보육의 방문을 열고 부수가 들어왔다. 그때까지 자지 않고 부수를 기다리던 보육은 긴장한 낯빛으로 물었다.

"알아보았느냐?"

"예, 나리!"

부수가 들려준 바에 따르면 황창랑은 신라 귀족의 아들이었으나 어려서 아버지가 역모의 모함을 받아 참형에 처해졌으며 일가족들도 모두 몰살당했는데 집의 유모가 기적적으로 갓난아기인 황창랑을 빼돌려 구사일생으로 목숨을 건졌다고 했다.

그리하여 깊은 산중에 숨어 지내다가 황창랑의 아버지가 모함에서 풀려나 다시 지위가 복원되자 산에서 내려왔으며, 황창랑의 신기에 가까운 검무는 산중에 있을 때 어떤 스님한테서 배운 것이었다.

그리고 황창랑이 신라 전역을 떠돌며 사람들 앞에서 검무를 추는 것은 혹시 목숨을 구한 일가 친척을 찾을지도 모른다는 생각에서였다.

부수가 물러간 후, 보육은 무엇인가를 골똘히 생각하는 눈치였다. 아침이 밝아올 즈음 보육은 모든 생각을 정리한 듯 잠시 피곤한 눈을 붙였다.

정오가 지나서야 잠에서 깨어난 보육은 서두르는 기색 없이 부수에게 황창랑의 행방을 알아오도록 지시하고 늦은 아침을 먹었다.

상을 물리고 객사 마당에서 옷을 차려입고 서성거리던 보육은 부수가 돌아오자 서둘러 객사를 나가 황창랑이 있다는 이손耳孫 김 부잣집으로 향했다.

생일을 맞은 김 부잣집은 모여든 사람들로 발 디딜 틈조차 없었다. 마당에서는 김 부자를 비롯한 내빈들이 큰상을 앞에 놓고 둘러앉아 황창랑의 검무를 구경하고 있었다.

기실 김 부자의 생일을 축하하러 온 하객보다 황창랑의 검무를 구경하러 온 사람이 더 많은 것 같았다.

"옳거니! 재주 한번 신통하구나!"

김 부자가 그렇게 말하며 은전 세 닢을 하사하자 예의 그 노파가 비실비실 웃으며 그것을 받아 챙겼다. 사람들은 황창랑이 칼 재주만 신통한 것이 아니라 효성 또한 지극하다고 입이 마르도록 칭찬을 늘어놓았다.

황창랑이 한차례 검무를 끝내고 좌중에 인사를 한 뒤 잠시 쉬러 가는 사이 보육은 살며시 황창랑 옆으로 다가가 목소리를 낮춰 말했다.

"창랑아, 오늘 밤 달이 뜨거든 강변 소나무 숲으로 혼자 오너라."

생전 처음 보는 사람이 다정하게 자신의 이름을 부르자 황창랑은 의아한 표정으로 되물었다.

"댁은 뉘십니까? 혹 저의 친척이라도 되십니까?"

"긴 말 할 여유가 없으니 일단 저녁에 만나면 모든 것을 알게 될 것이다. 그러니 꼭 내가 일러준 곳으로 나오너라."

"……"

"강변 소나무 숲이다. 알겠느냐? 창랑아."

보육은 사람들의 눈을 피해 황급히 발길을 돌렸다. 사람들이 황창랑을 좀더 가까운 곳에서 보려고 서로 몸싸움을 하며 자리다툼을 하는 사이 황창랑의 두 눈은 사람들 사이로 사라져 가는 보육의 뒷모습을 쫓고 있었다.

달이 뜬 지도 한참이나 지났는데 황창랑의 모습이 보이지 않자 보육은 조금씩 초조해졌다. 부수를 시켜 은밀히 황창랑의 거동을 살피라고 일렀는데 웬일인지 부수 또한 강변에 나타나지 않았다.

'이거 무슨 큰 낭패가 생긴 건 아닌가?'

보육이 초조한 심정으로 소나무 숲에 몸을 숨기고 있는데 강변을 가로질러 오는 작은 발자국 소리가 들려 왔다. 발자국 소리는 소나무 숲 앞에서 딱 멈춰 섰다.

"창랑인 게냐?"

"……"

"……창랑아!"

"어르신께서는 뉘신지 말씀을 하여 주십시오."

분명 황창랑의 목소리였다. 보육은 몸을 숨겼던 소나무 뒤에서 나왔다.

"이리 오너라, 너를 가까이 보고 싶구나."

황창랑은 잠시 머뭇거리는 눈치이더니 이내 성큼성큼 보육의 앞으로 걸어왔다. 한 손으로 칼집에 든 칼자루를 잡고 있는 걸로 보아 어린아이임에도 조심성이 대단해 보였다.

"나는 네 외숙이란다, 창랑아!"

외숙이라는 말에 황창랑의 표정이 조금 일그러졌다.

"너는 너무 어려서 나를 기억하지 못할 테지만 나는 네 얼굴을 똑똑히 기억한다. 어찌 그리도 돌아가신 누님의 얼굴과 쏙 빼 닮았느냐?"

그러면서 보육은 훌쩍훌쩍 흐느끼기 시작했다.

"너희 집이 그렇게 되고 난 후 나 또한 목숨을 부지하기 위해 혈혈 단신으로 도망을 쳤다. 다행히 지금은 먼 변방에서 이름을 바꿔 다른 사람 행세를 하며 살고 있다만 네 소식을 듣고 도저히 모른 체 하고 있을 수가 없었다."

보육의 말이 여기까지 이르렀을 때 황창랑의 눈에도 눈물이 어리었다. 아무리 검술이 뛰어나고 어려서부터 언행을 어른처럼 하고 다녔지만 그래 봤자 아직 부모의 무릎에 앉아 재롱이나 피울 일곱 살짜리 어린아이에 불과했던 것이다.

"정녕 어르신께서 제 외숙이십니까?"

"창랑아! 그렇지 않다면 내 이리 위험을 무릅쓰고 이 먼 길을 달려오지 않았을 게다. 비록 네 아버지의 누명이 벗겨졌다고는 하나 아직도 신라 조정에서는 네 집안을 풍비박산 낸 자들이 권좌에 올라 있다."

보육은 천천히 황창랑 앞으로 다가가며 말했다.

"그 자들이 너를 가만두려 하겠느냐? 자신들의 허물을 덮기 위해 언젠가는 너를 잡아다 죽이려 할 것이다."

황창랑도 그런 생각을 하고 있었다. 아버지가 누명을 쓰고 억울하게 죽은 것은 물론이거니와 그로 인해 어머니를 비롯한 일가 친척들이 모두 몰살당하였으니 언젠가는 자기가 그 원수를 갚을 것이라는 생각을 그 자들도 분명히 알고 있을 것이었다.

"더군다나 요즘 신라왕께서 네 검무를 신통하게 여겨 자주 너를 대궐에 부른다는 것을 알고 이미 몇 놈의 간신들이 모여 너를 죽일 것을 획책하고 있다고 들었다."

보육의 걱정 어린 말을 듣고 있는 동안 황창랑의 마음은 아무런 사심 없이 보육을 외숙으로 받아들이고 있었다.

"그렇다면 제가 어찌하면 좋겠습니까, 외숙?"

황창랑의 입에서 외숙이라는 말이 나오자 보육은 속으로 쾌재를 부르며 말했다.

"나와 같이 지금 당장 떠나도록 하자. 이곳은 어린 네가 혼자 살 곳이 못 된다."

황창랑은 고개를 저으며 말했다.

"저를 키워 주신 양어머니를 두고 갈 수는 없습니다. 내일 날이 밝는 대로 양어머니를 모시고 외숙을 뒤따르겠습니다."

보육은 그렇게 하라고 할 수밖에 없었다. 혹시 잘못하여 황창랑의 마음을 상하게 하였다가는 지금까지 들인 공이 허사가 될 염려도 있었다.

"좋다! 그럼 내일 날이 밝으면 양어머니를 모시고 도성을 떠나도록 하라. 나와 같이 움직였다가는 놈들이 눈치를 챌지도 모르니 어디 먼 곳으로 검무를 추러 가는 척하고 평소처럼 어머니를 모시고 길을 나서면 될 것이다."

보육은 황창랑에게 고구려와의 국경 지대인 이두성伊豆城으로 와서 근처 아지촌阿支村에 사는 보이 거사를 찾으라고 단단히 일렀다.

황창랑은 보육을 외숙이라고 철석같이 믿고 보육의 말을 한마디도 빠뜨리지 않고 귀담아 들었다.

다음날 보육은 아지촌으로 떠났다. 보육은 아지촌 입구에 있는 주막에 심복들을 숨겨 놓고 황창랑이 보이 거사의 행방을 물으면 즉시 말에 태워 국경을 넘어 낙랑성으로 데려오라고 일렀다.

보육은 길을 재촉하여 낙랑 태수를 알현하고 저간의 사정을 얘기하고 자신의 계략을 아뢰었다.

"신라왕이 군사를 지원하지 않겠다면 백제를 칠 수 없는 노릇이 아니오?"

"그러하옵니다. 그러나 소신에게 백제를 치지 않고도 백제왕을 죽일 방법이 있사옵니다."

"백제를 치지 않고 백제왕을 죽일 방법이라?"

보육의 말에 낙랑 태수는 귀가 솔깃했다.

보육은 황창랑에 대해 얘기하며 부수와 자신이 짜낸 계략을 설명했다. 보육의 계략을 들은 낙랑 태수는 기뻐하며 황창랑을 맞을 채비를 했다.

그런 사실을 꿈에도 모르는 황창랑은 오직 외숙을 만났다는 설렘에 들떠 양어머니인 유모와 함께 신라의 도성을 떠나 아지촌에 다다랐다.

아지촌의 입구에 있는 주막에서 날마다 황창랑을 기다리고 있던 부수는 보이 거사의 명이라고 속이고는 야음을 틈타 황창랑과 양어머니를 말에 태워 낙랑성으로 달려갔다.

다행히 신라와 고구려군의 눈을 피해 낙랑성에 무사히 당도한 황창랑 일행을 맞은 것은 보육이었다.

황창랑은 낯선 사람들 틈에서 보육을 발견하고는 큰소리로 불렀다.

"외숙!"

"어서 오너라. 그렇지 않아도 네가 도착하기만을 손꼽아 기다
렸다."

말에서 내린 황창랑을 품에 안으며 보육이 다정하게 말했다. 보
육은 심복들에게 자신의 집으로 황창랑과 양어머니를 모시게 한 뒤
큰 잔치를 베풀었다.

황창랑은 외숙을 만난 것에 감격하여 눈물을 흘리며 기뻐했지만
양어머니인 유모는 본래 생각이 모자란 사람이라 그저 기름진 음식
을 배불리 먹는 데에만 즐거워했다.

밤이 깊어 잔치가 파하자 보육은 황창랑을 따로 자신의 방으로
불렀다. 방에서 황창랑을 기다리는 보육의 얼굴에는 짙은 그늘이 드
리워져 있었다.

"황창랑! 나를 용서하라."

보육의 말에 황창랑의 눈빛이 애매해졌다.

"나는 너의 외숙이 아니다."

일순 황창랑의 한 손이 날렵하게 칼집으로 향했다.

"잠깐만! 잠깐만, 내 말을 들어라."

황창랑의 행동을 제지하며 보육은 간절한 어조로 자신이 겪은
일과 신라에 갔던 이유를 설명했다.

처음에는 강하게 반발하던 황창랑도 보육의 설득에 조금씩 기세
가 누그러졌다. 그도 그럴 것이 보육이 비록 자신의 외숙이 아니라
해도 강변의 소나무 숲에서 보육이 했던 말은 황창랑 자신도 느끼고
있던 간과할 수 없는 사실이었던 것이다.

자신의 부모를 죽인 간신들이 신라의 조정에 자리하고 있는 이

상 더는 신라에서 목숨을 부지하기 어렵다는 것은 너무나 확연한 일이었다.

황창랑은 침울한 표정으로 말이 없었다.

"그러니 내 말을 들어라. 여기에서 힘을 기른 뒤 신라에 되돌아가 부모님의 원수를 갚아도 늦지 않을 것이다."

"알겠습니다. 어르신의 은혜는 결코 잊지 않겠습니다."

황창랑은 자리에서 일어나 보육에게 큰절을 올리며 말했다.

그러나 황창랑이 모르는 것이 한 가지 있었다. 그것은 보육이 백제왕의 자객으로 황창랑을 선택했다는 무서운 음모였다.

이튿날 황창랑은 낙랑 태수 앞에 나아가게 되었다.

"신라에서 온 황창랑 문안 드리옵니다."

"네 검무가 뛰어나다는 소리는 익히 들어 알고 있다."

"황공하옵니다!"

낙랑 태수는 어린아이답지 않은 황창랑의 태도에 든든함을 느꼈다.

낙랑 태수는 황창랑에게 검위劍尉라는 벼슬을 제수하고 큰 집과 많은 전답을 하사했다. 황창랑의 양어머니는 아무 영문도 모른 채 그저 좋아서 벌린 입을 다물지 못했다.

보육은 황창랑과 함께 자신의 심복들을 대동하고 자주 사냥을 나갔다. 겨울이어서 산짐승들이 별로 많지 않았는데도 보육은 수시로 날을 잡아 이틀이고 사흘이고 사냥터를 누볐다.

황창랑은 뛰어난 칼 솜씨로 보육이 잡아 온 산짐승의 배를 갈라 고기와 뼈를 발라내었다. 그 솜씨를 보고 있던 보육의 심복들은 모두들 혀를 내두르며 감탄해 마지않았다.

동짓달이 지나 한 해가 새로이 밝았다. 낙랑 태수는 새해 선물로 황창랑에게 보석으로 장식한 단도를 하사했다. 이는 그 단도로 백제 왕의 목을 베라는 뜻이 숨어 있었으나 이를 전혀 알지 못하는 황창 랑은 그저 기뻐하기만 했다. 옆에서 이 모습을 지켜본 보육은 자신 의 계책을 실행에 옮길 때가 가까웠음을 알고 서서히 음모를 드러내 기 시작했다.

초봄이 되어 들판의 초목들이 연둣빛으로 물이 오른 어느 하루, 여느 날과 마찬가지로 보육은 황창랑을 데리고 사냥을 나섰다.

그런데 그날은 다른 날과 달리 사냥터가 아닌 다른 곳으로 말을 몰았다. 보육과 황창랑 일행이 백제와 고구려의 접경 근처에 있는 야트막한 구릉 위에 올라섰을 때였다.

갑자기 보육이 울음을 터뜨리며 말에서 내리더니 아예 바닥에 앉아 통곡을 하는 것이었다. 깜짝 놀란 황창랑은 급히 보육에게로 다가가 부축을 하며 여쭈었다.

"아니, 어르신! 무슨 일로 그러십니까?"

"저기를 보아라, 저기를 좀 보아! 으흐흑!"

보육이 통곡을 하며 손가락으로 가리키는 곳에는 일단의 무덤들 이 옹기종기 모여 있었다. 아직 뗏장이 채 입혀지지도 않은 무덤들 은 대략 오십 개 정도는 되어 보였다.

황창랑의 눈이 무덤에서 가실 줄을 모르자 때를 놓치지 않고 심 복인 부수가 두 사람의 말에 자연스럽게 끼여들었다.

"저기에 있는 저 무덤들은 작년에 백제군의 피습을 받아 억울하 게 돌아가신 이 나라 왕실 어른들과 부하 장수들이 묻혀 있는 곳이 옵니다. 저 무덤들 중에는 현관이신 보육 어르신의 아내이셨던 이 나라 공주 마마의 능도 있사옵니다."

부수의 말에 보육은 더욱 크게 통곡을 했다. 그것은 마치 황창랑에게 들으라는 시늉처럼 보였지만 짜여진 각본대로 심복들은 보육을 따라 훌쩍이기만 할 뿐 한마디 말도 없었다.

"어르신! 눈물을 거두시고 슬픔을 참으소서!"

"내 가슴에 맺힌 이 한을 과연 누가 있어 풀어 준다는 말이냐?"

보육은 가슴을 치며 통곡을 쏟아냈다.

"어르신! 소인이 그 한을 풀어 드리겠습니다. 그러니 이제 그만 일어나십시오."

황창랑은 보육을 두 팔로 부축하며 안타까운 목소리로 말했다.

"그 말이 진정이냐?"

보육은 황창랑의 말에 무엇에 놀란 사람처럼 벌떡 일어났다.

"예, 어르신! 제가 기필코 어르신의 가슴에 맺힌 한을 씻어 드리겠습니다."

보육은 황창랑의 손을 덥석 잡았다.

"고맙다! 참으로 고맙다! 이제야 내 가슴이 시원해지는구나!"

보육은 황창랑을 손자처럼 품에 안고 큰소리로 웃음을 터뜨렸다.

성으로 돌아온 보육은 황창랑과 함께 태수를 알현하고 백제왕을 죽일 계략을 도모했다. 모든 일이 보육과 낙랑 태수의 속셈대로 일사천리로 이루어지고 있었다.

한 달 후 황창랑은 보육의 계책에 따라 백제 땅을 돌며 검무를 추었다. 생전 처음 보는 신묘한 검무에 백제 백성들은 넋을 잃고 왁자지껄한 소란을 피웠다.

황창랑의 검무 얘기를 들은 백제의 분서왕은 황창랑을 대궐로 불러들였다.

"네가 그토록 신묘한 검무를 춘다는 어린아이냐?"

"예! 폐하."

과연 분서왕은 보육의 계책대로 황창랑을 어린아이로밖에 취급하지 않았다.

"그렇다면 그 신묘한 검무를 과인에게도 보여 주겠느냐?"

"황공하옵니다, 폐하!"

분서왕은 황창랑의 어른스러운 말투에 신기해하며 귀여워 어쩔 줄 모르는 표정으로 말했다.

"고것 참! 어린것이 신통하구나! 어디 한번 구경이나 해보자!"

황창랑은 분서왕 앞에서 단도를 빼어 들고 검무를 추기 시작했다. 금과 은으로 화려하게 장식된 단도는 낙랑 태수가 새해 선물로 내린 하사품이었다.

황창랑은 여느 때보다 훨씬 정교한 춤 동작으로 칼을 이리저리 휘두르며 분서왕 앞을 왔다갔다했다. 어전에 모인 어느 누구도 어린 황창랑에게 의심을 품지 않았으며 감히 상상조차 하지 못했다.

한참을 춤을 추던 황창랑은 일순 몸 동작을 크게 하여 분서왕 앞으로 나아갔다. 왕은 귀여워 죽겠다는 표정으로 껄껄껄 웃으며 손자를 품에 안 듯이 황창랑을 향해 두 팔을 벌렸다.

그때였다. 번쩍 하는 칼날이 분서왕의 목을 가르며 붉은 선혈이 물을 뿜듯 왕의 목 줄기에서 터져 나왔다. 이어 분서왕의 몸이 바닥으로 굴러 떨어졌다.

"시해다! 저놈이 왕을 시해했다!"

황창랑은 바람같이 몸을 날려 군사들 몇을 칼로 벤 뒤 보육의 심복들이 말을 대기시키고 기다리고 있는 대궐의 뒷담으로 달렸다.

뒤따르는 군사들의 추격을 피해 뒷담을 넘으려는 순간, 황창랑은 날아온 화살에 한쪽 발을 맞고서 그만 땅바닥으로 떨어져 버렸다. 득달같이 달려온 백제 군사들은 어린 황창랑의 몸을 사정없이 난자했다. 황창랑은 비명도 지르지 못하고 그자리에서 즉사하고 말았다.

백제의 분서왕이 시해되었다는 소리를 들은 보육과 낙랑 태수는 가슴에 켜켜이 쌓인 울분과 한이 한꺼번에 가시는 듯했다. 그러나 어린 황창랑의 죽음에는 입을 다물고 말았다.

백제 분서왕을 죽이기 위해 낙랑에서 보낸 자객은 신묘한 검무를 추는 고작 일곱 살밖에 안 된 어린아이였다.

백제 제17대 왕인 아신왕에게는 왕자가 셋 있었다. 태자인 전지
典支와 둘째 훈해訓解, 그리고 막내인 설례䄈禮였다.

전지 태자는 백제가 고구려의 남하를 막기 위해 일본과 동맹을
맺으면서 볼모로 일본에 가 있었다. 그러나 볼모로 간 지 11년 되던
해, 부왕이 갑작스레 승하했다는 소식을 듣고 왜왕에게 간하여 급히
귀국 길에 올랐다.

왕위를 이을 전지 태자가 돌아올 동안 둘째 왕자인 훈해가 국정
을 돌보았는데 셋째 왕자인 설례는 그 기회를 노려 자신이 왕위에
오르려는 흑심을 품었다.

설례는 우선 둘째형인 훈해를 찾아갔다. 훈해도 자신처럼 왕위
찬탈의 욕심이 있는지 떠보기 위함이었다.

훈해와 마주앉은 설례는 조심스럽게 입을 열었다.

"형님! 태자 마마의 소식은 있습니까?"

"글쎄다. 태자 마마가 아직 일본을 떠났다는 소식은 듣지 못했다."

성품이 어진 훈해는 동생의 말에 너그럽게 대답했다.

"주위의 말을 들으니 볼모로 간 사람은 쉽사리 돌아오지 못한다
고들 하던데, 혹 태자 마마께서 돌아오시지 못하는 것은 아닌지 걱

정이 됩니다."

형을 걱정하는 동생의 마음씨가 갸륵하다는 생각이 든 훈해는 웃으며 대답했다.

"너무 심려치 마라. 태자 마마께서는 꼭 돌아오실 것이다."

훈해의 얼굴에 번지는 미소를 본 설례는 마음을 가다듬고 물었다.

"만약 태자 마마께서 돌아오시지 못하면 형님이 왕위를 이으셔야 하지 않겠습니까?"

"음……. 만약 그런 일이 생긴다면 그래야 되겠지."

"그렇다면 지금 당장 왕위에 오르셔도 무방하지 않겠습니까?"

설례의 말에 훈해는 표정을 바꾸며 말했다.

"무슨 말이냐? 지금 나에게 왕위 찬탈의 역모를 꾸미자는 게냐?"

"그게 아니라……."

"듣기 싫다! 이제 보니 볼모로 잡혀간 사람은 쉽사리 돌아오지 못한다 어쩐다 운운하더니 네가 태자 마마를 대신해서 왕위에 오르려는 속셈인 게로구나!"

훈해의 음성이 노기를 띠며 높아졌다.

"형님! 감히 제가 어찌 형님을 대신하여 왕좌를 넘보겠습니까? 당치 않으십니다! 저는 그저 태자 마마의 신변이 걱정이 되어서……."

설례는 바닥에 무릎을 꿇고 소리 내어 흐느꼈다.

훈해는 형을 생각하는 동생의 마음을 자신이 엉뚱한 방향으로 오해한 것 같아 설례의 어깨를 잡아 일으켜 세우며 말했다.

"미안하다. 내가 네 마음을 모르고 괜한 오해를 했구나."

훈해는 궁녀를 불러 술상을 내오라고 일렀다.

그리고 동생을 옆에 앉히고 다정하게 이름을 부르며 말했다.

"설례야, 너무 걱정하지 마라. 태자 마마께서는 무사히 돌아오실 것이다."

잠시 후 두 사람은 술상 앞에 마주앉았다.

"오랜만에 형님과 술을 마십니다."

먼저 훈해의 잔을 채우며 설례가 말했다

"선왕께서 승하하신 슬픔이 네가 제일 크겠지. 선왕께서는 막내인 너를 가장 귀여워하시지 않았더냐?"

훈해는 그렇게 말하며 동생의 잔에 술을 따랐다. 그러나 슬픈 표정을 짓는 설례의 눈가에 조금씩 살기가 움트는 것을 훈해는 눈치채지 못했다.

두 사람은 형제의 우애를 다독이며 거나하게 술에 취했다. 훈해는 왕자의 지위를 떠나 민가의 형제들처럼 스스럼없이 설례를 대했다. 승하하신 부왕과의 추억을 떠올리고 볼모로 간 전지 태자와의 일을 얘기했다.

설례는 입으로는 웃고 있었지만 마음속에서 뻗쳐오르는 살의를 감추느라 무진 애를 썼다.

'어쩔 수 없다. 내 뜻을 이루려면 모두 죽여야 한다!'

훈해가 잠시 용변을 보러 간 사이, 설례는 품속에 준비해 두었던 독약을 꺼내어 훈해의 술잔에 탔다.

독약이 든 줄도 모르고 술잔을 비운 훈해는 가슴을 움켜쥐고 피를 토하며 쓰러졌다. 그 모습을 지켜보는 설례의 얼굴은 귀기鬼氣가 서린 듯 싸늘하고 무서웠다.

설례는 그 길로 심복들을 불러모아 대궐을 에워싼 뒤 제멋대로 왕위에 올랐다. 훈해의 죽음은 돌연사로 간단하게 처리되었고 전지 태자는 일본에 볼모로 잡혀 귀국할 수 없다는 포고령을 내렸다.

백성들은 설례가 왕위를 찬탈했다고 술렁거렸지만 신하들은 목숨을 부지하기에 급급하여 아무도 이를 잘못되었다고 나서서 간하는 이가 없었다.

설례의 왕위 찬탈을 엄연한 역모라고 여기는 사람들 중에서 한성에 사는 해충解忠이 있었다. 그는 설례가 전지 태자를 죽일 것이라는 판단을 내리고 밤낮으로 말을 달려 전지 태자 일행이 백제와 가락국의 국경을 넘기 전에 그들의 앞을 가로막고 나섰다.

"태자 마마! 태자 마마!"

해충은 말에서 내려 땅에 무릎을 꿇고 큰소리로 전지 태자를 불렀다.

"무슨 일이오?"

전지 태자는 해충의 다급한 목소리에 직감적으로 도성에 변이 생겼다고 생각했다.

"폐하! 소인은 한성에 사는 해충이라는 자이옵니다."

"그런데 어찌 이 먼 곳까지 나를 찾아왔소?"

"폐하! 황급히 몸을 피하십시오. 지금 도성에서는……."

해충은 숨가쁘게 지난 며칠 사이에 일어난 일들을 전지 태자에게 알렸다. 전지 태자는 동생 훈해의 죽음에 할말을 잃고 말았다. 더군다나 다른 사람도 아닌 막내 동생의 손에 죽임을 당한 것이 태자의 심사를 더욱 안타깝게 했다.

해충은 전지 태자에게 안전한 곳으로 피신해야 한다고 간했다. 전지 태자는 자신을 수행하는 왜병의 수가 백여 명 정도에 지나지 않았기에 그 숫자로는 설례에게 대항하기 어려울 것이라는 판단을 내렸다.

전지 태자는 호위병을 이끌고 다시 바다로 나가 배를 타고 작은 무인도로 숨어들었다. 해충은 전지 태자가 안전한 곳으로 피신하는 것을 보고는 황급히 말을 돌려 다시 한성으로 돌아왔다.

한편 설례는 심복들을 국경에 배치하여 전지 태자가 돌아오는 즉시 그자리에서 목을 베라고 명령을 내렸으나 시일이 지나도 태자가 돌아오지 않자 적이 마음을 놓았다.

설례는 여느 폭군들이 그러하듯이 자연스럽게 주색에 빠져들어 정사를 돌보지도 않고 백성들의 고충에도 귀기울이지 않았다. 그리고 언제나 전지 태자가 돌아오는 것에만 촉각을 곤두세우고 자신의 자리를 누군가 넘볼까 하여 불안감에 떨었다.

그런 불안감을 잊기 위해 설례는 더욱 술과 여자에만 탐닉했고 마침내 종말의 날을 맞았다.

대낮부터 벌어진 술자리의 여흥은 저녁 무렵이 되자 더욱 그 분위기가 돋워졌다. 설례는 벌써부터 술이 취해 풍악에 맞춰 덩실덩실 춤을 추며 즐거워했다.

그 즈음 도성의 백성들은 하나둘 횃불을 밝혀 들고 대궐 주변으로 운집하기 시작했다. 행렬은 소리 없이 이어졌고 그 가운데에는 해충도 끼어 있었다. 대궐을 지키는 군사들은 처음에는 당황하여 창칼을 겨누었으나 백성들의 수가 점점 더 많아지고 전지 태자가 살아 있다는 말을 듣자 창칼의 끝을 대궐로 돌렸다.

"죽여라!"

"훈해 왕자를 독살하고 전지 태자를 죽이려 한 설례를 죽여라!"

"극악 무도한 죄인 설례는 이리 나와 무릎을 꿇어라!"

대궐 곳곳에서 터져 나오는 세찬 함성 소리에 설례는 정신을 못 차리고 이리저리 뛰어다녔다.

설례의 심복들도 백성들이 한꺼번에 대궐로 쳐들어온 것을 알고

는 왕의 목숨 따위는 안중에도 두지 않고 제 살길 찾아 도망치기에
바빴다.

결국 설례와 그의 심복들은 왕위 찬탈에 분노한 백성들의 손에
의해 비참한 최후를 맞았다. 백성들은 전지 태자를 대궐로 모셔다가
새로운 왕으로 추대하고 기쁨에 찬 환호성을 질렀으니, 이가 바로
전지왕이다.

그러나 전지 태자의 눈에는 이슬이 서렸다. 한 방울, 두 방울 소
리 없이 떨어져 용포를 적시는 눈물 속에는 두 번 다시 볼 수 없는
부왕과 두 동생의 얼굴이 가슴에 든 피멍처럼 맺혀 있었다.

개로왕과 도미의 아내

백제 개로왕 시대에 미모가 뛰어나고 총명하기로 소문이 자자한 한 처녀가 있었다. 그 처녀에게 반해 얼굴이라도 한번 보려는 남자들로 그 처녀의 집은 항시 문전 성시를 이루었다.

그러나 처녀는 그런 남자들은 안중에도 없는 듯 아무리 돈이 많은 부잣집이나 나는 새도 떨어뜨릴 정도의 세도가에서 청혼이 들어와도 눈 하나 깜짝 하지 않았다.

처녀의 부모들은 딸이 한시라도 빨리 좋은 집안으로 시집 가기를 은근히 바랐다. 하지만 나중에 처녀가 고른 남자는 도미라고 하는, 집안도 가난하고 외모도 지극히 평범한 남자였다.

부모들은 실망을 하여 그 처녀를 말렸지만 도미가 아니면 절대 시집 가지 않겠다는 딸의 단호한 결심을 바꿀 수는 없었다.어쩔 수 없이 딸을 도미와 혼인시키면서도 처녀의 부모는 내심 시일이 얼마 가지 않아 딸이 분명 다시 집으로 돌아올 것이라고 믿었다.

어려서부터 손에 물 한 방울 안 묻히고 곱게만 자랐으니 부리는 하인도 하나 없는 도미의 집에서는 분명 갖은 집안일을 혼자서 할 것이고, 그렇게 되면 힘들어서라도 분명 친정으로 돌아올 것이라고 확신했던 것이다. 그리고 그러한 생각은 처녀의 부모뿐만이 아니라 장안의 모든 사람들의 생각이기도 했다.

한 해가 가고 두 해가 흘렀다.

그러나 도미의 아내가 된 처녀는 친정으로 돌아오지 않았다. 오히려 품도 팔고 일도 열심히 해서 가난하던 집안의 가세를 조금씩 일으켜 세워 지금은 집안일을 돕고 잔심부름도 하는 계집종도 하나 두었다.

시집 가 세 해가 지나도록 장안의 돈 많고 소위 잘 나간다는 숱한 한량들이 돈을 미끼로 도미의 아내를 유혹했으나 그녀는 곁눈질 한 번 하지 않고 오로지 남편을 모시고 집안일을 하는 데 모든 정성을 기울였다.

처녀가 돌아올 것이라고 믿었던 처녀의 부모들을 비롯하여 장안의 모든 사람들은 조금씩 그 생각이 바뀌기 시작했다. 그리고 마침내 처녀가 도미의 아내가 된 지 네 해가 지나자 사람들은 그 생각을 완전히 버렸다. 대신 이제 도미의 아내로 불리게 된 그 처녀를 칭찬하고 칭송하는 소리가 높아졌다.

도미 아내의 소문은 마침내 개로왕의 귀에까지 들어가게 되었다. 그리고 술자리에서 신하들과 도미의 아내를 시험해 보자는 농담이 결국 내기로 이어졌다.

'계집에게 정절이라니⋯⋯. 말도 안 되는 소리지!'

개로왕은 속으로 그렇게 코웃음을 치며 다음날 당장 도미를 궐 안으로 불렀다. 영문을 모르는 도미는 그저 벌벌 떨며 개로왕 앞에 엎드렸다.

개로왕은 미천하고 볼품없게 생긴 도미의 얼굴을 보고는 속으로 쾌재를 불렀다.

'천하 일색에다 다른 사내에게 눈길 한번 안 준다기에 얼마나 남편이 잘났으면 그럴까 싶었더니 나 원, 저렇게 볼품없고 미천한 자로구먼! 허! 눈이 멀어도 보통 먼 게 아니군. 이번 내기에 이기는 것은 식은죽 먹기보다 쉽겠군!'

개로왕은 큰소리로 호령하듯 말했다.

"네가 도미냐?"

개로왕의 쩌렁쩌렁한 목소리에 도미는 한층 기가 죽어 있었다.

"예…… 예, 그러하옵니다."

도미의 떨리는 음성을 들은 개로왕은 더욱 위엄 있는 목소리로 말했다.

"듣기로 네 처가 천하 일색에다 정절이 높다던데 사실이냐?"

개로왕의 목소리에 도미의 대답은 마치 기어들어 가는 개미 소리였다.

"다른 이들이 그렇다고 합니다."

이번에는 다소 부드러운 음성이 도미의 귀에 들렸다.

"그렇다면 네 생각도 정녕 그러하냐?"

도미는 얼굴을 더욱 숙이며 대답했다.

"예…… 그러하옵니다."

도미의 목소리는 제대로 들리지도 않았다.

"왕인 내가 유혹해도 네 처가 거절하리라 생각하느냐?"

개로왕의 목소리는 은근히 위협적이었다.

"……황공할 따름입니다."

얼굴이 아예 바닥에 닿도록 온몸을 숙이고 도미가 겨우 대답을 했다.

개로왕의 입가엔 싸늘한 미소가 스쳐 지나갔다.

'미련한 놈 같으니…… 세상의 어떤 계집이 왕명을 어긴단 말이

냐. 목숨이 열 개쯤 된다면 몰라도…….'

개로왕은 다시 위엄에 찬 목소리로 말했다.

"알았으니 그만 나가 보라!"

도미는 사지가 떨려 제대로 대전을 걸어나올 수조차 없었다. 그저 모든 일이 꿈만 같이 아득하고 등줄기로 식은땀이 흘렀다.

'이게 무슨 일이란 말인가? 아내에게 무슨 일이 생기기 전에 얼른 집으로 돌아가야겠다.'

그러나 그렇게 생각하며 잰 걸음을 하는 도미의 앞길을 군졸들이 가로막았다. 군졸들은 이미 어명을 받고 그를 기다리고 있었던 것이다.

도미는 군졸들에게 끌려 차가운 옥에 갇히고 말았다. 아무리 발버둥을 치고 사정을 해도 어명대로 행하는 군졸들은 막무가내였다.

저녁이 되자 개로왕은 신하 한 명을 불러 자신이 거둥할 때 입는 노부를 빌려 주며 일렀다.

"오늘 밤 도미의 처를 유혹하여 그 집에서 자고 오너라. 나를 한번도 본 적이 없을 터이니 네가 임금이라고 해도 곧이들을 게다."

개로왕의 명을 받은 신하는 절로 입이 벌어졌다. 말 그대로 꿩 먹고 알 먹는 셈이 아닌가? 왕에게서 노부를 받아 입고 도미의 집으로 향하는 신하의 입은 함지박만하게 벌어져 다물어질 줄을 몰랐다.

밤이 이슥할 무렵 도미의 집에 도착한 신하는 곧장 집안으로 들어가 도미의 아내를 불렀다. 그렇지 않아도 남편이 돌아오지 않아 노심초사하던 도미의 아내는 자신을 부르는 소리에 얼른 방문을 열고 마당으로 나갔다.

희미한 불빛 아래에서 마당에 서 있는 사람을 본 도미의 아내는 가슴이 철렁 내려앉았다. 직접 본 적은 없지만 들은 적이 있는 노부를 입은 사람이 자신을 보고 있었던 것이다.

'노부는 왕이 거둥할 때 입는 옷이라 들었는데⋯⋯, 그렇다면 저분이 왕이시라는 말인가?'

도미의 아내는 황급히 마당에 무릎을 꿇고 앉았다.

"이렇게 누추한 곳에 어인 일로⋯⋯."

신하는 성큼성큼 방안으로 들어가더니 도미의 아내를 다시 불렀다. 도미의 아내는 경황이 없는 중에도 옷매무새를 단정히 하고 계집종에게 차를 내어오라 시키고 방으로 들어갔다.

다소곳하게 앉은 도미의 아내를 향해 신하가 은근한 음성으로 말했다.

"네가 도미의 아내이더냐?"

"예. 그러하옵니다."

"내가 왜 왔는지 아느냐?"

"모르옵니다."

왕의 행세를 하는 신하는 다소 목소리를 근엄하게 바꾸었다.

"네 남편과의 약속을 지키러 왔느니라."

뜻밖의 말에 도미의 아내는 놀란 마음이 들어 눈가가 부르르 떨렸다.

"네 남편이 오늘 나를 만나러 대궐로 온 것을 알고 있겠지?"

"예⋯⋯, 하오나 제 남편과의 약속이라니, 그게 무슨 말씀이신지⋯⋯?"

왕의 행세를 하는 신하는 헛기침을 한 번 하고는 다음 말을 이어나갔다.

"낮에 네 남편과 내기 장기를 두었는데 내가 이기면 너와 동침을 하고 네 남편이 이기면 금은 보화를 하사하기로 했다. 그런데 불행히도 네 남편이 내기에서 졌느니라. 그러니 약속대로 내가 너와 동침을 하러 온 것이다."

"……."

"알아들었으면 어서 자리를 펴고 불을 끄도록 하라."

도미의 아내는 자신의 귀를 의심할 수밖에 없었다.

'남편이 그런 약속을 할 위인도 아니고 더군다나 남편은 장기를 두지도 못하는데 이 무슨 황당한 소리란 말인가? 그렇다면 이는 분명 왕의 억지임에 분명하다. 이를 어찌해야 하는가?'

경황이 없는 중에도 도미의 아내는 정신을 가다듬었다.

"그럼 일단 자리에 들어 잠시만 기다려 주십시오. 가서 몸단장을 하고 오겠습니다."

도미의 아내는 자리에서 일어나 이부자리를 깔았다. 그리고 왕이 옷을 벗고 이불 속으로 들어가자 불을 끄고 황급히 밖으로 나왔다.

도미의 아내는 그 길로 계집종을 불러 자초지종을 설명하고 오늘 하룻밤만 왕을 모시라고 부탁 아닌 부탁을 했다. 계집종은 어쩌면 왕의 아이를 잉태할지도 모른다는 생각에 흔쾌히 승낙했다.

도미의 아내는 계집종에게 자신의 옷을 입히고 곱게 몸단장을 시켰다. 그리고 절대 말을 하지 말라고 당부한 뒤 방안으로 들여보냈다.

그렇게 밤이 가고 새벽이 되자 마음껏 도미의 가짜 아내를 농락한 가짜 왕은 흡족한 마음으로 궐로 돌아가 개로왕에게 앞뒤 사실을 빠짐없이 고해 바쳤다.

개로왕은 곧 도미를 어전으로 불러 크게 만족한 표정으로 말했다.

"내가 어젯밤 네 처와 동침을 하고 왔느니라. 이래도 네 처의 정절을 믿는단 말이냐?"

순간 도미는 자신의 몸이 땅속으로 빨려 들어가는 것만 같았다.

"……."

"미련한 놈 같으니……! 이제 네 처는 나의 후궁이니 예의 범절을 갖추어 대해야 할 게야. 조만간 궐로 부를 터이니 그리 알라!"

도미는 넋이 나가 자신이 어디로 가고 있는지조차 알 수 없었다. 분노와 비애, 슬픔과 격분이 마음을 온통 불지핀 가마솥처럼 끓게 하고 있었다.

'아내가…… 정말 아내가……. 너무나 불쌍하구나! 나처럼 힘없는 놈을 만나 결국 부정한 여자가 되었구나!'

도미의 눈에서는 하염없이 눈물이 흘렀다. 할 수만 있다면 그대로 죽어 버리고 싶었다. 그러나 마지막으로 한 번만 더 아내의 얼굴을 보고 싶었다. 도미의 발길은 집으로 향하고 있었다.

이제나저제나 남편이 돌아오기만을 기다리던 도미의 아내는 마당으로 남편이 들어오는 것을 보고는 버선발로 달려 나가 남편의 품에 안겨 서럽게 흐느꼈다. 도미 역시 슬픔을 가누지 못하고 소리 내어 울었다. 둘은 오래도록 서러운 마음에 목을 놓아 울었다.

한참 후 도미의 아내는 간밤에 있었던 일을 남편에게 모두 얘기했다. 아내의 말을 들은 도미는 기쁘기도 하고 왕의 말만 믿었던 자신이 부끄러워 고개를 들 수 없었다.

그러나 그러한 기쁨도 잠시였다. 어떻게 그 일이 세상에 알려지게 되었는지 도미의 아내가 왕을 속였다는 소문이 항간을 떠돌다 결국 개로왕의 귀에까지 들어가게 되었다.

화를 참지 못한 개로왕은 도미를 붙잡아다 두 눈을 뺀 뒤 작은 나룻배에 태워 강에 띄워 보냈다. 그리고 도미의 아내도 붙잡아 후궁이 될 것을 명했다.

도미의 아내는 개로왕에게 이틀만 말미를 주면 집으로 돌아가 모든 것을 정리하고 오겠노라고 말했다. 그리고 그녀는 개로왕의 허락을 받은 다음 죽기로 결심하고 강으로 달려갔다.

남편이 그리워 하염없이 눈물을 쏟으며 강가를 돌아다니던 도미의 아내는 작은 나룻배에 두 눈이 뽑힌 채 신음하고 있는 남편과 극적으로 재회했다. 그리고 곧바로 배를 타고 고구려로 떠나 여생을 행복하게 보냈다.

백제 개로왕은 평소 바둑 두기를 즐겨 때로는 정사를 뒤로 미룬 채 바둑판 앞에만 앉아 있는 경우도 있었다.

왕이 그렇게 바둑 두기를 좋아하는지라 신하들은 너나할것없이 모두 바둑을 배웠고, 입궐하여 하루 종일 왕과 바둑만 두다 돌아가는 신하도 있었다.

당시 도성에는 고구려에서 온 도림道琳이라는 승려가 있었는데 어찌나 바둑을 잘 두던지 내로라 하는 바둑의 고수들도 그를 당해내지 못해 백성들 사이에 도림이 신선으로부터 바둑을 배웠다는 소문이 나돌 정도였다.

그 소문을 들은 개로왕은 좌평佐平통성通成을 불러 도림을 데려오라는 명을 내렸다. 그러나 통성은 그가 고구려인이라는 게 꺼림칙하여 왕을 만류하고 나섰다.

"폐하! 비록 도림이 바둑을 잘 둔다고는 하나 그 사람은 고구려에서 도망쳐 온 자로 아무도 그 속마음을 알지 못합니다. 그러니 혹 그 자가 흑심을 품고 있다면……."

"그만두시오, 좌평! 좌평은 어찌 그리 의심이 많으시오?"

좌평 통성의 간언에 개로왕은 버럭 화를 내고 나섰다.

"폐하! 지금의 시국으로는 고구려인을 멀리 하셔야 합니다."

"시국은 무슨 시국이오? 지금 당장 고구려가 쳐들어오기라도 한 다는 말이오?"

개로왕은 얼굴이 시뻘개지도록 역정을 내었다.

"그것이 아니오라 그 자가 고구려의 첩자인지도 모르니 조심하 셔야 한다는 뜻이옵니다!"

"좌평도 어리석소. 도림은 승려라고 하지 않았소? 불법을 따르 고 부처님을 모시는 승려가 첩자라니, 당치 않소! 어서 가서 도림을 데려오기나 하시오!"

통성은 더 이상 왕을 말릴 수 없다고 생각하고 허리를 숙인 채 조 용히 어전에서 물러나왔다.

통성은 생각할수록 개로왕의 행동이 답답하기만 했다. 왕은 자 신이 바둑을 잘 두는 것으로 알지만 신하들과의 대국에서 번번이 왕 이 이기는 까닭은 신하들이 일부러 져주기 때문이라는 것은 하찮은 궁녀조차 다 알고 있는 사실이었다.

그런데 그런 왕이었으니 도림을 만난다 해도 바둑을 배우려는 것도 아니요, 그저 무조건 이기려고만 들 것이다. 만약 도림이 그런 왕의 마음을 약점 삼아 어떤 계책을 꾸미기라도 한다면 그 다음 일 은 어느 누구도 책임질 수 없는 노릇이 아닌가?

좌평 통성은 먼 허공에 시선을 두고 한참을 서 있다가 결국 도림 을 데리러 대궐 문을 나섰다.

다음날 점심때가 조금 지난 무렵, 좌평 통성은 도림을 데리고 입 궐했다. 그는 도림과 함께 곧장 어전으로 들어가 개로왕을 배알했다.

도림을 본 개로왕은 흥분을 감추지 못하고 크게 웃으며 반겨 맞 았다.

"잘 오시었소! 내 진작부터 그대를 만나 보고 싶었소!"

개로왕 앞에 머리를 조아린 도림은 고개를 숙인 채 대답했다.

"황공하옵니다, 폐하!"

개로왕은 연신 싱긋거리며 말했다.

"듣자하니 그대의 바둑 솜씨를 따를 자가 없다고 하던데 오늘 나에게도 한 수 가르쳐 주시겠소?"

"아니옵니다, 폐하! 소승은 그저 바둑돌의 흑백 정도만 가릴 줄 알뿐입니다."

"무슨 소리요? 겸손함이 지나치면 오히려 화를 부르는 법이오."

거기까지 말한 개로왕은 큰소리로 신하를 불러 명했다.

"어서 가서 준비해 둔 바둑판을 가져오라!"

그 명이 떨어지기도 전에 신하 둘이 바둑판을 들고 와 개로왕 앞에 놓았다.

"자, 이리 앉으시오. 신선에게서 배웠다는 그대의 바둑 솜씨를 한시바삐 보고 싶구먼."

"폐하! 소승은 그저……."

"어허! 왕명을 거역할 셈인가?"

도림이 다시 사양하자 개로왕이 일부러 역정 내듯 큰소리로 말했다.

도림은 허리를 굽실거리며 바둑판 앞에 앉았다. 개로왕은 기다리던 선물을 받은 아이처럼 기뻐 어쩔 줄을 몰라하며 바둑판 위에 먼저 검은 기석을 놓았다.

도림은 잠시 망설이는 듯하더니 천천히 흰 기석을 집어 바둑판 위에 소리 없이 내려놓았다. 좌평 통성이 잘못 본 것일까? 바둑돌을 내려놓는 순간 도림의 눈이 예리한 칼날처럼 강한 빛을 발했다.

점심 나절에 시작된 바둑은 저녁 무렵이 될 때까지 계속되었다. 처음에는 개로왕이 우세했지만 갈수록 도림 쪽으로 승부가 기우는 듯했다.

개로왕은 이마에 번질거리는 식은땀을 연신 닦으며 가끔 한숨 섞인 신음 소리를 내기도 했다. 반면 도림은 더욱 침착해졌고 때로 개로왕의 얼굴을 찬찬히 들여다보는 여유까지 부렸다.

엎치락뒤치락 승부의 우열을 가리기 힘들었던 개로왕과 도림의 대국은 결국 개로왕의 승리로 끝났다.

개로왕은 어린아이처럼 즐거워하며 술상을 내어 오라 분부했고 바둑판을 치우고 술상 앞에 마주앉은 두 사람은 주거니받거니 흥에 겨웠다.

"과연 소문 듣던 대로 그대의 바둑 솜씨는 보통이 아니구먼."

"아니옵니다, 폐하! 폐하의 바둑 실력이야말로 지금껏 제가 만난 그 어떤 상대보다 뛰어난 고수이십니다."

두 사람은 서로를 칭찬하고 다독거리는 말로 밤늦도록 술을 마셨다. 그 모습을 곁에서 지켜보던 좌평 통성의 마음은 외줄 타듯 위태롭기만 했다.

그날 이후 개로왕은 도림을 상객上客이라 칭하며 날마다 대궐로 불러들여 바둑을 두었다. 도림은 한낱 승려에 불과했지만 왕의 태도는 마치 오래된 벗을 대하는 것처럼 격식과 허물이 없었다.

왕의 태도가 그러하니 자연 신하들도 도림을 함부로 대하지 못하였고 도림의 기세는 하늘 높은 줄 모르고 날로 높아져만 갔다.

개로왕은 도림과 바둑을 두면서 매번 이긴 것은 아니었지만 바둑에 지고서도 웃음을 터뜨리며 도림을 위한 주연을 베풀곤 했다. 좌평 통성이 도림을 멀리하라고 간언을 올렸지만 왕은 반대로 그런 좌평을 나무라며 도무지 그 말을 들으려 하지 않았다.

개로왕과 도림은 점점 더 가까워져 이제 바둑을 누면서 이런저런 얘기를 나누는 사이가 되었다.

하루는 바둑을 두던 도중, 도림이 지나가는 말로 얘기를 꺼내었다.

"폐하! 백제는 모든 것이 고구려보다 나은데 한 가지 부족한 것이 있사옵니다."

도림의 말에 개로왕은 여전히 바둑판에서 시선을 떼지 않은 채 말했다.

"무언가? 말해 보라."

도림은 신중을 기하는 듯 잠시 침묵했다가 말을 이었다.

"소승이 보기에 백제의 대궐은 아직 정비가 제대로 되지 않은 것 같사옵고 선대왕의 능 또한 수리하여 보완해야 할 것들이 눈에 많이 띕니다."

백제의 대궐과 선왕의 능 얘기가 나오자 개로왕은 그제야 바둑판에서 눈을 떼며 도림을 쳐다보았다.

"소승이 괜한 말씀을 드려 폐하의 심기를 어지럽힌 것이 아닌지……."

"아니오, 듣고 보니 상객의 말이 일리가 있구면. 나라의 위신을 바로 세우자면 대궐과 선대왕의 능이 장대하고 위엄이 있어야지……. 암, 그래야 하고말고! 그러고 보니 상객은 바둑만 잘 두는 게 아니라 눈썰미도 보통이 아니구려, 허허허!"

이튿날 개로왕은 신하들을 불러 도림의 말대로 대궐을 정비하고 선대왕의 능을 수리하고 보완하라는 어명을 내렸다.

좌평 통성은 대궐을 수리하고 선대왕의 능도 보완하자면 그 비용도 비용이거니와 백성들을 사역에 동원해야 하므로 그 원성이 이

만저만이 아닐 것이라고 간언했지만, 이미 마음을 굳힌 개로왕의 고집을 꺾을 수는 없었다.

어명에 따라 대대적인 공사가 시작되었고 그 폐해는 이루 말할 수가 없었다. 국고는 바닥 나고 사역을 견디다 못한 백성들은 산적이 되거나 국경을 넘어 고구려와 신라로 도망쳤다.

그런데도 개로왕은 도림과 바둑을 두는 데만 정신이 팔려 신하들의 말을 제대로 듣지도 않았고 나중엔 아예 들으려 하지도 않았다.

그러던 어느 날, 도림의 행방이 묘연해졌다. 개로왕은 사람을 풀어 백방으로 도림의 행방을 수소문했지만 그 어느 누구도 도림의 행적을 아는 이가 없었다.

좌평 통성은 개로왕을 알현하고 피눈물을 토하듯 간언을 올렸다.

"폐하! 지금이라도 늦지 않았사오니 부디 공사를 멈추시고 국사를 돌보십시오! 도림이란 자는 고구려의 첩자가 분명하오니 이제 그 자에 대한 미련을 버리옵소서!"

"좌평은 무슨 말을 그리하오? 상객은 승려의 몸이니 어디 산속에 들어가서 불도 수행을 하고 있을지 어찌 아오? 상객이 돌아오면 그때 가서 내가 직접 좌평의 실언에 대한 책임을 물을 것이오!"

개로왕은 노발대발하며 통성의 간언을 무시했다.

민심은 수습할 수 없을 만큼 급속하게 흉흉해져 갔다. 사라진 도림의 정체를 두고 고구려의 첩자가 분명하다는 둥, 처음부터 왕을 부추겨 나라를 망하게 하려는 수작이었다는 둥, 흉흉한 소문은 꼬리에 꼬리를 물고 눈덩이처럼 불어났다.

하지만 도림에 대한 개로왕의 믿음은 절대 흔들리지 않았다. 오히려 갈수록 믿음이 더 굳건해지고 탄탄해져만 갔다.

"폐하! 큰일 났사옵니다! 고구려 3만 대군이 우리 백제를 치기 위해 출정하였다 하옵니다!”

개로왕이 여전히 도림의 행방을 찾기 위해 신하들을 닦달하고 있을 때 난데없는 소식이 날아들었다.

“뭐라?”

개로왕은 두 주먹으로 탁자를 내리치며 자리에서 벌떡 일어났다.

'그렇다면 좌평의 말대로 상객, 아니 도림이 고구려의 첩자였단 말인가?'

개로왕은 분노와 절망감으로 다시 자리에 털썩 주저앉았다. 모든 것은 이미 엎질러진 물. 자신이 바둑을 좋아한다는 것을 안 고구려 장수왕이 도림을 보내어 수작을 부린 것이었다.

“여봐라! 군사들을 징집하고 모든 대신들을 들라 해라!”

그러나 사역에 동원된 백성들은 하나같이 지치고 병들어 있었으며 국고는 텅 비어 군량미조차 부족했다.

개로왕은 좌평 통성의 말을 듣지 않은 것을 가슴을 치며 후회했지만 모든 것은 고구려왕의 수작대로 진행되어 가고 있었다.

다급해진 개로왕은 신라에 태자를 보내어 구원병을 요청했지만 태자가 1만의 구원병을 보내겠다는 신라왕의 확답을 가지고 왔을 때에는 고구려군은 지척에서 서서히 도성을 에워싸고 있었다.

개로왕은 서둘러 태자를 도성에서 떠나 보냈다. 자신이 죽은 뒤에라도 백제의 사직을 다시 세울 사람은 태자밖에 없는 까닭이었다.

눈물을 뿌리며 태자가 남쪽으로 말을 달려 사라지자 개로왕은 반대편으로 말을 달렸다. 태자가 도망 갈 시간을 벌어 주기 위함이었다.

개로왕이 도성을 빠져 나가자마자 왕을 발견한 적장은 그 뒤를 쫓았다. 비오듯 쏟아지는 화살을 피하면서 말을 달리던 개로왕은 얼마 가지 못해 적장의 손에 붙잡혀 무참히 목이 잘려 죽었다.

가까스로 목숨을 구한 태자는 지금의 공주公州인 웅진을 새 도읍으로 정하고 다시 나라를 일으켰으니 그가 바로 백제 22대 왕인 문주왕이다.

좌평 해구의 야심

　백제 제22대 왕인 문주왕은 선왕인 개로왕이 고구려 장수왕에게 대패하여 목숨을 잃자 피눈물을 흘리며 백성들을 이끌고 남하하여 웅진 땅에 도읍을 새로 정하고 선왕의 원수를 갚기 위해 군사들을 재정비하는 일에 전력을 기울였다.

　당시 문주왕의 휘하에는 훌륭한 장수가 많았는데 그 가운데에서도 병관 좌평 해구解仇의 기량이 가장 빼어났다.

　해구는 무술 실력이 뛰어났을 뿐만 아니라 부하들을 지휘하는 통솔력도 뛰어나 문주왕은 그에게 병마지권兵馬之權을 맡겨 고구려를 칠 준비를 하도록 했다.

　하지만 해구는 야심 만만한 인물로서 처음에는 왕의 명령을 잘 따르다가 막상 왕으로부터 병마지권을 인수받자 서서히 그 본심을 드러내기 시작했다.

　걸핏하면 왕의 명령을 거역하고 자기 멋대로 일을 처리하기 일쑤였고, 들리는 풍문에 의하면 은밀히 군사들을 따로 훈련시킨다는 얘기도 궐내에 떠돌았다. 그리고 그 모든 일들이 고구려를 치기 위한 것이 아니라 문주왕을 시해하고 해구 자신이 왕위에 오르기 위함이라는 무시무시한 소문도 왕의 귀에 들렸다.

문주왕은 며칠 동안 밤잠을 못 이루고 고심하다가 선왕 때부터 충신인 길평吉平과 물도勿刀를 은밀히 내전으로 불러들였다.

"어떡하면 좋단 말이오? 좌평의 행동이 날로 방자해지고 있으니……."

밤늦게 문주왕의 부름을 받았을 때 이미 직감하고 있었지만 왕이 직접 고충을 털어놓으니 두 노신老臣은 민망함에 얼굴을 들지 못했다.

"폐하! 더는 좌평을 그대로 두어서는 안 된다고 생각하옵니다."

물도가 조심스럽게 아뢰었다.

"과인의 생각도 그렇긴 하오만 무슨 방도가 있어 병마지권을 손에 쥔 좌평과 대적한단 말이오?"

두 사람은 왕의 말에 대답을 하지 못했다. 아무리 생각해도 좌평과 대적할 만한 힘이 그들에게는 없었던 것이다.

잠시 후 문주왕의 짜증 섞인 목소리가 내전을 울렸다.

"정말 답답하시구려! 정녕 공들에게도 아무런 방도가 없단 말이오?"

문주왕이 인상을 찌푸리며 언성을 높이자 길평이 아뢰었다.

"폐하! 좌평의 부하 장수 가운데 명지明之 장군이라면 폐하의 편에 설 것이옵니다. 명지 장군은 원래 의협심이 강하고 지략이 뛰어난 인물이라 사리에 맞게 설득을 하면 충분히 알아듣고 폐하를 도울 것이옵니다."

"명지 장군은 좌평의 심복 중의 심복이 아니오?"

"예, 폐하! 그러하옵니다."

그때 물도가 말참견을 하고 나섰다.

"이보시오, 길평! 명지 장군이 좌평의 심복인 것은 비단 어제오늘의 일이 아니거늘 그 같은 자가 어찌 좌평을 내치는 일에 앞장을 설 수 있겠소? 오히려 폐하께 화가 미칠까 염려되오."

"꼭 그렇지만은 않소이다. 등잔 밑이 어두운 법이라 좌평이 그토록 신임하는 자여야만 무리 없이 제거할 수 있을 것이오."

길평과 물도의 대화를 들은 문주왕은 어쩌면 길평의 말이 맞을지도 모른다는 생각이 들었다.

"그렇다면 길평의 속셈은 무엇이오?"

왕의 물음에 길평이 아뢰었다.

"소신이 지금 곧 명지 장군을 찾아가서 폐하의 뜻을 전하겠습니다."

그 말에 문주왕도 물도도 말이 없었다. 길평이 지금 하려는 일은 어쩌면 섶을 지고 불 속으로 뛰어드는 어리석기 그지없는 일인지도 모를 까닭이었다. 만에 하나 명지 장군이 길평의 말을 듣고 좌평 해구에게 모든 사실을 말한다면 길평은 그자리에서 목숨을 잃을 것이 뻔한 이치였다.

길평은 문주왕께 큰절을 올리고 어전을 나와 곧장 명지 장군의 집으로 향했다.

"어서 오십시오 누추한 소장小將의 집에 어인 일로 오셨습니까?"

명지 장군은 길평을 반겨 맞으며 호탕하게 웃었다.

"장군께 술이나 한잔 얻어먹을까 해서 염치 불구하고 찾아뵈었습니다."

"잘 오셨습니다. 그렇지 않아도 술 생각이 간절하던 참이었습니다그려."

명지 장군은 하인들을 시켜 술상을 내오게 했다. 길평은 조심스럽게 명지 장군의 안색을 살폈다.

명지 장군은 성격이 호탕한 남아 대장부로서 투기심이 많은 본처의 목을 벨 정도로 잔인한 면모도 있었지만, 오히려 그런 기질이 부하들에게는 환심을 샀다.

몇 순배 술잔이 돌고 약간 취기가 오른 길평은 천천히 입을 열었다.

"군사들을 훈련시키느라 얼마나 고생이 많으십니까?"

"고생이라뇨? 당연히 해야 할 일을 하는 것뿐입니다."

"지금 대궐에서 폐하를 뵙고 오는 길인데 명지 장군의 노고에 폐하께서 칭찬을 아끼지 않으셨습니다."

"황공할 따름입니다. 모든 것이 폐하의 성은에 힘입은 것이지요."

길평은 잠시 뜸을 들이다가 말을 이었다.

"좌평의 덕도 무시할 수 없지요."

"당치 않으십니다. 폐하의 성은이 없이 어찌 좌평의 덕이 있다 하겠습니까?"

명지 장군의 말을 들은 길평은 이쯤에서 자신이 찾아온 이유를 밝혀야겠다고 생각했다. 명지 장군의 말투로 보아 왕에게 해를 미칠 것 같지는 않았다.

"장군!"

길평의 부드러운 음성에 명지 장군의 시선이 자연스럽게 길평에게로 향했다.

"장군! 나는 지금 사사로운 감정으로 장군을 찾은 것이 아니오. 이는 폐하의 뜻이오."

어명을 받고 왔다는 말에 명지 장군은 귀가 번쩍 뜨였다. 길평은 저녁에 문주왕과 나누었던 얘기를 상세하게 들려주며 좌평 해구의 일을 의논했다.

과연 길평의 짐작대로 명지 장군은 좌평 해구의 방자 무인을 걱정하며 그런 행적이 앞으로 나라의 사직에까지 미칠 영향을 심려하고 있었다.

길평과 명지 장군은 술잔을 주고받으며 밤늦도록 나라의 안위와 좌평 해구의 일을 거론했다.

"소장에게 좋은 생각이 있소."

명지 장군이 목소리를 낮춰 길평의 귓전에 대고 속삭이듯 말했다.

"내일 폐하께 말씀을 드려 모레 아침 일찍 사냥을 나가시도록 하오. 그때 소장으로 하여금 폐하를 호위토록 명하시면 소장이 폐하를 모시고 사냥을 나가는 척하다 좌평의 집으로 쳐들어가 단칼에 그의 목을 베는 것이 상책일 것이오."

길평은 명지 장군의 말에 고개를 끄덕이며 그리하겠다고 약속을 했다. 길평과 명지 장군은 서로를 격려하며 굳은 눈빛을 주고받았다.

그러나 두 사람이 그렇게 서로 격려의 눈빛을 주고받는 사이 검은 그림자 하나가 소리 없이 명지 장군의 방 창문 밑을 벗어나 담을 넘어 짙은 어둠 속으로 사라졌다.

다음날 길평은 문주왕을 알현하고 간밤에 명지 장군과 나누었던 밀담을 아뢰고 있을 즈음, 좌평 해구의 집에서는 한바탕 소용돌이가 휘몰아쳤다.

지난밤 명지 장군의 집 담을 넘어간 검은 그림자는 좌평 해구의 심복 중의 하나인 연신燕信이 자신의 경쟁자인 명지 장군의 집에 숨겨둔 수족 같은 자로서 명지 장군의 일거수일투족을 하나도 남김 없이 매일매일 연신에게 보고하였다.

담을 넘은 첩자는 곧장 연신을 찾아가 명지 장군과 길평의 밀담을 고자질했고, 이를 들은 연신은 곧 해구의 집으로 말을 달렸다.

"큰일 났습니다! 큰일 났습니다, 장군!"

연신은 해구의 집에 들어서기가 무섭게 호들갑을 떨었다.

"무슨 일인가?"

해구가 방문을 열고 뛰쳐나왔다.

연신은 말에서 내려 무릎을 꿇고 첩자가 전해 준 얘기를 낱낱이 고해 바쳤다.

해구는 초조함을 감추지 못해 마당을 이리저리 서성거리며 앞일에 대한 호구책을 마련하느라 고심했다.

연신은 그를 일단 방안으로 들게 한 다음 입을 열었다.

"장군! 제게 괜찮은 칼잡이가 한 놈 있사옵니다."

"괜찮은 칼잡이 놈이라니?"

"예! 얼마 전 도적 일당의 괴수를 잡아들였는데 그놈의 칼 솜씨가 보통이 아닙니다."

순간 해구의 눈이 섬광처럼 빛을 뿜었다.

"그런데……?"

"생각해 보십시오, 장군! 이 같은 일을 먼저 도모한 것은 장군이 아니라 왕을 비롯한 길평과 물도, 두 노신이옵니다. 하오니 장군께서 이 일을 꼬투리 삼아 왕위를 찬탈하신다 해도 어느 누구 하나 모반을 거론하며 나설 이가 없을 것이옵니다."

"음…… 그래서?"

"그러니 내일 왕께서 사냥 길에 명지 장군을 데리고 나서면……."

연신의 소곤거림이 계속될수록 해구의 입은 점차 함지박만하게 벌어졌다.

해구와 연신의 음모를 모른 채 문주왕은 이튿날 날이 밝자마자 명지 장군을 호위 대장으로 임명하고 사냥을 나섰다. 당연히 문주왕을 위시한 일행은 산으로 오르는 척하다가 해구의 집을 향해 번개처럼 말을 몰았다.

명지 장군을 선봉으로 한 왕의 일행이 해구의 집 근처에 있는 작은 언덕에 다다랐을 무렵, 난데없이 어디선가 날아온 비수가 문주왕의 이마를 정통으로 꿰뚫었다.

문주왕은 외마디 비명을 지르며 말에서 떨어졌다. 명지 장군이 문주왕에게 달려갔을 때는 이미 왕은 절명한 후였다.

사태는 심각해졌다. 해구는 왕의 죽음을 확인한 후에 즉시 궁궐로 들어가 13살 어린 왕자를 왕으로 내세우고 전권을 장악해 버린 것이다. 이렇게 문주왕은 아버지 개로왕의 죽음을 뒤로하고 고구려에 쫓겨서 웅진으로 남하하여 도읍을 정한 지 3년 만에 신하에게 피살되고 말았다.

그러나 역사의 물줄기는 또 한번의 극적인 반전을 준비하고 있었다.

어린 왕(제23대 삼근왕)을 등에 업고 전횡을 일삼던 해구도 그 2년 뒤 또 한번의 반란을 일으키다 제거되고 왕권도 문주왕의 동생인 곤지昆支의 아들에게 넘어가니 이 사람이 후반기 백제의 틀을 잡은 제24대 동성왕이다.

이처럼 백제에는 문주왕의 웅진 천도 이후 왕권이 약하고 정국이 어지러운 탓에 엄청난 피 바람이 세찬 광풍으로 휘몰아쳤던 것이다.

강물에 비치는 별빛은 다른 날보다 더욱 영롱하게 빛나는 듯했다. 어깨를 기댈 듯 강가에 나란히 앉은 젊은 남녀는 말없이 강물에 어리는 별빛만 바라보고 있었다.

도성인 서라벌은 대낮처럼 환하게 밝힌 불빛들로 말 그대로 불야성을 이루었고 사람들의 흥겨운 노랫가락이 멀리 이곳 강가에까지 들려왔다.

"순아……!"

"……."

순아는 아무런 대답 없이 그저 흘러가는 강물만을 물끄러미 바라보았다.

'며칠 후면 상불랑常弗郎과 헤어지게 된다. 며칠 후면 이곳을 떠나 머나먼 이국 땅인 백제로 가야 한다.'

순아는 그 생각만으로도 가슴이 미어지는 것 같아 상불랑의 부름에 아무 대꾸도 할 수 없었다.

"순아! 이제 오늘이 지나면 너를 볼 수도 없겠구나. 이 밤으로 너와의 인연도 끝이……."

상불랑은 더 이상 말을 잇지 못했다. 순아의 흐느끼는 소리가 자신의 심장을 파고들 듯 애절한 까닭이었다.

상불랑은 순아의 손을 잡아 자신의 가슴에 갖다 대며 말했다.

"내 심장이 뛰는 게 느껴지지? 나는 네가 느끼는 이 느낌이 영원히 사라질 때까지 너를 잊지 않을 것이다. 아니, 사라진 다음에도 너를 찾아 헤맬 것이다."

"상불랑!"

"순아!"

둘은 서로의 어깨에 얼굴을 묻고 오래오래 흐느껴 울었다.

신라 소지왕 즉위 시절, 백제의 동성왕은 사신을 보내어 두 나라의 평화를 위해 국가간의 혼인을 제의해 왔다.

당시 주변국들의 세력이 날로 강성해지자 그 세력을 견제하기 위해 백제와 신라, 두 나라는 서로 동맹 관계를 수립해야 한다는 데 뜻을 같이하고 있었기 때문에 백제 동성왕의 제의는 신라로서는 내심 반가운 일이었다.

백제 동성왕은 이미 혼인을 한 처지였으나 후궁이 아닌 소후小后의 자격으로 신부를 맞아들이기로 했고 신라의 소지왕은 공주가 없는지라 이벌간伊伐干 김비지金比智의 딸인 순아順娥를 보내기로 했다.

그렇지만 순아는 이미 오래전부터 화랑인 상불랑을 마음에 두고 둘은 혼인할 때를 기다리며 서로에 대한 연모의 정을 불태워 왔다.

그러다 갑자기 순아가 국혼國婚으로 백제에 가게 되었으니 상불랑이나 순아의 마음은 슬픔으로 얼룩져 이렇게 둘이 노닐던 강가에 나와 하염없이 눈물을 쏟고 있었던 것이다.

이제 내일 모레면 순아는 백제에서 온 사신을 따라가야 할 몸이었고 목숨을 걸 만큼 사랑함에도 불구하고 속절없이 순아를 떠나 보내야 하는 상불랑의 가슴은 못질을 한 것처럼 아리고 또 아렸다.

그와 반대로 서라벌 도성에서는 백제에서 온 사신을 환영하는 큰잔치를 벌이느라 거리마다 대낮처럼 환하게 횃불을 밝히고 사람들이 너나할것없이 모두 거리로 뛰쳐나와 곧 있을 국혼에 대한 설렘과 흥분을 감추지 못한 채 음주 가무를 즐기느라 여념이 없었다.

시간은 속절없이 흘러 순아는 백제 사신이 가져온 가마에 몸을 싣고 신라를 떠나게 되었다. 길거리에는 백제의 소후로 떠나는 순아를 보기 위해 사람들이 구름처럼 몰려들었다.

순아는 혹 그 사람들 중에 그리운 상불랑의 모습이 보이지 않을까 하여 가마 문틈으로 조심스럽게 밖을 내다보았다. 그러나 구름처럼 모인 군중들 어디를 보아도 상불랑의 모습은 보이지 않았다.

정작 순아가 상불랑의 모습을 본 것은 서라벌에서가 아니었다. 신라군의 호위를 받으며 왔던 사신 일행과 순아를 태운 가마가 신라와 백제의 경계선에서 백제군에게 인도될 때였다.

거기까지 호위하던 신라군이 되돌아갈 때 가마 밖을 무심히 내다보던 순아는 산아래 낮은 언덕에서 자신이 탄 가마를 뚫어지게 쳐다보고 있는 상불랑의 모습을 발견하곤 숨이 멎는 듯했다.

'저이가 왔구나! 나를 잊지 않고 저이가 나를 배웅하러 여기까지 왔구나!'

순아는 눈물을 흘리며 상불랑의 모습을 바라보았다. 여전히 신라 화랑의 기백을 잃지 않은 늠름한 모습이었다.

순아는 한마디 말도 못하고 그저 상불랑의 모습을 바라보며 가마 안에서 숨죽인 채 눈물만 흘렸다.

백제의 도성인 웅진에 도착한 순아와 사신 일행은 백성들로부터 환대를 받았다. 생전 처음 부모 곁을 떠나 낯선 이국 땅인 백제에서 첫날밤을 보내게 된 순아는 밤새 한숨도 자지 못하고 뜬눈으로 지샜다.

날이 밝자 궁녀들이 순아를 목욕시키고 몸단장을 깨끗이 해서 동성왕 앞으로 데리고 갔다. 순아는 감히 고개를 들지 못하고 가느다랗게 떨고만 앉아 있었다.

동성왕은 순아의 생김새를 주의 깊게 살펴보더니 흡족한 표정으로 고개를 끄덕였다. 궁녀들이 다시 순아를 보필하여 어전을 물러나와 숙소로 돌아올 때까지 순아는 눈을 내리깐 채 발끝만 바라보았다.

다음날 대궐에서는 성대한 잔치가 벌어졌다. 소후를 맞아들이는 잔치치고는 이례적이었지만 국혼國婚이라는 점에서 그만한 잔치는 당연하다고 신하들은 생각했다.

잔치가 끝나고 밤이 이슥해지자 동성왕은 신하들과의 술자리를 파하고 신방으로 건너갔다.

초조하게 앉아 있는 순아의 마음에는 온통 상불랑에 대한 그리움만이 낙엽처럼 수북이 쌓여 있었다. 차라리 그 밤에라도 어디론가 멀리 도망가지 않은 것을 순아는 남몰래 후회하고 있었다.

"어디가 아프신 것이오? 얼굴빛이 창백하구려."

동성왕의 따뜻한 말 한마디에 순아의 볼에서는 저절로 눈물이 흘러내렸다.

"하긴…… 먼 길을 왔을 터이니 많이 피곤하실 것이오."

동성왕의 인자한 말은 자꾸만 순아의 가슴에 맺힌 서러움을 자극시켰다. 순아의 볼에 소리 없이 흐르던 눈물 방울은 이느새 굵은 물줄기를 이루었고 형형색색 아름다운 신부의 비단 옷자락은 금세 눈물로 흥건해졌다.

"어허, 이런…… 이런. 부모도 없는 낯선 땅에서 혼인식을 올리자니 그 서러움 또한 컸을 것이오. 내 진작 왜 그 생각을 못했을꼬……"

동성왕은 순아의 등을 토닥이며 어린아이를 달래듯 그녀를 살며시 품에 안았다. 순간 순아는 모든 것을 체념하고 받아들일 수밖에 없다는 사실을 깨달았다. 그리고 천천히 동성왕의 손에 자신을 내맡겼다.

신방에 불이 꺼지고 순아의 저고리 옷고름이 하나씩 풀리면서 순아의 가슴에 낙엽처럼 쌓인 상불랑에 대한 그리움도 하나둘씩 허공으로 날려갔다.

"소후! 오늘 신라에서 사신이 왔소. 고구려가 쳐들어와 원군을 요청하기에 실죽實竹 장군 휘하에 군사 3천 명을 보내었소."

"황공하옵니다, 폐하!"

순아는 다소곳이 앉아 동성왕의 빈 술잔에 술을 따르며 대답했다. 순아는 자신이 비록 동성왕의 정실이 아닌 소후에 불과하다고는 하지만 백제와 신라를 잇는 가교 역할을 하고 있다는 생각이 들어 잠시 가슴이 뿌듯해졌다.

동성왕은 술잔을 들어 입가로 가져가려다 문득 생각난 듯이 순아에게 물었다.

"소후는 신라 땅이 그립지 않소?"

"폐하께서 계신데 뭐가 그립겠습니까?"

"허허허! 소후께서 이제 농담도 다 하오."

동성왕의 말에 순아는 얼굴을 붉히며 빙그레 미소를 지었다. 동성왕과 순아의 정다운 담소를 시샘하듯 훈훈한 봄바람이 연못가에 핀 봄꽃들을 한차례 휘젓고 지나갔다.

순아가 백제에 온 지 어느덧 한 해가 흘렀다. 처음에는 모든 것이 낯설기만 하고 두렵기만 하던 것이 이제는 조금씩 정이 들기 시작했고 무엇보다 동성왕의 사랑이 극진한지라 순아는 그저 행복하고 안

온한 나날을 보내었다.

상불랑에 대한 사랑도 돌이켜보면 철없는 어린 시절의 미숙한 감정에서 비롯된 한때의 열정이었거니 싶었고, 때로는 그런 지난날이 한없이 부끄러워지기도 했다.

여름에 접어들자 대궐에 경사가 났다. 순아의 몸에 태기가 생긴 것이다. 동성왕은 물론 온 대궐 안이 경사스런 분위기였다.

동성왕은 예전보다 더욱 순아를 총애하고 아꼈으며 순아는 자신의 뱃속에 든 아기가 장차 동성왕의 대를 이을 것이라는 생각에 몸가짐을 조심하고 태교에 힘썼다.

그러나 호사다마라고 했던가? 태기가 생긴 지 얼마 지나지 않아 순아는 신라에 계신 어머니가 세상을 떠났다는 비보를 접하고 망연자실 해야만 했다.

자식된 도리로 당연히 부모의 장례식에 참석해야 했지만 임신한 몸으로 그 먼 길을 다녀오기에는 아무래도 무리일 것 같아 상심한 채 그대로 궁에 있을 수밖에 없었다.

동성왕의 지극한 위로에도 불구하고 순아는 여러 날을 울며 지냈다. 그러다 뱃속에 든 아기를 생각하고 가까스로 슬픔을 참고 눈물을 거두었다.

어머니의 장례에 참석하지 못하는 대신 순아는 원덕사原德寺에서 어머니의 명복을 빌겠다고 동성왕의 허락을 받아 내었다.

순아는 어머니의 명복을 빌러 가는 길에 요란한 행차보다는 단출하게 다녀오는 것이 나을 것 같아 단정한 소복 차림새로 궁녀 한 명만을 데리고 원덕사로 향했다.

원덕사에 도착한 순아와 궁녀는 법당에 들러 부처님께 삼배를 올리고 명부전冥府殿으로 가기 위해 법당 옆쪽으로 돌아갔다. 그때였다.

"순아!"

낯익은 음성이 순아의 앞길을 가로막았다. 상불랑이었다. 초췌하고 수심이 가득한 얼굴이었지만 순아의 이름을 부를 때에는 반가운 미소가 환히 퍼졌다.

"순아!"

순아는 깜짝 놀라 제자리에 멈춰 섰고, 뒤따르던 궁녀는 얼결에 뒷걸음질을 치며 법당 쪽으로 달아났다.

"순아! 이날을 얼마나 기다렸는지 모른다. 너를 따라 백제에 오기는 했지만 구중궁궐 심처에 갇혀 있는 너를 만날 길 없어 네가 그곳을 빠져 나오기만을 학수고대했다."

"무엄하다! 감히 내가 누군 줄 알고……!"

순아의 입에서 뜻밖의 말이 튀어나오자 상불랑은 잠시 혼란에 빠졌다.

"나는 이미 예전의 순아가 아니다! 이미 한 나라의 대를 이을 왕자를 뱃속에 품고 있는 국모의 몸과 진배없다!"

"순아……."

상불랑의 음성이 조금씩 떨리기 시작했다.

"그러니 부질없는 옛일일랑 잊고 어서 네 갈 길을 가거라!"

순아도 전신이 부들부들 떨렸지만 뱃속의 아기를 생각해서 간신히 몸을 지탱하고 있었다.

"순아! 너를 볼 날만을 애타게 기다렸다. 그러니 나와 같이 가자! 이제 우리 둘은 영원히 헤어지지 않을 것이다. 순아, 가자! 제발……!"

상불랑은 거의 울상이 되어 순아에게 호소했다. 그러나 그럴수록 순아의 마음은 안정을 되찾으며 더욱 냉랭해졌다.

"물러서라, 어서!"

상불랑은 단호한 결심을 한 듯 두 눈을 번득이며 품속에서 단도를 꺼내 들었다. 순아는 순간적으로 한 걸음 물러나 저도 모르게 양손으로 배를 감싸 안았다. 본능적이고 순수한 모성애였다.

그 모습을 본 상불랑의 눈가에 설핏 눈물이 어리었다.

'내가 그토록 애타게 기다리고 연모해 온 여자가 저 여자란 말인가?'

상불랑은 단도와 순아의 얼굴을 번갈아 바라보며 무엇인가를 망설이는 눈치였다.

그러는 사이 법당 쪽에서 궁녀와 함께 사람들이 몰려왔다. 상불랑은 뒷산 쪽으로 달아나기 시작했다. 그 모습을 보며 순아는 털썩 땅바닥에 주저앉았다. 희미해져 가는 의식 속으로 줄임표처럼 점점이 생각이 떠올랐다 끊어지곤 했다.

'상불랑, 나를 용서해 주세요. 나는 이미 당신을 잊은 지 오래랍니다. 그리고 내가 사랑했던 당신은 여자 하나를 잊지 못해 조국을 버리고 떠돌이 신세가 된 지금의 당신 모습이 아니라 나라를 위해 목숨을 바칠 수 있을 만큼 늠름했던 화랑 상불랑이었어요.'

신하에게서 순아의 일을 들은 동성왕은 대노하여 군사들을 풀어 원덕사 뒷산을 구석구석 뒤졌다.

그러다 한 군사가 단도로 목을 찔러 자결한 상불랑의 시체를 발견했다. 그 소식을 들은 순아는 속으로 조용히 상불랑의 명복을 빌었다.

대야성의 피리 소리

백제 의자왕 2년 8월, 신라의 대야성을 포위하고 성의 함락에 나선 도원수 윤충은 밤늦도록 잠을 이루지 못하였다. 내일이면 총공격을 감행할 것이니 성의 함락은 시간 문제였기 때문이다. 이미 며칠을 성안에 고립된 신라인들이기에 그렇게 큰 저항은 있을 것 같지 않았다.

대야성의 도독 김품석은 비겁하게도 저 혼자 살겠다고 스스로 성문을 나왔으나 윤충의 칼에 추풍 낙엽처럼 그 목숨이 한 순간에 떨어져 버렸다.

이제 대야성을 지키고 있는 자는 죽죽이라는 인물로서 한때 도독 김품석의 부하였으나 도독이 제 살길만을 찾아 성문을 나가자 다시 성문을 굳게 걸어 잠그고 백제군과 대치중이었다.

윤충은 죽죽에게 부장 모선을 보내어 성문만 순순히 열면 백성들을 비롯한 모든 군사들의 목숨도 살려 주겠다는 뜻을 전했다. 그러나 죽죽은 윤충이 보낸 모선의 목을 잘라 성루에 걸어둠으로써 자신의 굳건한 결의를 보였다.

내일 있을 총공격을 앞두고 군사들의 사기도 높일 겸 이미 예상한 승리를 자축도 하는 뜻에서 백제군의 진영에서는 오늘 저녁 큰 잔치가 벌어졌다.

저녁 내내 먹고 마시고 떠들던 군사들의 소란은 밤이 이슥해지자 조금씩 그 기세가 누그러졌다.

윤충은 진영을 벗어나 천천히 대야성 쪽으로 발길을 돌렸다. 하늘에는 잔잔하게 뿌려진 별빛을 배경으로 밝은 달이 청명한 빛을 발하고 있었다. 조금은 쌀쌀한 바람이 윤충의 귓전을 스쳤다.

총공격을 할 것이니 떠날 사람은 미리 성을 빠져 나가라고 대낮에 성안에 통보를 한 뒤 대야성의 동문에는 군사들을 세워 두지 않았다.

그러나 저녁에 보고받기로 성안에서 동문을 통해 빠져 나간 신라인은 단 한 명도 없었다고 했다. 그만큼 신라인들은 죽기를 각오하면서까지 대야성을 지키려는 것일까.

윤충의 가슴속으로 한차례 회한 같은 것이 회오리쳤다. 자기처럼 한 나라의 운명을 짊어지고 있는 장군의 몸이든, 보기에 따라 미천할지도 모를 일개 군사에 불과하든, 한평생 이름 없이 그저 평범하게 살다갈 백성이든, 사람의 생명이 소중하기는 모두들 천금의 값어치보다 더 소중할 것이었다. 그런데 내일이면 그와 같이 소중한 목숨이 얼마나 숱하게 스러져 갈 것인가.

윤충은 고개를 들어 달을 쳐다보았다. 달은 누런 빛을 띠고 있었다. 그 빛 속으로 그리운 가족들의 얼굴이 떠올랐다.

'저 수많은 군사들에게도 그리운 가족들이 있으리라……'

윤충이 이런저런 번민에 싸여 대야성 가까운 곳에 다다랐을 때였다. 잔잔히 불어오는 바람을 따라 어디선가 피리 소리가 들려 왔다. 걸음을 멈춘 윤충은 그자리에 조용히 서서 피리 소리에 귀를 기울였다.

끊어질 듯 끊어질 듯하면서도 계속 이어지는 피리 소리는 윤충의 가슴을 날카로운 송곳으로 찌르는 듯했다.

'누구일까?'

윤충은 소리 나는 곳을 어림짐작으로 짚어 보았다. 피리 소리는 분명 대야성의 성루에서 들려 오고 있었다.

'내일이면 죽은 목숨일 텐데 누가 이 밤에 저렇듯 아름다운 음색으로 피리를 부는가?'

윤충은 의아한 생각이 들면서도 점차 그 피리 소리에 취해 갔다.

무릇 악기란 연주하는 이의 마음에 따라 그 소리가 즐겁기도 하고 슬프기도 한 법인데 지금 성루에서 들려오는 피리 소리에는 애절함은 물론 비장함마저 묻어 나오는 듯했다.

한참을 피리 소리에 넋을 잃고 있던 윤충은 조용히 발길을 돌렸다. 머릿속으로 떠오르는 한 장수가 있었기 때문이다.

'저 피리 소리의 주인은 분명 죽죽일 것이다.'

윤충은 서서히 멀어지는 피리 소리에서 죽기를 각오한 장수의 기개를 읽을 수 있었다. 갈수록 피리 소리는 호탕하고 거침없이 흐르는 강물을 닮아 갔다.

김품석에게서 들은 죽죽은 음험하고 죽음을 두려워하는 소인배로만 알았으나 지금 저 피리 소리의 기개로 보아 죽죽은 호탕하고 뛰어난 장수임에 틀림없었다.

'대야성에 김품석 같은 자만 있는 줄 알았는데 저런 큰 인물도 있었구나!'

윤충은 달빛을 등에 지고 진영으로 돌아왔다. 윤충이, 투항하다 잡힌 대야성 백성에게 알아보니 그 피리 소리의 주인은 죽죽이 분명했다.

다음날 윤충은 총공격에 앞서 군사들에게 당부하기를 창과 칼을 들지 않은 백성은 죽이지 말 것과 적장 죽죽은 무슨 일이 있어도 생포할 것을 명했다.

한치의 양보도 없이 죽기를 각오하고 싸운 결과는 예상한 대로 백제군의 승리였다. 싸움이 끝난 후, 윤충은 죽죽의 생사 여부를 물었다. 그러나 죽죽은 물론 성안의 모든 백성들은 한 명도 남김 없이 전멸당했다. 최후까지 백제군에게 저항하고 성을 지키며 목숨을 초개처럼 버린 것이다.

산더미처럼 쌓인 시체들 중에 죽죽의 시체도 있었다. 죽기 직전까지 싸움에 전력한 듯 오른팔이 잘리고 대신 왼손에 칼이 쥐어져 있었다.내장은 터져 나와 바닥에 피가 흥건했고 머리는 철퇴에 맞은 듯 두개골이 깨어져 있었다. 눈으로 보기에도 끔찍한 모습이었다.

윤충은 차마 더 볼 수가 없어 고개를 돌리고 말았다.

'잘 가시오, 죽죽. 그대는 적장이지만 그 기개와 충정은 어느 누구도 따를 자가 없을 것이오.'

윤충은 설핏 눈앞이 흐려지는 듯했다. 그러나 적장의 죽음을 두고 부하들 앞에서 눈물을 흘릴 수는 없는 노릇이었다.

윤충은 서둘러 진영으로 돌아왔다. 돌아오는 발걸음은 천 근 만 근 무거웠다.

'내 평생 그렇게 아름다운 피리 소리는 들어 본 적이 없소. 그리고 앞으로도 그런 소리는 들을 수 없을 것이오.'

윤충의 눈에서는 그제야 한 방울 굵은 눈물 줄기가 흘렀다.

그 눈물에 대한 화답이었을까?

승리의 기쁨에 들떠 환호하는 군사들의 고함 소리 사이로 희미하게 피리 소리가 들려 오는 듯도 했다. 윤충은 환청일지도 모를 그 소리를 조금이라도 잘 들으려 한동안 조용히 앉아 있었다.

마지막 충신

산야의 봄빛은 아름다웠다. 산골짝을 흘러내리듯 어우러져 핀 진달래며 설핏 부는 바람에도 봄 향기가 상큼하게 느껴질 것만 같은 논두렁에 듬성듬성 싹을 틔운 온갖 봄나물들, 햇살이 금빛으로 빛나는 시냇가에서는 송사리떼가 한가로이 유영하고 있었다.

겉으로 보기에는 아무 것도 달라진 게 없어 보였다. 몇 해 전의 봄도 그러했을 것이고 몇십 년 전, 아니 몇백 년 전의 봄도 이와 똑같았을 것이다.

그러나 올해의 봄은 그때와는 분명 달랐다. 산에는 봄꽃을 즐기는 백성들의 노랫소리가 그쳤고 들판에는 봄나물을 캐는 아낙네들의 발길이 끊어졌다. 무엇보다도 시냇가에서 송사리를 잡느라 한바탕 법석을 떨고 있을 아이들의 고함 소리가 시려졌다.

예전 같으면 사람들로 북적거렸을 이 길에도 지금은 사람의 그림자라곤 찾아볼 수도 없었다. 백성들은 모두들 집에만 숨어 밖으로 나다니려 하지 않았고 언제 밀어닥칠지 모르는 신라군을 무서워하며 하루하루 불안에 떨고 있었다.

말을 타고 길을 가던 좌평 성충의 눈에 설핏 눈물 같은 게 비쳤다.

백제 의자왕 16년.

왕위에 오른 처음 몇 해에는 선왕의 업을 이어받아 누구보다 명석하고 훌륭한 성군으로서 정사를 돌보던 의자왕은 재위 10년이 지나자 서서히 술과 여자에 빠져 방탕한 생활을 하기 시작했다.

그러더니 급기야 3천의 궁녀를 거느리고 허구한 날 술과 사냥으로만 세월을 보내니 입에 쓴 소리를 하는 충신들은 모두 목을 베거나 귀양을 보내고 옆에서 알랑거리기만 하는 간신들의 수만 날로 늘어 갔다.

더군다나 지금 이웃 신라에는 위로는 태종무열왕이 등극하고 아래로는 명장 김유신이 군사력 증강에 힘쓴 결과 예전과는 비할 바가 못 될 정도로 그 국력이 강대해지고 있었다. 만일 지금이라도 그 힘을 모아 백제로 쳐들어온다면 누가 있어 그 힘에 대항할 것이며 미약한 왕을 지켜낼 것인가?

생각이 거기에까지 미치자 성충의 입에서는 얼굴에 드리워진 짙은 그늘만큼이나 깊은 한숨이 새어 나왔다.

성충은 다시 한 번 마음속으로 결심을 확고히 했다.

'지금의 이 길이 설령 내 생의 마지막 길이라 해도 오늘만큼은 물러서지 않을 것이다.'

집을 나서기 전, 성충은 가족을 모아놓고 자신의 굳은 결심을 말하고 두서없는 이별의 인사도 해두었다. 가족들 또한 미리 예견하고 있었다는 듯이 그저 소리 없이 눈물만 흘릴 뿐이었다.

성충은 말의 고삐를 단단히 틀어쥐었다. 좌평의 신분임에도 불구하고 지금 성충의 행차는 초라하기 짝이 없었다. 그것은 이미 성충 또한 의자왕의 눈에서 벗어났다는 것을 의미했다.

대궐에 도착한 성충은 곧장 의자왕 앞으로 나아갔다. 왕은 그날도 어김없이 궁녀들에게 둘러싸여 대낮인데도 벌써부터 얼큰하게 취해 있었다.

대전에 엎드린 성충의 인사를 받은 왕은 내심 시큰둥했지만 겉으로는 반가운 척 궁녀를 시켜 술잔을 하사했다. 그러나 성충은 술잔을 가져온 궁녀를 부릅뜬 눈으로 흘기며 왕이 내린 술잔을 거부했다.

"폐하!"

성충의 목소리가 쩌렁쩌렁 대전에 울렸다.

"지금 나라의 형편은 날로 어려워져 백성들의 생활은 도탄에 빠지고 민심은 흉흉하기 이를 데 없사옵니다. 또한 이웃 신라의 힘은 날로 강대해져만 가고……."

"듣기 싫소!"

성충의 말이 채 끝나기도 전에 왕은 이맛살을 찌푸리며 고개를 돌렸다.

"폐하! 신은 오늘 죽을 각오를 하고 입궐하였습니다. 죽는 것은 두렵지 않으나 이 나라 사직의 일이 무엇보다 걱정이옵니다. 청컨대 부디 이제부터라도 주색을 멀리하시고 예전처럼 성군의 모습으로 돌아가옵소서! 그것만이 이 나라 백제를 살리는 유일한 길이옵니다."

"그렇다면 경은 짐이 술과 계집을 가까이 하여 지금 이 나라를 망치고 있다는 말이오?"

"폐하! 부디 성군의 모습을 되찾으소서!"

성충의 피를 토하는 듯한 간언에도 아랑곳없이 왕은 귀찮다는 듯 아예 자리에 드러누우려 했다. 잠을 자겠다는 핑계로 성충을 쫓아 버릴 생각이었던 것이다.

가까이 있던 궁녀 하나가 얼른 왕에게로 다가가 무릎을 꿇고 앉아 왕을 제 무릎에 누이려 했다. 그 모습을 본 성충은 궁녀를 옆으로 밀쳐내고는 얼른 자신의 무릎을 왕의 머리 밑에 들이밀었다.

왕은 싫었지만 모르는 척하며 성충의 무릎을 베개삼아 드러누웠다. 자신의 무릎을 베고 누운 왕을 바라보는 성충의 머릿속으로 옛일이 구름처럼 몰려들었다.

어려서부터 부모님에 대한 효성이 지극한 데다 지혜롭고 총명해서 백성들은 모두 어린 태자를 해동증자海東曾子라고 불렀었다. 그래서 태자가 왕에 오르면 오랜 숙원이었던 삼국을 통일하고 그야말로 태평 성대가 오리라고 백성들은 어느 누구 하나 믿어 의심치 않았다.

그러나 지금은 어떠한가? 날마다 술과 계집에 빠져 정사를 돌보기는커녕 온조대왕 이래 7백 년을 면면이 이어온 이 나라의 사직마저도 위태롭게 하고 있었다.

성충은 가슴속 저 깊은 곳으로부터 어떤 뜨거운 기운이 뻗쳐올라옴을 느꼈다. 그것은 뜨거운 분노 같기도 했고 아련한 비애 같은 것이기도 했다.

왕은 잠이 들었는지 꿈쩍도 하지 않았다. 자신의 무릎을 베고 누운 왕의 얼굴은 방탕한 생활로 인해 나날이 병색이 짙어가고 있었다.

성충은 그런 왕의 얼굴을 한번쯤 쓰다듬어 주고 싶었다. 늙은 아비가 자식의 얼굴을 다정하게 쓰다듬듯 그렇게 왕의 얼굴을 쓰다듬으며 제발 예전 성군의 모습으로 돌아가실 것을 애원이라도 하고 싶었다.

성충은 가슴이 미어지는 아픔으로 잠시 천장을 우러르다가 말못할 상심에 휩싸여 천천히 고개를 숙였다.

그 순간, 성충의 눈에서 굵은 눈물 한 방울이 왕의 이마 위로 떨어져 내렸다. 왕은 눈을 번쩍 뜨고 자리에서 일어나 고래고래 고함을 질렀다.

"에잇! 더럽게도…… 감히…… 짐의 얼굴에 더러운 눈물을 묻히다니……! 여봐라! 어서 가서 씻을 물을 가져오너라! 어서! 어서 가서 물을 가져다 내 이마를 씻어라!"

성충은 어쩔 줄 몰라 자리에 엎드린 채로 왕께 용서를 빌었다.

"폐하! 용서하옵소서! 죽을죄를 지었습니다! 하오나 부디 소신의 말을 들으옵소서, 폐하!"

그러나 성충의 사죄에도 불구하고 왕은 더욱 길길이 날뛰었다.

"여봐라! 지금 당장 저 늙은이를 끌어다 옥에 처넣어라!

왕의 호령에도 아랑곳없이 성충의 목소리는 추상같이 허공을 갈랐다.

"폐하! 부디 이 나라 백성들을 불쌍히 여기시고 7백 년 사직의 대업을 이으소서! 더 이상 술과 계집에 빠져 옥체를 더럽히지 마시고 이제부터라도 정신을 바로 차리시어 주변국들에 대한 경계를 철저히 하소서! 그것만이 이 나라를 살리는……."

왕은 더 이상 참을 수 없다는 듯이 큰소리로 호령했다.

"무엇 하느냐! 얼른 저 늙은이를 옥에다 처넣지 않고!"

왕의 호령이 끝나기가 무섭게 성충은 대전 밖으로 끌려나갔다. 목놓아 왕을 외쳐 부르며 끌려나가는 성충의 얼굴에는 거센 강물처럼 하염없는 눈물이 쏟아져 내렸다.

옥에 갇힌 성충은 피눈물을 쏟으며 며칠을 버티었다. 성충의 마음속에는 오로지 왕의 안위와 나라에 대한 충성심으로 가득했고 그런 걱정은 식음을 전폐시키고 밤중의 얕은 잠까지도 점차 빼앗아갔다.

마침내 성충은 자신의 죽음을 예감하고 혼신의 힘을 다하여 마지막 남은 여력으로 손가락을 깨물어 옷에다 피로써 상소문을 썼다.

상소문에는 성충이 죽음을 각오하고 왕께 아뢰었던 신하된 자의 충성과 나라에 대해 노심초사하는 마음이 구구절절이 배어 있었다.

간신히 상소문을 끝낸 성충은 왕이 계신 곳을 향하여 큰절을 올렸다. 그러고는 옥사쟁이를 불러 그 상소문을 왕께 전해 줄 것을 부탁하고 바닥에 드러누워 조용히 눈을 감았다.

더 이상 흐를 것이 없는 눈물일 텐데 차가운 바닥에 기댄 얼굴 가득 또다시 한 줄기 눈물이 번져 흘렀다.

무심한 하늘은 충신의 죽음을 아는지 모르는지 옥문 밖으로 차가운 바람 소리만 휑하니 띄워 놓고 있었다.

그 바람 아래로 이제 막 지기 시작한 봄꽃의 향내가 성충의 죽음을 애도라도 하는 듯 향불의 연기처럼 가느다랗게 피어오르고 있었다.

의자왕 앞에 무릎을 꿇은 계백 장군은 어전이 쩌렁쩌렁 울릴 만큼 큰 목소리로 아뢰었다.

"폐하! 지금 신라와 고구려의 움직임이 심상치 않사옵니다. 신라는 당나라와 손을 잡을 조짐이고 고구려는 연개소문이 휘하에 장수들을 불러모아 군사들을 훈련시키는 데 온 힘을 쏟고 있다 하옵니다!"

"지금 우리 백제는 태평성대인 데다 장군과 같은 훌륭한 인물이 든든히 버티고 있는데 무슨 걱정이오?"

대낮부터 술에 취한 의자왕은 계백 장군의 말이 성가시다는 듯 인상을 찌푸렸다.

"폐하! 그렇지 않사옵니다! 지금부터라도 주색을 멀리하시고 정사를 바로 돌보소서!"

계백 장군의 충언에도 아랑곳없이 의자왕은 궁녀를 시켜 술을 따르게 했다.

"여봐라! 계백 장군에게도 술을 한잔 따르거라!"

의자왕의 명에 따라 궁녀가 술잔을 가져오자 계백 장군의 눈에 시퍼런 불꽃이 일었다. 그러나 왕이 하사한 잔을 마다할 수는 없는 노릇이라 억지로 잔을 비웠다.

"폐하! 옥중에서 의롭게 죽은 좌평 성충의 말을 잊지 마옵소서!"

성충의 이름이 나오자 의자왕의 이마에 깊은 주름이 패였다.

"폐하! 성충의 마지막 말이 무엇이었습니까? 머지않아 반드시 전란이 있을 것이니 이를 대비하라 하지 않았습니까? 하오니 폐하! 지금부터라도⋯⋯."

"듣기 싫소! 좌평 성충의 이름은 들먹이지도 마시오! 그 자는 감히 과인의 얼굴에 더러운 눈물을 떨어뜨린 불충한 자일 뿐이오!"

계백 장군의 어깨가 힘없이 늘어졌다. 당대의 충신을 불충한 자라고 일축해 버리는 왕 앞에 무슨 말을 더 하겠는가?

의자왕은 계백 장군의 입을 막을 요량으로 풍악을 울리라고 명령했다. 계백 장군은 입술을 깨물며 어전을 물러났다.

젊어서 그토록 명석하고 지혜롭던 왕은 서서히 술과 계집에 빠져 정사는 뒷전이고 나라와 백성의 안위는 생각하지도 않았다.

언제나 술에 취해 가무를 즐겼으며 직언을 하는 충신들은 모두 옥에 가두거나 목을 베어 죽였다. 그러니 조정에는 간신의 무리들만 들끓었고 입에 발린 소리만 늘어놓아 왕의 총기를 더욱 흐리게 만들었다.

좌평 성충이 옥에서 손가락을 끊어 피로써 쓴 상소문도 의자왕에겐 한낱 불충한 신하의 하찮은 기우에 불과했다. 계백 장군은 좌평 성충을 생각하며 눈시울을 붉혔다.

'오늘따라 좌평의 얼굴이 더욱 그립구려. 누가 있어 왕을 바로 보필할 것이며 또 지금의 정사를 같이 의논하겠소? 내 미력한 힘으로 과연 이 나라를 지킬 수 있을지 그저 답답하기만 하오! 좌평⋯⋯.'

기울어 가는 백제의 국운을 하늘이 미리 알고 계시를 내리는지 나라 곳곳에서 괴변이 일어났다.

의자왕 19년 2월, 여우가 떼를 지어 대궐 안으로 들어와 뛰어다니다가 그 가운데 한 마리는 좌평의 책상 위에까지 뛰어올라가 괴상한 울음을 세 번 울고는 사라졌다.

4월에는 흉측하게도 태자 궁의 암탉들이 새와 교미를 하였으며, 5월에는 도성 남쪽을 흐르는 사자수泗沘水〔사비수로도 칭함〕에 엄청나게 큰 물고기가 잡혔는데 그 물고기를 먹은 사람들이 모두 죽었다.

또한 8월에는 키가 18척이나 되는 여자의 시체가 생초진生草津으로 떠내려왔고, 9월에는 대궐 안의 커다란 느티나무가 밤낮으로 귀곡성을 내어 궐 안의 사람들이 모두 혼비백산했다.

나라 곳곳에서 이러한 불길한 징조가 나타나자 백성들은 얼굴에 웃음을 잃고 두려움에 떨며 집에만 틀어박혀 밖으로 나오지 않으니 도성 안은 텅 비어 황량하기가 이를 데 없었다.

괴이한 일은 이듬해에도 연이어 나타났다.

의자왕 20년 2월, 도성 안의 모든 우물물이 핏빛으로 변해 식수를 구하지 못한 백성들이 사자수로 달려갔더니 사자수 또한 핏빛으로 변해 식수를 구하느라고 온 백성들이 산으로 들로 헤매 다녔다.

4월에는 두꺼비 수만 마리가 도성 안으로 들어와 집이며 길거리며 할 것 없이 온통 두꺼비 천지가 되었으며, 5월에는 거센 폭우를 동반한 광풍이 휘몰아쳐 집이 무너지고 나무들이 뽑혀 날아갔다.

6월에는 왕흥사에 난데없이 큰물이 밀려들었는데 커다란 배 한 척이 물위에 떠서 절 안으로 들어오다가 어느 순간에 물과 배가 한꺼번에 사라져 버리는 일이 있었다.

이어 사자수 서쪽 언덕에 커다란 사슴 한 마리가 대궐을 향해 개처럼 짖어대자 그 소리에 응답이라도 하듯 도성 안의 개들이 이리저리 몰려다니며 한 목소리로 짖어댔는데 그 소리가 마치 통곡 소리 같았고 사슴이 한 순간 어디론가 사라지자 개들도 뿔뿔이 흩어졌다.

이러한 괴변이 해를 이어 계속되자 성안의 백성들은 너나할것없이 짐을 꾸려 피난길에 올랐는데 그 행렬이 얼마나 길었던지 도성문을 빠져 나가려면 하루 해를 넘겨야 했다.

그런데도 의자왕은 허구한 날 주색잡기에 여념이 없었다. 게다가 나라 곳곳에 일어난 괴이한 일들을 왕에게 고하는 신하 또한 없었다.

마침내 백제의 국운이 다했음을 알리는 하늘의 계시가 떨어졌다.

청명하기만 하던 백주에 갑자기 구름이 일어 천지가 깜깜해지더니 하늘에서 귀신이 대궐 지붕에 내려와 큰소리로 울며 말했다.

"백제는 망하리라! 백제는 망하리라!"

그 모습을 본 사람들이 기겁을 하여 사시나무 떨 듯 떨고 있는데 말을 마친 귀신은 땅속으로 온데간데없이 사라져 버렸다.

대궐 안에 귀신이 나타났다는 소리는 의자왕의 귀에도 들어갔다. 의자왕은 '백제가 망한다'라는 귀신의 소리가 꺼림칙해서인지 다른 때와는 달리 일관日官을 불러 물었다.

"이 일을 어찌 생각하느냐?"

"소신이 보기에는 귀신이 사라졌다는 땅을 파 보시는 게 좋을 듯합니다."

의자왕은 궁인들을 시켜 일관의 말대로 귀신이 사라진 땅을 파게 했다. 땅속에서는 거북 한 마리가 나왔다.

궁인들이 거북을 깨끗한 물로 씻어 의자왕 앞에 대령하니 거북의 등에 이런 글이 씌어 있었다.

'백제는 보름달과 같고, 신라는 초승달과 같다.'

의자왕은 일관에게 뜻을 해석하라고 일렀지만 일관은 머뭇거리면서 좀체 말을 하지 못했다.

"뭘 하는 게냐? 어서 그 뜻을 말해 보라!"

의자왕이 다그치자 일관은 마지못해 아뢰었다.

"초승달은 점차 커져서 보름달이 되는 반면 보름달은 점차 작아져서 나중에 어둠 속에 묻혀 버립니다. 그러니 백제가 보름달이라함은 이제 기운이 다 되어서 국운이 점차 쇠퇴한다는 뜻이고, 신라가 초승달이라 함은 국운이 점차 커져 강대해진다는 뜻이옵니다."

일관의 말을 들은 의자왕은 노발대발하며 당장 일관을 하옥시켜 버렸다. 그래도 분이 안 풀리는지 땅에서 나온 거북을 죽이려 하자 한 신하가 나서 왕께 아뢰었다.

"폐하! 소신이 보기에는 일관의 말이 틀렸사옵니다."

"그렇다면 공은 어찌 생각하오?"

신하는 더욱 허리를 굽실거리며 아뢰었다.

"우리 백제가 보름달이라 함은 한창 그 국운이 강성하다는 뜻이며, 신라가 초승달이라 함은 그 기운이 미미하다는 뜻이옵니다."

신하의 말을 들은 의자왕은 노기 띤 얼굴에 웃음을 지으며 말했다.

"그렇지! 공의 말이 옳소! 허허허!"

의자왕은 그 신하에게 비단과 패물을 하사하고 나라에 경사가 났다며 성대한 잔치를 열도록 명했다.

그 말을 전해 들은 계백 장군은 탁자를 손으로 내리치며 치를 떨었다. 암담한 백제의 앞날에 대한 걱정과 의자왕에 대한 안타까움으로 계백 장군은 전신의 피가 마른 꽃처럼 타 들어가는 것 같았다.

허물어진 백제 부흥의 꿈

의자왕 20년 백제는 나당 연합군에 항복을 하고 개국 이래 678년의 종사를 마감했다. 그러나 의자왕의 사촌 동생인 복신福信은 이에 굴하지 않고 부하들과 함께 주류성에서 군사들을 모아 끝까지 항쟁하기로 결심했다.

복신은 우선 흩어진 백성들의 마음을 한데 모으고 그 뜻을 집약하기 위해서는 백성들이 우러러볼 수 있을 만한 인물을 구심점으로 내세워야 한다고 생각했다. 그는 부하들과 상의한 끝에 일본에 가 있는 풍장 왕자豐璋王子가 적임자라고 결론 지었다.

복신은 일단의 신하들을 일본으로 보내어 풍장 왕자를 모셔 오도록 하고 적의 침입에 대비하여 주류성을 철저히 지키고 각처에 흩어진 백성들을 모으는 데 주력했다.

마침내 일본에서 풍장 왕자가 돌아오자 그 소식을 들은 수많은 백성들이 주류성으로 모여들어 그 수가 엄청나게 늘었다.

복신은 풍장 왕자를 왕으로 추대하고 군사들을 일으켜 빼앗긴 백제의 도성으로 진격했다. 당시 도성에는 당나라 장수인 유인원劉仁願이 군사들과 함께 주둔하고 있었는데 갑자기 들이닥친 복신에 의해 성이 포위당하자 황급히 사람을 보내어 원군을 요청했다.

도성에 있는 유인원에게서 원군을 요청받은 유인궤劉仁軌는 곧 대군을 이끌고 도성으로 향했다.

며칠 후 도성을 포위한 백제군의 등뒤에서 당나라 군사들의 우렁찬 함성 소리가 들렸다. 그와 더불어 도성에서도 진격의 북소리가 둥둥 울렸다.

그제야 당나라군이 앞뒤에서 연합 작전을 펴고 있다는 사실을 눈치 챈 복신은 부하들에게 후퇴 명령을 내렸다. 그러나 막상 적이 앞뒤에서 막고 있으니 어디로 가야 할지 난감하기만 했다.

풍장 왕자가 겁먹은 표정으로 복신을 불렀다.

"장군! 어찌하면 좋겠소?"

복신은 침착한 표정으로 말했다.

"너무 심려하지 마옵소서. 소장의 생각으로는 임존성任存城이 여기서 가까우니 일단 그곳으로 피하시는 게 좋을 듯합니다."

"임존성이라……? 음……. 알았소. 그곳으로 갑시다."

복신은 호위병들로 하여금 풍장 왕자의 신변을 철저하게 지키도록 명하고 군사들을 이끌고 곧장 임존성으로 말을 몰았다.

임존성은 아직 적이 침범하지 못한 성으로 성벽이 견고하여 쉽게 함락당할 염려는 없었고 위치 또한 앞뒤에서 공격하는 당나라군들 사이에 있었으므로 빠서 나가기에도 수월했다.

풍장 왕자를 모시고 임존성에 무사히 도착한 복신은 성문을 닫아 걸고서 군사력을 재정비하고 앞으로의 계획을 세우느라 밤낮을 잊고 지냈다. 그런 복신을 두고 부하 장수들은 물론 백성들의 칭송이 끊이지 않았다.

"참으로 대단한 분이시다!"

"복신 장군이 없었더라면 우린 이미 죽은 목숨일 게야."

백성들이 입을 모아 복신을 칭송하는 소리는 풍장 왕자의 귀에 까지 들렸다. 선천적으로 성품이 대범하지 못하고 식견이 좁은 풍장 왕자에게 백성들의 그 같은 소리가 좋게 들릴 리 만무했다.

풍장 왕자는 괜히 심통이 나서 복신을 보는 눈길이 곱지가 않았다. 뿐만 아니라 자신의 무능함을 깨닫지 못하고 복신이 판단을 잘못하여 도성에서의 싸움에 패했다고 생각했다.

이런 풍장 왕자의 속셈을 눈치 챈 한 신하가 비굴한 미소를 지으며 아뢰었다.

"폐하! 심기가 불편해 보이십니다. 무슨 언짢은 일이라도 있으시옵니까?"

신하의 간교한 말에 풍장 왕자는 대번에 혹해 말했다.

"어찌 아시오? 마치 과인의 속을 훤히 꿰뚫어 보는 듯하구려."

신하는 더욱 간교한 말로 풍장 왕자의 마음을 미혹시켰다.

"폐하! 소신이 어찌 폐하의 심려를 모른 체하겠습니까?"

"정말 과인의 심려를 안다는 말이오?"

"신하된 도리로서 어찌 그것을 모르겠사옵니까?"

결국 풍장 왕자와 신하는 한통속이 되어 복신을 제거할 계략을 세웠다.

며칠 후 풍장 왕자는 복신을 어전으로 불렀다.

"어서 오시오, 장군!"

"폐하! 어인 일로 소장을 부르셨사옵니까?"

복신이 무릎을 꿇고 자리에 앉자 풍장 왕자는 미리 준비해 두었던 술상을 대령하라는 명을 내렸다.

궁인들이 술상을 놓고 물러가자 풍장 왕자가 술병을 들고 말했다.

"이리 가까이 오시오. 내 장군의 노고를 치하하기 위해 일부러 이렇게 술자리를 마련했소. 자, 받으시오."

"황공하옵니다, 폐하!"

대낮부터 웬 술상을 마련했는지 의아해하면서도 복신은 풍장 왕자가 하사하는 술잔을 받고 감격스러워했다.

근래에 들어 전과는 달리 자신을 대하는 풍장 왕자의 태도가 좀 이상하다고 생각했는데 이렇게 따로 술상을 준비하여 자신을 대접하는 것에 복신은 마음속에 가졌던 일말의 서운함이 봄눈 녹듯 사라지는 것 같았다.

풍장 왕자는 복신을 부추기며 계속하여 술잔을 하사했고 자신의 술잔은 일부러 가득 채우지 않았다.

복신이 얼큰하게 술에 취했을 무렵 풍장 왕자가 생각난 듯이 말했다.

"참, 장군!"

"예, 폐하!"

"일전에 과인이 산보를 하다 성벽 서쪽의 돌이 많이 허물어져 있는 것을 보았소. 한시 바삐 개축하지 않으면 적군이 그곳을 허물고 침략할지도 모를 일이오."

풍장 왕자의 말에 복신은 정신이 번쩍 드는 것 같았다. 적군이 침입할지도 모를 정도면 이제라도 당장 개축을 해야 할 것이었다.

"폐하! 위치만 가르쳐 주소서. 소장이 지금 당장 군사들에게 일러 성벽을 다시 쌓도록 하겠사옵니다."

복신의 말에 풍장 왕자는 갑자기 자리에서 벌떡 일어나더니 복신의 손을 잡아 끌었다.

"지금 과인과 함께 가서 봅시다. 장군이 직접 보아야 군사들을 시켜 수리하는 데 훨씬 도움이 될 것 아니겠소?"

복신은 엉겁결에 자리에서 일어나 풍장 왕자를 따라갔다. 풍장 왕자는 간교한 밀담을 나누었던 신하를 불러 술에 취한 자신과 복신을 부축하도록 명했다.

밖으로 나오자 바람이 서늘했다. 간밤에 내린 비로 땅이 질펀했지만 풍장 왕자는 아랑곳하지 않고 무작정 앞서 걸으며 복신을 잡은 손을 놓지 않았다.

세 사람이 풍장 왕자가 말한 성의 서쪽에 당도해서 보니 과연 성벽이 허물어져 있고 그 아래로 천길 낭떠러지가 펼쳐져 있었다.

그것을 본 복신이 황급히 군사들을 불러 개축 명령을 내리려 하자 풍장 왕자가 손을 내저으며 만류했다.

"장군, 잠시 앉아 바람이나 좀 쏘입시다. 낮술이라서 그런지 머리가 좀……."

풍장 왕자가 그렇게 말하며 잠시 몸을 비틀거리자 복신과 신하가 얼른 풍장 왕자를 부축하여 근처 바위에 앉혔다.

"참, 경치 한번 빼어나구려."

풍장 왕자는 허물어진 성벽 아래로 까마득하게 흐르는 계곡 물을 바라보며 짐짓 딴소리를 했다.

"이리 오시오, 장군. 여기 이렇게 앉아 있으니 만 가지 시름을 잊은 듯하오."

풍장 왕자는 그렇게 말하며 복신의 옷소매를 잡아 끌었다. 복신은 엉거주춤 서 있다가 풍장 왕자의 곁에 앉았다.

"어떠하오, 장군! 경치가 참으로 수려하지 않소?"

"예, 폐하! 장관이옵니다."

복신의 말대로 높은 성벽 바위에 걸터앉아 내려다보는 경치는 아름다웠다. 비 개인 하늘은 청명하기 이를 데 없었고, 완만한 산세를 휘돌아나가는 들판 곳곳에 그림처럼 민가 몇 호가 자리잡고 있었다.

'이렇게 아름다운 나라를 적들의 손에 순순히 내어줄 수 없다. 무슨 수를 써서라도 꼭 백제의 옛 명성을 되찾으리라!'

복신은 마음속으로 굳은 결의를 다졌다.

"여봐라! 이리 와서 나를 좀 부축해다오!"

풍장 왕자가 곁에 서 있는 신하를 부르며 말했다.

"예, 폐하!"

간교한 신하는 성큼성큼 걸어오더니 한 손으로 풍장 왕자의 손을 잡았다. 복신도 바위에서 일어나 풍장 왕자를 부축하려고 몸을 일으켰다.

그 순간, 풍장 왕자의 손을 잡고 있던 신하가 갑자기 다른 한 손으로 복신의 등을 세차게 떠밀었다.

"으아악!"

외마디 비명을 내지르며 복신은 낭떠러지 아래로 굴러 떨어졌다. 백제를 부흥하려는 명장名將의 허무한 최후였다.

풍장 왕자는 슬픈 표정으로 신하들을 불러 복신이 술에 취해 발을 헛디뎌 낭떠러지 아래로 굴러 떨어져 죽은 것으로 발표했다. 신하들을 비롯한 복신의 부하 장수들과 백성들 모두 복신의 죽음을 애도하며 슬피 울었다. 그러나 풍장 왕자와 신하는 둘만이 은밀한 웃음을 나누었다.

복신이 죽은 후, 백성들을 비롯한 군사들은 하나둘씩 임존성을 떠났다. 더 이상 우러러볼 만한 인물이 없었던 것이다. 복신의 죽음을 알게 된 당나라군은 군사를 일으켜 임존성으로 쳐들어왔고 결국 질투에 눈이 먼 풍장 왕자는 비참한 몰골로 죽음을 맞았다.

"누⋯⋯ 누구냐?"

잠에서 깨어난 처녀는 어둠 속에 앉아 자기를 뚫어지게 쳐다보고 있는 한 남자를 향해 소리쳤다. 희미한 달빛에 비친 남자의 얼굴은 창백할 정도로 하얀 데다 아래위로 보랏빛 옷을 입고 있었다.

처녀는 얼른 이불로 몸을 가리며 말했다.

"누구냐? 누군데 이렇게 남의 방에 함부로 들어왔단 말이냐?"

"조용히 하시오."

남자는 천천히 입을 열었다.

"나는 하늘이 보낸 사람이오. 낭자와 합방 하기 위해 찾아왔소."

처녀는 두려움에 전신이 벌벌 떨려 왔지만 애써 두려움을 감추고 말했다.

"거 무슨 해괴한 소리냐? 보아하니 미쳐도 단단히 미친놈인 게로구나."

남자는 미소를 지으며 여유 있게 말했다.

"장차 낭군이 될 사람에게 말이 너무 지나치구려."

"낭군이라니? 차라리 혀를 깨물고 죽었으면 죽었지 그리 호락호락 네 품에 안길 내가 아니다!"

처녀의 목소리는 조금씩 안정을 되찾아가고 있었다.

"소리를 질러 사람을 부르기 전에 어서 이 방에서 나가거라! 그렇지 않으면 목숨을 부지하기도 어려울 게다!"

남자는 또다시 빙그레 미소를 지었다.

"그렇게 하도록 하오. 어차피 낭자가 아니라면 나도 장가 들 생각이 없으니……."

그러면서 남자는 대자로 방바닥에 드러누워 버렸다.

"여봐라! 밖에 아무도 없느냐? 여봐라!"

그러나 이상하게도 처녀가 큰소리로 비명을 지르며 고함을 쳐도 어느 누구 하나 달려오는 이가 없었다.

"아버님! 어머님! 소녀를 살려 주소서! 아버님, 어머님……!"

소리를 지르다 지친 처녀는 자리에서 일어나 밖으로 나가려고 했다. 그런데 어찌 된 영문인지 방문은 굳게 닫힌 채 열리지 않았다.

"아무리 애를 써도 소용이 없을 것이오. 이는 하늘의 뜻이니 그만 받아들이는 게 낭자를 위해서도 좋은 일이오."

남자는 방바닥에서 일어나 천천히 처녀에게로 다가갔다. 남자의 눈길이 처녀의 눈동자에 고정된 순간, 처녀는 온몸에서 맥이 풀리는 것을 느꼈다.

남자의 손길이 차례차례 처녀의 옷가지를 풀어 헤치는 사이 처녀는 전신이 밧줄에 묶인 듯 움직일 수가 없을 뿐더러 남자의 몸에서 나는 이상한 향기에 취해 정신까지 아뜩해지는 것을 느꼈다.

얼마나 시간이 지났을까? 새벽 닭 울음소리에 처녀의 몸을 감았던 남자의 손길이 부드럽게 풀렸다.

처녀는 수치심과 굴욕감에 얼굴을 들 수조차 없었다. 다만 소리 없이 눈물만 흘릴 뿐이었다.

"내일 밤에 다시 오겠소. 이 일은 하늘의 뜻이니 낭지와 나 이외에 어느 누구에게도 발설해서는 안 될 것이오."

남자는 그 말을 끝으로 흔적도 없이 어디론가 사라져 버렸다. 울고 있던 처녀는 너무 놀라 숨이 멎는 것 같았다. 그와 동시에 처녀의 몸을 밧줄처럼 감고 있던 이상한 힘도 사라졌다. 처녀는 자리에서 일어나 황급히 방문을 열고 밖으로 나왔다.

마당에는 희미한 새벽 기운이 푸르스름하게 깔려 있을 뿐 바람 소리도 들리지 않았다.

'어디로 간 것일까?'

처녀는 간밤의 일이 모두 꿈인 것만 같았다. 아니, 꿈이어야 한다고 생각하고 모든 것을 부인하듯 세차게 도리질을 쳤다.

처녀는 흰 천으로 감싸 묶은 자신의 아랫배를 근심스러운 눈초리로 내려다보았다. 태동이 느껴진 지는 벌써 오래되었다.

그날 이후 밤마다 처녀의 방을 찾은 남자는 뱃속의 아기에 대해서는 별말이 없었다. 처녀도 아무런 대책을 세우지 못한 채 하루, 이틀 시간만 보내고 있었다.

한편 처녀의 어머니는 딸아이의 몸이 갈수록 불어나자 이상히 여기기 시작했다. 그러나 아직 시집도 안 간 처녀의 몸이라 임신을 했다고는 감히 상상조차 할 수 없었다.

어느 날 처녀의 어머니는 저녁밥을 먹는 딸아이의 용태를 유심히 관찰했다. 꼭 사흘을 굶은 사람처럼 밥 때가 되면 허겁지겁 밥을 먹느라 정신이 없는 딸은 임산부처럼 더러 비린 생선을 보면 입덧하듯 헛구역질을 하기도 했다.

처녀의 어머니는 밤이 이슥해지자 아무도 몰래 딸아이의 방으로 건너갔다. 늦은 밤인데도 방안은 환히 불이 밝혀져 있었다.

처녀의 어머니는 딸아이의 얼굴을 유심히 바라보았다. 자세히 살펴보노라니 엄청난 식욕과는 달리 딸아이의 얼굴은 핼쑥하게 말라 있었다.

"바른 대로 말하여라. 누구냐? 누가 너를 이렇게 만들었느냐?"

어머니의 말에 처녀의 눈은 토끼처럼 휘둥그레졌다.

"어서 바른 대로 말해라. 애 아버지가 어떤 놈이냐?"

처녀는 눈물을 왈칵 쏟았다. 더 이상 숨길 수만은 없는 일이라고 혼자 고심하던 차에 어머니가 먼저 얘기를 꺼낸 것이 오히려 다행이라고 생각했다.

"어머니……, 흑흑!"

처녀는 서럽게 흐느끼며 그간의 전후 사정을 죄다 고백했다.

"그것이 사실이냐?"

"예, 어머니."

"그렇다면 그 자가 누구인지 정녕 알지 못한다는 게냐?"

"그러하옵니다, 어머니."

처녀의 어머니는 경황이 없는 중에도 곰곰이 생각을 다잡았다. 우선은 딸아이의 뱃속에 든 아이의 아버지가 누구인지 알아내는 게 최선책이라 싶었다.

"잘 들어라. 오늘밤에 또 그 남자가 찾아오면 이 바늘로 옷섶을 꿰매어 두어라. 날이 밝자마자 이 실을 따라가면 그 자의 집을 알아낼 수 있을 것이다."

처녀는 어머니가 건네주는 바늘과 실을 몰래 이부자리 밑에 감추어두었다.

이윽고 자정이 지나자 보라색 옷을 입은 남자가 웃으며 처녀의 방으로 들어왔다. 처녀는 이미 마음을 주고 있었기에 부끄러운 듯 볼을 붉히며 남자의 품에 살포시 안겼다.

두 사람은 밤새 뜨거운 숨결을 주고받으며 환락의 시간을 향유했다. 고요한 정적을 깨치고 새벽 닭 울음소리가 아스라이 들렸다.

언제나 그래 왔듯이 남자는 일어나 주섬주섬 옷을 챙겨 입었다. 그때 처녀는 이부자리 밑에 감춰 두었던 바늘을 꺼내어 남자의 옷깃에 살며시 실을 꿰었다.

순간, 남자의 얼굴이 심하게 일그러지더니 고개를 돌려 무서운 눈길로 처녀를 쳐다보았다. 원망과 분노가 뒤섞인 눈빛은 이글거리며 타고 있었다.

"이 무슨 짓이냐? 내 그렇게 하늘의 뜻이라고 일렀거늘……."

놀란 처녀는 아랫배를 부여안고 남자의 얼굴을 똑바로 쳐다보지도 못했다.

"이것으로 우리의 인연은 끝났다. 하지만 뱃속에 든 아이의 운명은 참혹하고 저주스러울 것이다. 이는 하늘의 뜻을 어긴 너의 죄과이다."

끔찍한 저주의 말을 남기고 남자는 순식간에 어디론가 사라져 버렸다. 안개나 구름처럼 형체만 있지 소리는 없는 사람이었다.

아침 일찍 처녀의 어머니는 처녀와 함께 하인들을 대동하고 실을 쫓아갔다. 실은 끊어질 듯, 끊어질 듯하면서도 계속 이어지더니 마침내 뒷산 커다란 동굴 속까지 이어져 있었다.

횃불을 들고 동굴 속으로 들어간 처녀의 어머니와 처녀는 기겁을 하여 그 자리에 주저앉고 말았다.

지네였다. 그것도 보통 크기가 아니라 사람만큼 커다란 지네였다. 실이 매달린 바늘은 지네의 몸에 꽂혀 있었고 지네는 이미 죽어 있었다.

누구보다 자신을 저주한 것은 처녀 자신이었다. 차라리 몰랐더라면 좋았을 것을……. 처녀는 혼비백산하여 하인들의 등에 업혀 집으로 돌아왔다.

수개월이 지나 처녀는 건강한 사내아이를 출산했다. 그러나 미역국을 제대로 먹을 새도 없이 아버지의 엄명으로 집에서 쫓겨나는 신세가 되었다.

처녀는 아이를 등에 업고 이 마을 저 마을로 돌아다니며 하루하루 품을 팔아 연명했다. 처녀는 자신이 낳은 아이지만 아이의 아비를 생각하면 도무지 정이 가지 않았다.

그래서 제때 젖도 물리지 않고 일을 하느라 아이를 종일 혼자 둘 때도 있었다. 그런데도 아이는 울음 한번 터뜨리지 않고 언제나 방실거리며 배고픈 투정도 부리지 않았다.

그러던 어느 날, 처녀가 남의 집 밭일을 거들고 있는데 마을에서 사람이 쫓아와 숨찬 목소리로 말했다.

"큰일 났소! 어서 마을로 가보시오! 아이가, 아이가 그만 호랑이에게 물려 갔소!"

처녀는 호미를 팽개치고 일어나 마을로 뛰었다. 마을 사람들은 모두 혀를 끌끌 차며 처녀를 불쌍한 눈초리로 바라만 볼 뿐 호랑이에게 물려간 아이를 찾으려는 엄두조차 내지 못하고 있었다.

처녀는 호랑이가 사라진 산속으로 미친 듯이 달려갔다. 어떻게 해서든지 아이를 구해야겠다는 일념뿐이었다. 마을 사람들이 처녀를 붙잡고 만류했지만 이미 처녀는 제정신이 아니었다.

호랑이가 사라진 산속으로 달려간 처녀는 호랑이를 발견하고는 자신의 눈을 믿을 수가 없었다.

호랑이는 아이 옆에 드러누워 마치 엄마가 아기에게 젖을 물리듯이 제 젖을 먹이고 있었다. 호랑이는 처녀가 놀라 바라보는 것도 전혀 개의치 않고 한참을 더 아이에게 젖을 먹이더니 천천히 일어나 숲속으로 어슬렁거리며 사라졌다.

처녀는 얼른 달려가 아이를 품에 안았다. 아이는 조금도 놀란 기색이 없이 그저 방실거리며 천진난만하게 웃고 있었다.

그제야 처녀는 모든 것이 하늘의 뜻이라던 아이의 아버지가 한 말을 떠올렸다. 그리고 자신이 낳은 아이가 범상치 않은 인물이라고 생각했다.

그후 처녀는 아이를 훌륭하게 키웠지만 아이의 아버지가 남긴 저주의 말은 운명처럼 들어맞았다. 뛰어난 지략과 힘을 겸비했으면서도 세상은 아이에게 가혹하기만 했다.

나라를 세웠으나 아들에게 왕위를 빼앗기고 다른 나라의 왕 밑에 들어가 더부살이 신세를 면치 못하다가 결국 가슴에 맺힌 한이 병이 되어 숨진 그 아이는 다름 아닌 후백제를 세운 견훤甄萱이다.

신라 왕조표

朴氏

1.혁거세거서간 赫居世居西干 ― 2.남해차차웅 南解次次雄 ― 3.유리이사금 儒理尼師今 ―
(B.C57~4)　　　　　　　　　　(4~24)　　　　　　　　　(24~57)
　　　　　　　　　　　　　　　　　　　　　　　└ 아효부인

　　┌ 7.일성이사금 逸聖尼師今 ――――― 8.아달라이사금 阿達羅尼師今
　　│　　(134~154)　　　　　　　　　　　　(154~184)
　　└ 5.파사이사금 婆娑尼師今 ――――― 6.지마이사금 祇摩尼師今
　　　　(80~112)　　　　　　　　　　　　(112~134)

昔氏

4.탈해이사금 脫解尼師今 ― 구추 ― 9.벌휴이사금 伐休尼師今 ― 골정 ―┌ 11.조분이사금 助賁尼師今 ―
(57~80)　　　　　　　　　　　　　　(184~196)　　　　　　　이매 │　　(230~247)
　　　　　　　　　　　　　　　　　　　　　　　　　　　　　　　　└ 12.첨해이사금 沾解尼師今
　　　　　　　　　　　　　　　　　　　　　　　　　　　　　　　　　　(247~261)

　　┌ 14.유례이사금 儒禮尼師今
　　│　　(284~298)
　　├ 걸숙　　　　　　　　　　15.기림이사금 基臨尼師今
　　├ 광명부인　　　　　　　　　　(298~310)
　　├ 명원부인
10.내해이사금 奈解尼師今 ─┬ 우로 ―――――――――― 16.흘해이사금 訖解尼師今
(196~230)　　　　　　　　└ 이음　　　　　　　　　　　　(310~356)

金氏

　　　　　　　　　　광명부인
　　　　　　　　　　　‖
알지 ― 구도 ─┬ 13.미추이사금 味鄒尼師今
　　　　　　　│　　(262~284)
　　　　　　　└ 말구 ― 17.내물마립간 奈勿麻立干 ― 19.눌지마립간 訥祇麻立干 ―
　　　　　　　　　　　　　(356~402)　　　　　　　(417~458)
　　　　　　　　　　　　　　　　　　　　　　　┌ 미사흔
　　　　　　　　　　　　　　　　　　　　　　　├ 복호
　　　　　　　　　　　　　　　　　　　　　　　└ △ ― 습보 ― 22.지증왕 智證王 ―
　　　　　　　　　　　　　　　　　　　　　　　　　　　　　　　(500~514)

　　　　　　20.자비마립간 慈悲麻立干 ― 21.소지마립간 炤知麻立干
　　　　　　　(458~479)　　　　　　　(479~500)

대서지 — **18.실성마립간** 實聖痲立干
(402~417)

23.법흥왕 法興王
(514~540)

입종 — **24.진흥왕** 眞興王
(540~576)
숙흘종

동륜 — **26.진평왕** 眞平王 — **27.선덕여왕** 善德女王
(579~632) (632~647)
백반
국반 — **27.진덕여왕** 眞德女王
(647~654)

25.진지왕 眞智王 — 용춘
(576~579)

29.태종무열왕 太宗武烈王 — **30.문무왕** 文武王 — **31.신문왕** 神文王 — **32.효소왕** 孝昭王
(654~661) (661~681) (681~692) (692~702)
33.성덕왕 聖德王
(702~737)

중경
34.효성왕 孝成王
(737~742)
35.경덕왕 景德王 — **36.혜공왕** 惠恭王
(742~765) (765~780)

17.내물마립간 奈勿痲立干 ······· 효방(내물왕의 9세손) — **37.선덕왕** 宣德王
(780~785)
····· 법선 — 의관 — 위문 — 효양(내물왕의 11세손)

38.원성왕 元聖王 — 인겸 — **39.소성왕** 昭聖王 — **40.애장왕** 哀壯王
(785~798) (798~800) (800~809)
체명
41.헌덕왕 憲德王
(809~826)
42.흥덕왕 興德王
(826~836)
충공 ————— **44.민애왕** 閔哀王
의종 (838~839)

예영 — 균정 — **45.신무왕** 神武王 — **46.문성왕** 文聖王
(839~839) (839~857)
47.헌안왕 憲安王
(857~861)
43.희강왕 僖康王 — 계명
(836~838)

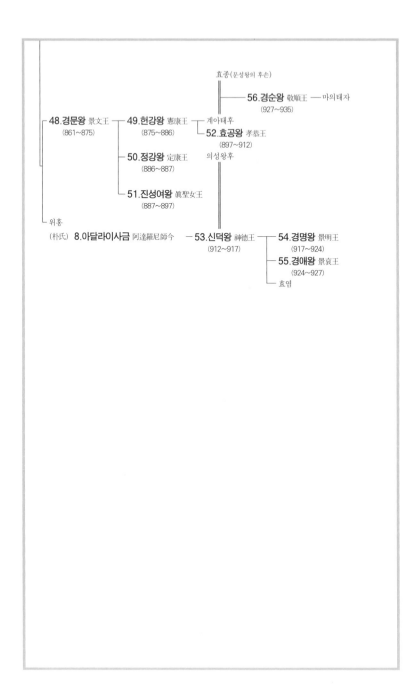

효종(문성왕의 후손)

56.경순왕 敬順王 ── 마의태자
(927~935)

48.경문왕 景文王   49.헌강왕 憲康王   계아태후
(861~875)   (875~886)   52.효공왕 孝恭王
                                       (897~912)

50.정강왕 定康王   의성왕후
(886~887)

51.진성여왕 眞聖女王
(887~897)

위홍

(朴氏) 8.아달라이사금 阿達羅尼師今 ── 53.신덕왕 神德王 ── 54.경명왕 景明王
                           (912~917)   (917~924)

                                            55.경애왕 景哀王
                                            (924~927)

                                            효염

고구려 왕조표

1.동명성왕 東明聖王
(B.C37~B.C.19)
예씨

┬ 도절
├ 해명
2.유리명왕 溜璃明王 ┬ 3.대무신왕 大武神王 — 5.모본왕 慕本王
(B.C19~18) │ (18~44) (48~53)
송씨(송양의 딸) ├ 여진
│ 4.민중왕 閔中王
│ (44~48)
└ 재사 ┬ 6.태조대왕 太祖大王 ┬ 막근
부여 여인 │ (53~146) └ 막덕
├ 7.차대왕 次大王 — 추안
│ (146~165)
└ 8.신대왕 新大王
(165~179)

┬ 발기
├ 9.고국천왕 故國天王
│ (179~197)
└ 10.산상왕 山上王
(197~227)
우씨(고국천왕의 비)
차비(주통촌 여인)
계수

11.동천왕 東川王
(227~248)
연씨

┬ 12.중천왕 中天王 ┬ 13.서천왕 西天王
│ (248~270) │ (270~292)
│ │ 우씨
├ 예물 ├ 달가
└ 서구 ├ 일우
└ 소발

┬ 14.봉상왕 烽上王
│ (292~300)
└ 돌고 — 15.미천왕 美川王 ┬ 16.고국원왕 故國原王 ┬ 17.소수림왕 小獸林王
(300 301) │ (331~371) │ (371~384)
└ 武 └ 18.고국양왕 故國壤王
(384~391)

19.광개토왕 廣開土王 ┬ 20.장수왕 長壽王 — 조다 — 21.문자명왕 文咨明王 ┬ 22.안장왕 安藏王
(391~413) │ (413~491) (491~519) │ (519~531)
└ 승평 └ 23.안원왕 安原王
(531~545)

24.양원왕 陽原王 — 25.평원왕 平原王 ┬ 26.영양왕 嬰陽王
(545~559) (559~590) │ (590~618)
├ 27.영류왕 榮留王
│ (618~642)
└ 대양 — 28.보장왕 寶藏王
(642~668)

백제 왕조표

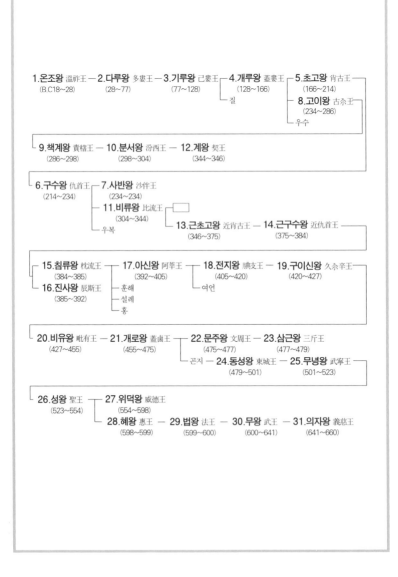

1.온조왕 溫祚王 ── 2.다루왕 多婁王 ── 3.기루왕 己婁王 ── 4.개루왕 蓋婁王 ── 5.초고왕 肖古王 ──
(B.C18~28)　　　　(28~77)　　　　(77~128)　　　　(128~166)　　　　(166~214)
　　　　　　　　　　　　　　　　　　　　　　└ 질　　　　8.고이왕 古尒王 ──
　　　　　　　　　　　　　　　　　　　　　　　　　　　　　(234~286)
　　　　　　　　　　　　　　　　　　　　　　　　　　　　└ 우수

└ 9.책계왕 責稽王 ── 10.분서왕 汾西王 ── 12.계왕 契王
　(286~298)　　　　(298~304)　　　　(344~346)

└ 6.구수왕 仇首王 ── 7.사반왕 沙伴王
　(214~234)　　　　(234~234)
　　　　　　　　└ 11.비류왕 比流王 ─────
　　　　　　　　　(304~344)
　　　　　　　　└ 우복　　　　13.근초고왕 近肖古王 ── 14.근구수왕 近仇首王 ──
　　　　　　　　　　　　　　　(346~375)　　　　(375~384)

└ 15.침류왕 枕流王 ── 17.아신왕 阿莘王 ── 18.전지왕 腆支王 ── 19.구이신왕 久尒辛王 ──
　(384~385)　　　　(392~405)　　　　(405~420)　　　　(420~427)
└ 16.진사왕 辰斯王　　└ 훈해　　　　　　└ 여신
　(385~392)　　　　　└ 설례
　　　　　　　　　　　└ 홍

└ 20.비유왕 毗有王 ── 21.개로왕 蓋鹵王 ── 22.문주왕 文周王 ── 23.삼근왕 三斤王
　(427~455)　　　　(455~475)　　　　(475~477)　　　　(477~479)
　　　　　　　　　　　└ 곤지　　　　24.동성왕 東城王 ── 25.무녕왕 武寧王 ──
　　　　　　　　　　　　　　　　　(479~501)　　　　(501~523)

└ 26.성왕 聖王 ── 27.위덕왕 威德王
　(523~554)　　　(554~598)
　　　　　　　└ 28.혜왕 惠王 ── 29.법왕 法王 ── 30.무왕 武王 ── 31.의자왕 義慈王
　　　　　　　　(598~599)　　　(599~600)　　　(600~641)　　　(641~660)

삼국 관직표

신라 17등 위품

등급	특위	비상위	1등	2등	3등	4등	5등	6등	7등	8등
작위명	태대각간	대각간	이벌찬	이척찬	잡찬	파진찬	대아찬	아찬	일길찬	사찬
별칭	태대서발한	대서발한	이벌간, 우벌찬, 각간, 각찬, 서발한, 서불한	이찬	잡판, 소판	해간, 파미간		아척간, 아찬	을길간	살찬, 사돌간

등급	9등	10등	11등	12등	13등	14등	15등	16등	17등
작위명	급벌찬	대나마	나마	대사	사지	길사	대오	소오	조위
별칭	급찬, 급복간	대나말	나말	한사	소사	계지, 길차	대오지	소오지	선저저

신라 내외 관직표

내직		외직	
직명	위품	직명	위품
대보	미상	도독	이찬 ~ 급찬
령	태대각간 ~ 이찬	사신	파진찬 ~ 급찬
사신	태대각간 ~ 이찬	주조	중아찬 ~ 나마
금하신	대각간 ~ 이찬	군태수	중아찬 ~ 사지
시중	이찬 ~ 대아찬	장사	대나마 ~ 사지
진	아찬 ~ 급찬	사대사	대나마 ~ 사지
좌	급찬 ~ 대사	외사정	
사랑	아찬 ~ 나마	소수	대나마 ~ 당
대감	아찬 ~ 나마	현령	사찬 ~ 선지지
제감	나마 ~ 사지		
주부	나마 ~ 사지		
적위			
청위	나마 ~ 사지		
원외랑	대사 ~ 사지		
사	대사 ~ 조위		

백제 관직

백제의 16품 관직	신라 관직 대비	
	내직	외직
좌평		
달솔	대나마	귀간
은솔	나마	선간
덕솔	대사	상간
한솔	사지	간
나솔	당	일벌
장덕	대오	일척
시덕		
고덕		
계덕		
대덕		
문독		
부독		
좌군		
진무		
극우		

※ 좌보, 우보, 좌장, 상좌평 등의 관직도 있다.

고구려 관직

고구려의 12급 관직			신라 위품과의 대비	
『수서』에 나타난 것	『신당서』에 나타난 것	『책부원귀』에 나타난 것	고구려	신라
태대형	대대로	대대로	주부	일길찬
대형	울절	태대형	대상	사찬
소형	태대 사자	대형	위두 대형 종대 상	급찬
대로	조의두 대형	소형	위두 대형 종대 상	급찬
의후사	대사자	이가사	소상, 적상	나마
오졸	대형	오졸	소형	대사
태대 사자	상위 사자	태대 사자	저형	사지
대사자	저형	소사자	선인	길자
소사자	소사자	욕사	자위	오지
욕사	과질	예속		
예속	선인	선인		
선인	고추 대가	욕살		

※ 좌보, 우보, 국상, 막리지, 상가, 패자, 우태, 구사자, 중외대부, 내평, 외평 등의 관직도 있다.

하룻밤에 읽는 삼국야사

개정판 1쇄 발행   2017 년 9월

엮은이   김형광

펴낸이   김형성
디자인   정종덕
마케팅   PAGE ONE 강용구
영업   최관호
관리   남영애 , 김희수
인쇄   정민P&P
제본   정민제책

펴낸곳   (주)시아컨텐츠그룹
주소   경기도 파주시 재두루미길 150(활자마을)
전화   031-955-9696
팩스   031-955-9393

이메일   siaabook9671@naver.com

ISBN   979-11-88519-07-1
값 15,000원